달섬 세계고전

29

철학자 공자의 언행록 **논어 2**

공자

論語

철학자 공자의 언행록

논어 2

황갑연 역주

달섬

목차

논어 2

12편. 「안연顏淵」

13편. 「자로子路」

14편. 「헌문憲問」

15편. 「위령공衛靈公」

17편. 「양화陽貨」

18편. 「미자微子」

19편. 「자장子張」

20편. 「요왈堯曰」

작품 해설

『논어』는 공자와 그 제자들의 언행을 수록한 책이다. 수록된 내용을 보면, 공자 자신의 언설이 단독으로 기록된 곳도 있고, 제자들 간의 논쟁도 있으며, 공자에 대한 타인의 찬탄과 힐난 그리고 조롱도 있다. 그러나 도덕과 정치 그리고 인생과 문화전통에 관한 공자와 제자들간의 문답이 대부분을 차지한다. 공자 사후 제자들과 재전 제자들은 공자의 말을 학습하면서 전수하였고, 이러한 공자의 언행을 기록으로 남겼는데, 이것을 '논論'이라고 했으며, 다시 책으로 편찬한 것을『논어』라고 했다.

공자는 제자들과의 문답에서 지식에 대해 정의식 방법을 잘 사용하지 않는다. 제자들이 처한 특수한 상황에 맞는 지식을 전하거나, 아니면 스스로 적절한 지식과 처세의 원칙을 찾아낼 수 있도록 유도한다. 즉 당기지점當機指點의 방식이다. 때문에 '인'을 비롯한 '의'와 '예' 그리고 '효' 등에 대한 개념적 규정도 없고, 설령 개념과 유사한 형태가 출현하더라도 하나로 통일되어 있지 않다. 중국철학자들이 서양철학과 달리 형식적 개념규정을 별로 즐겨하지 않는 특색이 있는데, 아마 공자에서부터 시작된 것 같다.

『논어』가 정확히 언제부터 하나의 서책으로 구성되어 전술되었는가에 대한 확정된 설은 없다. 대체로 전국시대로 추정할 뿐이다. 『논어』는 이미 한 대 초기에 『노논魯論』과 『제논齊論』 및 『고논古論』이라는 세 형태의 텍스트로 유행되고 있었기 때문에 전국시대에 편집되었을 것이라는 설이 맞을 것 같다. 한 대 초기에 나온 세 판본 중에서 가장 광범위하게 유포된 것은 『노논』이었다고 한다. 지금의 『논어』는 세 가지 판본의 종합이지만, 기초는 『노논』이었다. 전한 시기에 박사였던 장우張禹[安昌侯]가 『제논』을 첨삭했고, 거기에 『노논』 20편을 정본으로 삼아 『장후논張侯論』이 나왔는데, 이것이 『논어』의 모본母本이다. 이후 후한 시대에 '주注'라는 학술 장르가 유행하자 정현鄭玄의 『논어정주論語鄭注』와 하안何晏의 『논어집해論語集解』가 나왔다.

그럼 『논어』는 누가 기록했는가? 세 가지 유력한 설이 있다. 하나는 후한 정현의 주장으로, 공자의 제자인 자하子夏, 자유子游, 중궁仲弓 등이 공자의 언행록을 정리하여 편찬했다는 것이다. 다른 하나는 증삼曾參의 문인인 악정자춘樂正子春과 자사子思의 문인이 편찬했다는 설인데, 이는 당 대 유종원柳宗元의 주장이다. 그리고 송 대 주희의 학설인데, 증삼과 유약有若의 문인들이 편찬했다는 것이다. 주희의 주장은 상당한 설득력을 갖추고 있는 것처럼 보인다. 왜냐하면 『논어』 전편全篇에 공자의 제자 중에서 스승의 의미인 '자子'로 불려진 사람은 오로지 유약[有子]과 증삼[曾子]뿐이기 때문이다. 즉 편찬하던 사람들이 자신의 스승에 대해서만 '자'를 사용한 것이다. 『논어』를 편찬한 사람이 누구인지 알 수 없다고 하더라도, 공자 자신이 직접 편찬하지 않았다는 점은 분명한 사실이다. 그러나 공자의 제자 혹은 재전 제자에 의해 기록된 것이기 때문에 공자를 저자라고 해도 문제는 없다.

전한 왕조 7대 무제 시기에 유학자인 동중서董仲舒의 추천으로 유가철학이 관방 이데올로기로 정립되어 제학諸學 중의 패자霸者로 군림한다. 통치의 효율성만 보면 한비자의 법가철학이 가장 유력했지만, 한 왕조는 반진反秦을 내세웠기 때문에 진 왕조의 핵심 이데올로기였던 법가를 수용하기 어려웠고, 도가철학에는 국가라는 공동체 이념이 부족했으니 통치의 이념으로 적합하지 않았다. 묵가는 개인과 가정보다는 사회의 공리에 편중되었고, 한 초에 이미 그 세가 심각하게 퇴락한 상태였다. 오로지 유가철학만이 개인과 가정 그리고 사회와 국가 등에 적합한 도덕질서 이념을 적극적으로 내세웠고, 비록 덕치를 제1 이념으로 표방했지만 법치를 부정하지 않았기 때문에 통치의 이데올로기로서 부족함이 없었다. 한 대에 『논어』의 화려한 등장은 어찌 보면 당연한 결과라고 할 수 있다.

그런데 역자는 『논어』가 국가통치 이념의 중심으로 등장한 원인을 다른 시각에서 본다. 그것은 바로 『논어』에 소개된 인물과 사건이 역사적 사실이고, 그것에 대한 공자의 평이 인류의 보편적 지향성의 입장에서 제시된 것이라는 점이다. 『논어』는 철학서이고, 계몽서이며, 역사적 실록이다. 실례로 서주 시대 권력은 천자인 왕으로부터 나왔지만 동주 초기의 춘추시대에는 제후로 전이되고, 다시 후기와 전국시대에는 대부로 전이되며, 때로는 대부의 가신들이 권력을 장악하기도 한다. 이러한 권력의 이동은 『논어』에 역사적 사실로 적나라하게 수록되어 있다. 이에 비해 『도덕경』과 『장자』에 소개된 예화는 사실에 기초한 것이 아니라 대부분 가공의 인물이고, 추상적인 비유이다. 『묵자』에는 이상적 서술이 많고, 증명할 수 없는 귀신에 관한 주장도 있다. 엄준하면서도 한 치의 틈도 허용하지 않는 천하국가를 경영함에 있어 사실성도 전제되지 않고, 유효성도 증명할 수 없으며, 마치 풍자처럼 묘사된 서책을 통치의 이념으로 삼을 수 있겠는가? 또 『논어』에는 배움, 가르침, 정치, 문화 등의 영역에서 공자의 사유가 일관되게 전개되고 있다. 이는 신념의 일관성일 뿐만 아니라 엄정한 사유의 정합성도 갖춘 철학자의 태도이다.

우리에게 가장 잘 알려진 『논어』 해설서는 주희의 『논어집주論語集註』이다. 비록 유학발전사에서 주희 주석의 권위성을 부정하기 어렵지만, 그것 역시 여러 『논어』 주석서의 하나일 뿐이다. 역자는 독자들에게 어느 한 주석서를 교조적으로 수용하지 말고 여러 해설서를 폭넓게 열독하고, 현대인의 시각에서 번역된 역서도 참고할 것을 부탁한다. 경서에는 시대의 상황에 맞게 다양한 언어로 재창조될 수 있는 여지가 항상 존재한다. 그렇기 때문에 경서인 것이다.

유가철학발전사에서 『논어』의 중심 사상은 시대적 배경에 따라, 혹은 한 철학자의 가치의식에 따라 다양한 형태로 드러났다. 맹자는 공자의 '인'을 성선설性善說로 리모델링 했고, 순자는 공자의 '예'를 계승 확장하여 예치禮治를 정립했으며, 송 대에 주희는 성즉리性卽理로, 육구연은 심즉리心卽理로, 그리고 명 대에 왕수인은 양지즉천리良知卽天理라는 명제로써 그들의 시대정신을 드러냈지만, 그것들은 모두 공자 '인'를 서로 다른 형태의 진술로 표현한 것이다. 비록 명제의 형태는 다르지만, 공통분모인 도道는 공자가 말한 '인'을 본질로 삼는다.

『논어』가 공자라는 성인의 언행록이기 때문에 그 내용에 대해 중압감을 느낄 수도 있겠지만, 『논어』에는 비교적 가벼운 뜻의 표현도 많다. 「계씨季氏」에 사람들이 자주 저지르는 세 가지 허물을 제시한다. 하나는 '자기가 말할 계제가 되지 않았음에도 불구하고 나서는 것이다.' 공자는 이를 일러 '경망스러움'이라고 한다. 다른 하나는 '마땅히 말할 계제가 되었음에도 불구하고 말을 하지 않는 것이다.' 공자는 이를 일러 '속마음을 숨기는 음흉함'이라고 한다. 마지막으로 '상대방의 얼굴빛을 보지도 않고 말하는 것이다.' 공자는 이를 일러 '장님과 같은 눈치 없는 사람'이라고 한다. 역자는 이 구절을 보고서 요즈음 젊은이들 사이에서 유행하는 '낄끼빠빠'가 생각났다. 자신이 마땅히 나서야 할 때 나서고, 빠져야 할 때는 나서지 않는 것이 예의에 맞는 행동이다. 그런데 자신이 말할 계제가 되지 않았음에도 불구하고 불쑥 나서서 말을 하고, 마땅히 말할 차례가 되었음에도 불구하고 자기의 의견을 밝히지 않는다. 요즘 유행하는 말로 하면 빠져야 할 때 끼고, 낄 때 빠지는 '빠낄낄빠'가 이에 해당한다. 그 뿐인가? 아무리 좋은 말이라도 상황에 맞아야 하고 상대방의 입장도 고려해야 한다. 그런데 단지 옳다는 의식만으로 상대방이 처한 상황도 고려하지 않고 눈치 없이 말을 해대는 사람이 있다. 공자는 이러한 사람을 장님이라고 한다.

「위령공衛靈公」에 "여러 명이 함께 하루 종일 어울려 지내면서 논의하는 주제와 내용에 합리성과 정당성이 결여되어 있고, 개인의 이익이나 타인의 이목을 끄는 사소한 지혜 뽐내기만을 좋아한다면, 그런 사람들의 인생은 희망이 없다"는 내용이 있다. 이 말을 보니, 공자가 지금의 인터넷 시대를 예측한 것 같다는 느낌이 든다. 요즘의 세태를 보자. SNS, 유튜브 등을 통해 다양한 형태로 자신들의 관종끼를 마음대로 발산한다. 나이와 신분의 고하를 따지지 않는다. 공자가 지적한 '개인의 이익이나 타인의 이목을 끄는 사소한 지혜 뽐내기만을 좋아한다'는 말은 바로 이들의 행태를 예견한 것 같다. 아름다운 꽃도 열흘을 유지하기 어렵고, 권력도 10년 지속되기 어렵다. 보편적 유효성을 갖추지 않고 그저 감성만을 자극하는 인터넷 실검 1위, 혹은 타인의 관심만을 촉발하는 언설이 얼마나 우리의 가슴에 남겠는가? 이런 것들에 생명의 소중한 작용과 가치를 매몰시키면 공자의 말처럼 그들의 '인생은 희망이 없다.'

이외에 효에 관한 해설은 우리에게 참된 교훈뿐만 아니라 감동도 준다. 효도에는 공경의 마음이 전제되어야 하고, 온화한 얼굴색으로 표현해야 한다. 엄숙한 표정으로 용돈을 드리면 부모가 편안 마음으로 그 돈을 쓸 수 있겠는가? 또 공자는 『논어』에서 부모 사후 최소한 3년 동안은 부모 사업의 유지를 받들어야만 효자라고 할 수 있다는 점을 몇 차례 강조한다. 공자는 비록 3년 동안 부모 사업의 방향을 바꾸지 않는 것을 효와 연계시켜 말하고 있지만, 사업의 성패와도 밀접한 관련이 있다. 부모의 사업이 왜 지금까지 홍성하고 있을까? 그것은 부모의 경영전략이 유효하게 적용되었기 때문이다. 대부분의 후계자들은 자신의 뜻을 급하게 펼치려고 부친의 사업 방향을 바꾸기도 하고, 부모 대의 가신을 내치기도 하지만 그 결과는 아름답지 못한 경우가 대부분이다. 부친 사업이 명확하게 잘못된 경우가 아니라면, 어느 정도 기간은 부친 사업 방향의 기조를 유지하면서 자신의 구상을 계획하는 것이 부친을 존중하는 태도라고 할 수 있다.

귀신에 대한 해설도 합리적이다. 자로가 '귀신을 섬겨도 되는가'라고 질문하자 공자는 '산 사람에게 해야 할 의무도 다하지 못했는데, 귀신을 섬길 여유가 있겠는가'라고 대답한다. 자로가 다시 죽음의 세계를 묻자 '삶도 잘 모르는데 어찌 죽음의 세계를 알겠는가'라고 대답한다. 공자는 귀신을 부정하지 않는다. 단지 멀리할 뿐이고[敬而遠之], 그것의 존재에 대해 적극적으로 논의하지 않을 뿐이다[存而不論].

또 "다른 사람들이 자기를 알아주지 않는 것을 걱정하지 말고, 내가 다른 사람들의 선악과 장단점을 올바르게 알지 못함을 걱정해야 한다"고 한다. 공자는 입장을 바꾸어 생각하라는 역지사지易地思之를 강조한다. 역지사지는 내가 먼저 타인의 입장에 서려는 것이지 타인에게 나의 입장이 되어보라고 요청하는 것이 아니다. 다른 사람이 자신의 능력이나 인품을 제대로 평가해주기를 바라는 것은 사람의 상정常情이다. 이것을 반대로 타인에게 적용하면 타인 역시 자신과 동일한 생각을 할 것이다. 따라서 공자는 '내가 타인의 능력과 인품을 올바르게 평가하고 있는가에 대해 먼저 걱정하라'고 한 것이다. 『논어』는 분명 삶의 교훈, 상식, 역사에 전승되는 진리, 태도 등 무수히 많은 지식과 진리를 담고 있는 인류문화의 보장寶藏이다.

역주자의 말

필자는 지금까지 10여 권의 동양 고전을 번역 출간했다. 매번 서문에 해당하는 '역자의 말'을 쓸 때마다 생각나는 몇 가지 고민거리가 있다. 『논어』 번역을 마치고서 '역자의 말'을 쓰고 있는 지금도 마찬가지이다. 번역하기 전에, 하는 도중에, 마치고서 드는 문제의식이 어디 한두 가지에 그치겠는가? 큰 문제를 정리하자면 다음 몇 가지로 요약할 수 있다.

경전과 고전뿐만 아니라 타인의 저작을 번역한 사람이라면 누구나 당연히 가져야 할 근신의 태도, 즉 번역문과 원전 사이의 일치 여부이다. 그러나 역자는 중국 고대 경전을 번역함에 있어, 이점에 대해서는 그렇게 크게 마음을 쓰지 않는다. 우선 현재 전해지고 있는 대부분 경전의 정본定本에 대한 이견도 다채로운데, 어느 한 문장의 해석에 정론定論이 있다고? 『논어』의 대표적인 주석서로 하안何晏의 『논어집해論語集解』, 황간皇侃의 『논어의소論語義疏』, 형병邢昺의 『논어주소論語注疏』, 주희朱熹의 『논어집주論語集注』, 유보남劉寶楠의 『논어정의論

語正義』, 정수덕程樹德의 『논어집석論語集釋』 그리고 우리나라 정약용의 『논어고금주論語古今注』 등이 있다. 이 중에서 누구의 주석이 정설正說인가?

국내에 출간된 『논어』 역서는 아마 100여 종이 훨씬 넘을 것이다. 다들 서문에서 2,500동안 지속된 『논어』 해석에 종지부를 찍었다고 대언장어大言壯語한다. 그런데 왜 모두 다른가? 이후에도 종지부를 찍을 사람은 계속해서 출현할 것이고, 종지부에 해당하는 해설서도 그치지 않을 것이다. 역자는 정론 혹은 정설 등의 표현은 최대한 삼가려고 한다. 여러 주석서와 역대 제현들의 생각을 종합적으로 분석하고, 다시 역자의 주관적인 이해와 취사선택을 거쳐 공자의 본의에 최대한 가깝게 접근하려고 노력했을 뿐이다.

다음은 경전에 대한 역자의 태도 문제인데, 이는 앞에서 제시한 정론과는 다른 시각에서 경전 번역에 대한 역자의 기본적 태도이다. 경전은 후학자들에게 다양한 창의적 해석을 계발하기 때문에 경전 해석에 정론이라는 것이 존재하기 어렵지만, 그래도 경전 번역에는 불변의 원칙이 있다. 그것은 바로 처음부터 끝까지 일관된 논리에 의한 엄격한 정합성을 유지하는 것이다. 즉 수미일관首尾一貫해야 한다. 역자는 이전에 『중용』을 번역한 적이 있다. 그때 출판된 수많은 『중용』 번역서를 참고했었다. 『중용』을 외형적으로 보면, 「1장」의 천명지위성天命之謂性과 성誠이 등장하는 「20장」 이후의 체계가 다르다. 「1장」의 '천명지위성'은 존재의 원리인 천명天命으로부터 행위의 근거인 심성心性을 도출하는 천도론[天道論-宇宙論]형태이고, 「20장」 이후는 행위의 근거인 심성으로부터 천명과 천도로 확장하는 심성론心性論 형태이다. 그런데 대부분의 『중용』 역서에서 이 차이를 간과하고서 번역했다. 심지어 그 차이에 대한 일언의 해설도 없다. 이는 마치 머리에는 갓을 쓰고 있고, 몸통에는 서양의 슈트를 걸치고 있는 사람같다. 이 사람은 한국 사람인가? 아니면 영국 신사인가? 국내에 번역 출간된 대부분의 『중용』이 그런 신세였다.

『중용』이 철학서라면, 천도론 중심이든 혹은 심성론 중심이든, 반드시 하나의 계통으로 통일시켜 번역해야 하고, 그렇게 해석한 이유를 자신의 철학적 사유를 근거로 상세하게 해설해주어야 한다. 그래야만 『중용』이 철학서로의 위상을 갖게 된다. 『중용』에 비해 『논어』는 심각하지 않지만, 그래도 있다. 도덕주체 혹은 선의지인 인仁과 천天 혹 천도의 관계는 어떻게 설정해야 하는가? 또 『논어』에 『역易』이 나오는데, 이 『역』이 『주역』일까? 『주역』이라면 천도론 중심 계통인데, 그렇다면 『논어』에 출현하는 수많은 '천天' 자는 어떻게 해석해야 하는가? '인'과 '천' 중에서 무엇이 공자 도덕론의 제1개념인가? 역자는 철저하게 심성론의 입장을 취했다.

또 『논어』를 단순한 성현의 언행을 기록한 계몽서적으로만 볼 것인가? 아니면 새로운 시대정신을 개척한 철학서로 볼 것인가? 최근 중국에서는 『맹자』 「공손추상公孫丑上」에 기록되어 있는 '사람이 태어난 이래 공자와 같은 사람은 아직 없었다[生民未有]'는 말로써 공자를 대대적으로 홍양하고 있다. '생민미유生民未有', 한 사람에 대해 이보다 더 거룩한 칭송이 있을까? 이 뿐인가? 지성선사至聖先師라고 하기도 하고, 큰 권력을 소유한 적도 없었는데 부자夫子로 호칭한다. 그러나 역자는 공자에게 인격의 완성자인 성인의 지위를 부여하는 대신 전대前代 문화와 학술에 대해 이성적 비판과 성찰을 통해 새로운 시대정신을 수립하고서, 이를 근거로 자신의 생명 방향과 문화 학술 정신을 구현하려고 노력한 실천주의 철학자로 규정한다.

그렇다면 한 철학자로서 공자가 건립한 대표적 시대정신은 무엇인가? 역자는 도덕규범에 대한 의지의 입법성을 긍정하는 자율도덕론이야말로 공자가 수립한 철학자의 정신이고, 시대정신의 표출이라고 생각한다. 공자 이전 주초周初와 춘추 시대 대표적 이념은 예禮였다. 공자는 이 예에 대해 합리와 정당 의미인 의義와 도덕선의지인 인仁을 부여하여 예의 내용과 근원을 확보함으로서 자율도덕론의 체계를 열었다. 공자 이전에 이러한 자율도덕론 형태는 출현하지 않았다. 인, 의, 예 삼자의 유기적 결합을 통한 자율도덕론의 세계는 분명 공자가 연 새로운 도덕사유였다. 비록 공자 스스로 자신은 성현의 학술을 전술만 했을 뿐 창작하지 않았다[述而不作]고 하지만, 공자는 전술뿐만 아니라 창작도 한[述而作] 철학자였다.

역자는 철학자의 시각에서 『논어』를 번역했다. 공자가 철학자라면 지금 『논어』을 번역한 나의 역할은 무엇인가? 대학 4년, 그리고 석사와 박사 과정, 학위를 취득한 후 약 30년 동안 철학 관련 논문과 저서 그리고 역서를 통해 철학을 공부하고 있다. 대장장이도 40년 넘게 쇠를 두드렸다면 연장 하나 정도의 특허는 출원했을 것이다. 그런데 나는 어떤 특허를 냈는가? 이러한 질문과 고민은 필자뿐만 아니라 철학계에 종사한 거의 대부분 사람들이 하고 있을 것이다. 나는 분명 대학에서 중국고대철학과 근대성리학을 주로 강의하고 있고, '동양사상의 이해'와 '한국사상의 이해' 등의 교양철학도 강의하고 있다. 누가 내 전공이 무엇이냐고 물으면 나는 주저하지 않고 중국철학 혹은 중국유가철학이라고 한다. 그렇다면 그 전공이 곧 나의 철학인가? 아니다. 그것들은 단지 내가 대학의 강단에서 가르치는 속칭 내 전공 '표시 과목'일 뿐이다. 나는 과연 철학자인가? 아니면 철학 선생인가? 혹은 철학 해설가인가?

역자는 이전에 하나의 독창적인 사유를 제시한 적이 있다. 그중 하나가 오륜五倫을 팔륜八倫까지 확장하는 것이었다. 유학이 자신의 인격완성인 내성內聖에만 그치지 않고 숙세제민叔世濟民의 외왕外王도 지향하고 있기 때문에 사회 각 계층과 집단 간의 갈등 해소와 치유 이념 제시는 유학자가 가져야 할 사명의식 중의 하나이다. 그러나 오륜이라는 윤리강령으로써는 개인과 공동체, 공동체와 공동체, 인간과 자연의 관계에서 발생할 수 있는 다양한 갈등을 해소하기에 역부족이었다. 따라서 역자는 육륜六倫과 칠륜七倫 그리고 팔륜八倫 등으로 윤리강령의 확장을 요청했다. 그런데 문제가 발생했다. 즉 오륜까지는 갈등 해결의 핵심이 도덕가치 원칙인 의義였는데, 육륜과 칠륜 그리고 팔륜은 이익이 중심에 자리 잡고 있다. 만병통치약인 변증법적 발전으로 해설하고픈 마음도 있었지만, 학자의 양심이 허용하지 않았다. 책상 한 귀퉁이에 구겨놓고서, 이제는 일리일합론一離一合論에 매진하고 있다. 이는 도덕윤리 중심의 유가철학 패권주의에 대한 필자의 반성을 기초로 한 과학과 예술 그리고 도덕간의 새로운 관계정립 이론이다.

마지막으로 고전 번역에서 최대 번민의 소재, 그것은 바로 가독성 문제이다. 번역을 왜 하는가? 원전을 해독할 수 있는 사람이라면 근본적으로 번역본 자체가 필요 없을 것이다. 해석할 능력이 없으니 해석 능력을 갖추었다고 자부하는 사람의 수고로움을 빌려 고전을 알려고 하는 것이 아닌가? 그런데 분명 우리말 번역인데 너무 어려워 쉽게 접근하지 못한다면 그 고전에 정이 가질 않는다. 그러다 보니 일반 독자들에게 고전은 가방끈 긴 식자층의 전유물로 치부되기 쉽다. 가독성이 떨어진 번역서를 보느니 차라리 힘들게 원전을 보는 것이 더 나을 수 있다. 그렇지만 가독성 제고라는 것이 말처럼 쉽지 않다. 가독성 제고는 항상 원전의 본래 의미를 상실할 수 있는 위험성을 수반할 수 있다. 이번 『논어』 번역에서 역자는 괄호를 많이 사용하여 대화의 배경을 삽입했다. 문장을 좀 길게 서술하더라도 현대적 의미로써 해설하려고 노력했다.

주변에서 정년퇴임을 준비하는 사람들을 보면 남의 일이라고 생각했었는데, 이제 4년이 채 남지 않았다. 정년 이후보다는 남은 기간 동안에 21세기 시대정신에 부합하는 나의 철학서, 저술에 매진하고자 한다.

2023년 5월

황 갑 연

11 편

「선진先進」

1. 나는 선대 사람의 예악을 따르겠다.

子曰: "先進[1]於禮樂, 野人[2]也. 後進[3]於禮樂, 君子[4]也. 如用之[5]則吾從先進."

공자가 말했다. "(지금 사람들은) 옛 선대 사람의 예악을 촌스러운 야인의 것으로 생각하고, 후대 사람들의 예악에 대해서는 세련된 군자와 같다고 한다. (그러나 이 중에서 내 마음대로 하나를 골라) 쓴다면 나는 (촌스러운) 선대 사람의 예악을 따를 것이다."

역자 해설

1. 선진先進 : 주희에 의하면, 선진과 후진은 지금의 선배와 후배 의미이다. 공자를 기준으로 삼는다면, 공자는 주공에 의해서 정립된 예악을 긍정했기 때문에 '선진의 예악'은 주초周初의 예악일 것이고, '후진의 예악'은 공자 당시의 예악'일 것이다.
2. 야인野人 : 주희에 의하면, 야인은 고을 외곽에 거주하는 백성을 가리킨다. 이곳에서는 꾸밈보다는 질박한 기풍을 간직한 사람의 의미로 사용된다.

3. 후진後進 : 후배

4. 군자君子 : 이곳에서의 군자는 품덕을 갖춘 군자가 아니라 질박보다는 문채가 화려한 공자 당시의 지식인을 가리킨다.

5. 여용지如用之 : 만약 공자 자신이 선대 사람의 예악과 후대 사람의 예악 중에서 하나를 마음대로 골라 쓴다면.

••• 『논어집주』에 인용된 정이[이천]의 말에 따르면, '선대 사람들의 예악은 꾸밈[文]과 내용[質]이 조화[宜]를 이루고 있는데, 지금 사람들은 오히려 그것을 질박하다고 생각하여 촌스러운 것으로 취급하고, 후배들의 예악은 꾸밈이 내용보다 과도함에도 불구하고 오히려 그것을 문文과 질質이 적절하게 조화를 이룬다고 생각하여 세련된 군자의 예악으로 취급한다.' 그러나 공자는 비록 지금 사람들이 주나라 초기의 예악을 촌스러운 것으로 취급할지라도 오히려 그것이야말로 꾸밈과 내용이 서로 조화를 이루는 문질빈빈文質彬彬의 예악이기 때문에 선대 사람의 예악을 따른다고 했다.

2. 네 방면에서 뛰어난 재능을 보인 10명의 제자[四科十哲].

子曰: "從我於陳蔡[1]者, 皆不及門[2]也. 德行[3], 顔淵、閔子騫、冉伯牛、仲弓, 言語[4], 宰我、子貢, 政事[5], 冉有、季路,

文學[6], 子游、子夏."

공자가 말했다. "이전에 진나라와 채나라에서 (고난을 겪을 때) 나를 따르던 제자들이 (많았었는데, 그 사람들이) 지금 모두 다 내 문하에 있지는 않구나. 덕행 방면으로는 안연, 민자건, 염백우, 중궁이 훌륭했고, 언어 방면에는 재아와 자공의 재능이 뛰어났으며, 정치에 관한 일로는 염유와 계로의 능력이 돋보였고, 학문 방면에는 자유와 자하의 능력이 빼어났다."

역자 해설

1. 종아어진채從我於陳蔡 : 공자가 진나라와 채나라에서 곤경을 겪을 때 공자와 함께 위난危難을 극복한 제자들. 이때 공자를 따르는 제자들이 많았다.
2. 개불급문皆不及門 : 혹자는 '벼슬의 문에 이르지 못했다'고 해석하기도 하지만, 역자는 이 해석을 취하지 않는다. 주희에 의하면, '지금 내 문하에 없다'는 뜻이다. 역자는 주희의 주석을 따른다. 그러나 앞의 '개皆' 자의 해석에 주의해야 한다. 만일 '지금 모두 내 문하에 없다'고 해석하면 이는 사실에 부합하지 않는다. 왜냐하면 그때 함께했던 제자들이 공자의 문하에 지금도 있기 때문이다. 따라서 '개불급문'은 '(그때 그 사람들이) 지금 모두 내 문하에 있는 것은 아니다'로

해석해야 한다. 즉 공자는 당시 함께 동고동락했던 제자들을 회상한 것이다.

3. 덕행德行 : 인의예지를 내용으로 하는 도덕실천.
4. 언어言語 : 말재주로 해석하기도 하지만, 너무 가벼운 해석인 것 같다. 사업 능력 그리고 외교 능력까지 포함한 구변口辯으로 해석하는 것이 적절하다.
5. 정사政事 : 정치에 관한 일.
6. 문학文學 : 현대적 의미의 문학은 아니다. 아마 시서예악을 포함한 경전에 관한 폭넓은 학식인 것 같다. 오히려 학문으로 번역하는 것이 좋다.

••• 공자가 이곳에서 한 말은 후에 공문사과십철孔門四科十哲이라는 말을 탄생시켰다. 덕행과 언어 그리고 정사와 문학이 공문사과에 해당하고, 이곳에서 언급된 안연, 민자건, 염백우, 중궁, 재아, 자공, 염유, 계로, 자유, 자하 등 10명이 바로 공문십철이다. 그런데 후에 주희에 의해 공자의 도통을 전승했다고 전해지는 증자가 공문십철에 포함되어 있지 않다. 때문에 송 대의 정이는 공문십철은 세속 사람들의 말에 불과하다고 한다.

3. 안회는 나를 돕는 사람이 아닌가보다!

子曰: "回也, 非助我者[1]也! 於吾言, 無所不說[2]."

공자가 말했다. "안회는 나를 돕는 사람이 아니구나! (안회가 나에게 질문하는 것이 있어야만 내가 대답하기 위해 연구하는데) 안회는 나의 말에 대해서 (마음속으로 받아들이면서) 기뻐하지 않음이 없었다."

역자 해설

1. 비조아자非助我者 : '나를 돕는 사람이 아니다'.
2. 무소불열無所不說 : '說'은 '기쁘다'의 '열'로 읽어야 한다. '기뻐하지 않음이 없다.'

••• '안회는 나를 돕는 사람이 아니다'라는 공자의 말은 반어법으로 받아들여야 한다. 공자가 말한 '돕다[助]'라는 것은 제자들이 공자 자신에게 질문을 하여 공자로 하여금 그 문제에 대해 성찰하고 연구할 수 있는 기회를 말한다. 그런데 안회는 공자의 가르침에 대해 모두 이해하고 긍정했을 뿐만 아니라 마음속으로 희열마저 드러낸다. 즉 안회는

공자에게 생각할 수 있는 질문을 하지 않은 것이다. 이에 대해 공자가 반어법으로 '안회는 나를 돕는 사람이 아니다'라고 한 것이다. 이는 안회에 대한 공자의 칭송임과 동시에 공자 자신의 겸양이다.

4. 민자건의 효성을 칭송하다.

子曰: "孝哉[1]! 閔子騫[2]. 人不間[3]於其父母昆弟[4]之言[5]."

공자가 말했다. "효성스럽구나! 민자건이여. 사람들은 (민자건의) 부모와 형제들이 민자건을 칭송하는 말에 흠집을 잡지 못하는구나."

역자 해설

1. 효재孝哉 : '재哉'는 감탄사이다. 효성스럽구나!
2. 민자건閔子騫 : 이름은 손損이고, 자건子騫은 그의 자이다. 효행이 뛰어난 공자의 제자이고, 공문십철 중의 한 사람이다.
3. 불간不間 : '간間'은 이의를 제기하다, 혹은 흠집을 잡다. '불간'은 민자건의 효행에 대한 부모와 형제들의 칭송에 대해 흠집을 잡을 수 없다.

4. 곤제昆弟 : 형제.

5. 언言 : 민자건의 효행에 대해 부모와 형제들이 칭송하는 말.

••• 공자의 도덕론에서 효는 인을 실천하는 첫 번째 일이다. 원래 부모와 형제들은 자신의 자식과 가족 구성원들에 대해 칭찬을 하지만 그것에는 약간의 과장이 있을 수밖에 없다. 그러나 민자건은 부모에 대해 효도를 극진하게 했고, 형제들과는 우애를 다했기 때문에 민자건을 칭송하는 부모와 형제의 말에 흠집을 잡을 수 없었다.

5. 흰 옥에 있는 흠은 없앨 수 있지만, 말의 흠은 어찌할 수 없다.

南容[1]三復[2]白圭[3], 孔子以其兄之子妻之[4].

남용이 (『시경』「대아大雅 · 억抑」 편) 백규의 시를 하루에 세 번씩 외우자, 공자가 자기 형님의 딸을 남용에게 시집보냈다.

역자 해설

1. 남용南容 : 공자의 제자인 남궁괄南宮适이다. 그의 자가 자용子容이었기

때문에 남용이라고 불렀다. 부록 참조.

2. 삼복三復 : 세 차례. 즉 『시경』 백규의 시를 하루에 세 번씩 외우다.
3. 백규白圭 : 『시경』 「대아大雅 · 억抑」 편의 시이다.
4. 처지妻之 : 그의 처로 삼게 했다. 그에게 시집보냈다.

••• 백규 시의 내용은 다음과 같다. "흰 옥에 있는 흠은 갈아서 없앨 수 있지만, 말의 흠은 갈아서 없앨 수 없다[白圭之玷, 尙可磨也, 斯言之玷, 不可爲也]." 이 시의 교훈은 말을 삼가는 것에 있다. 남용이 백규의 시를 하루에 세 번 외운다는 것은 곧 언설을 삼가는 마음을 다지는 것이다.

6. 오로지 안회만이 진정으로 배움을 좋아하는 사람이었다.

季康子[1]問: "弟子孰[2]爲好學?" 孔子對曰[3]: "有顔回者好學, 不幸短命[4]死矣. 今也則亡[5]."

계강자가 물었다. "제자들 중에서 누가 배움을 좋아하는가?" 공자가 대답했다. "안회라는 배움을 좋아하는 사람이 있었는데 불행이도 단명하여 죽었다. 지금은 (배움을 좋아하는 사람이) 없다."

역자 해설

1. 계강자季康子 : 노나라의 권신. 부록 참조.
2. 숙孰 : 누구
3. 대왈對曰 : 계강자의 신분이 공자보다 높기 때문에 '대왈'이라고 했다.
4. 단명短命 : 안연의 죽은 시기에 대해서 31세와 41세 두 가지 설이 있다.
5. 망亡 : 없다.

••• 공자의 말은 배움을 좋아하는 호학好學 정신을 부단히 표현했던 안연에 대한 공자 자신의 긍정과 그리움 표현이다. 이 장의 내용은 「옹야」편의 것에 비해 약간 간략함의 차이만 있을 뿐이다.

7. 마차를 팔아 안회의 덧관을 장만해달라는 안로의 요청을 거절하다.

顔淵死, 顔路[1]請子之車以爲之槨[2]. 子曰: "才不才[3], 亦各言其子[4]也. 鯉[5]也死, 有棺而無槨. 吾不徒行[6]以爲之槨, 以吾從大夫之後[7], 不可徒行也."

안연이 죽자 (안연의 부친인 안로가 안연의 관은 마련했지만 덧관을 장만하지 못하자 공자에게) 타던 수레를 팔아 덧관을 장만해줄 것을 요청했다. 공자가 말했다. "(안연처럼) 재능이 빼어난 아들이건 (내 아들 백어처럼) 재능이 부족한 아들이건, 각기 자신의 아들을 위해 말하기 마련이다. (내 아들인) 리[백어]가 죽었을 때도 관만 마련했을 뿐 덧관은 장만하지 못했다. 내가 걸어 다닐 것을 무릅쓰고서 수레를 팔아 아들의 덧관을 장만하지 못했던 것은 내가 대부의 뒷자락이라도 따라다니는 신분이어서 걸어 다닐 수 없었기 때문이다."

역자 해설

1. 안로顔路 : 안연의 부친. 이름은 무유無繇이고, 자는 로路이다. 공자보다 6세 아래로 초기에 공자에게 가르침을 받았다.
2. 청자지거이위곽請子之車以爲之槨 : (안연이 죽자 안로가 아들인 안연의 관은 제작했으나 덧관을 마련하지 못하자) 공자가 타던 수레를 팔아 (자신의 아들인 안연)의 덧관을 장만해줄 것을 공자에게 요청했다.
3. 재부재才不才 : '재才'는 재능이다. '재부재'는 '재능이 있건 없건'의 뜻으로, '안회처럼 재능이 빼어난 사람이건, 공자 자신의 아들인 리鯉처럼 재능이 부족한 사람이건'의 의미이다.
4. 각언기자各言其子 : 각자 자기의 아들을 위해 말할 것이다. 즉 안로는 안회의 덧관을 마련하고자 할 것이고, 공자는 자신보다 먼저 죽은 자신의 아들인 리의 덧관을 만들고자 할 것이다.

5. 리鯉 : 공자의 아들인 백어伯魚이다. 공자보다 먼저 죽었다.
6. 도행徒行 : 수레를 타지 않고 도보로 걸어 다니다. 즉 수레를 팔면 아무리 대부의 신분일지라도 걸어 다닐 수밖에 없다.
7. 종대부지후從大夫之後 : 대부의 뒷자리를 따라다닌다. 이는 자신 역시 대부의 신분임을 겸손하게 표현한 것이다.

••• 이 장의 내용은 두 측면에서 해설할 수 있다. 첫째, 자식에 대한 부모의 마음은 자식의 재능 우열과 관계없이 동일하다는 것이다. 안연의 죽음은 아비인 안로와 스승인 공자의 입장에서 모두 애석한 일이지만, 안로가 안연의 덧관을 마련하기 위해 스승에게 마차를 팔 것을 요청한 것은 분명 과분한 처사이다. 공자는 자신의 아들인 백어가 죽었을 때도 자신의 수레를 팔아 덧관을 장만하지 않았다. 비록 백어가 안연에 비해 재능이 빼어나지 못했지만 공자의 아들이기 때문에 아들에 대한 사랑은 결코 안연에 대한 사랑과 비할 바가 아닐 것이다. 둘째, 예에 대한 공자의 태도이다. 공자가 비록 '아들인 백어가 죽었을 때도 수레를 팔아 덧관을 마련하지 못했던 것은 대부의 뒷자락이라도 따라다니는 신분이기 때문이다'고 말했지만, 이 역시 예를 내세워 안로의 청을 완곡하게 거절한 것일 뿐 그것이 곧 안로의 청을 들어주지 않은 본질적 원인은 아니다.

8. 하늘이 나를 망치는구나!

顔淵死, 子曰: “噫[1]. 天喪[2]予! 天喪予!”

안연이 죽자. 공자가 말했다. “아! 슬프구나. 하늘이 나를 망치는 구나! 하늘이 나를 망치는구나!”

역자 해설

1. 희噫 : ‘희’는 비탄의 마음을 나타내는 소리이다.
2. 상喪 : ‘망치다’ 혹은 ‘버리다’.

••• 공자 자신의 도통道統을 전승할 재목인 안연이 죽자 공자가 ‘하늘이 자신을 망친다’는 말로써 애통함을 표현한 것이다.

9. 안연같은 사람의 죽음에 애통해하지 않으면 누구를 위해 슬퍼하겠는가?

顔淵死, 子哭之慟[1]. 從者曰: "子慟矣." 曰: "有慟乎? 非夫人之爲慟[2], 而誰爲?"

안연이 죽자, 공자가 애통함을 지나치게 표현했다. (공자를) 모시던 사람이 말했다. "선생님 통곡이 지나치십니다." (공자가) 말했다. "(나의) 통곡이 지나치다고? 안연같은 사람을 위해서 지나치게 통곡하지 않는다면 누구를 위해 하겠는가?"

역자 해설

1. 통慟 : 슬픔을 지나치게 표현하다.
2. 비부인지위통非夫人之爲慟 : '부인夫人'은 '이런 사람'의 뜻이다. 이 문장은 마땅히 '비위부인통非爲夫人慟'으로 되어야 한다. 즉 '이러한 사람을 위해서 지나치게 통곡하지 않는다면'의 의미이다.

••• 이 장의 내용 역시 안연의 죽음에 대한 공자의 슬픔과 절망을 묘사한 것이다.

10. 안연의 후장을 반대하다.

顏淵死, 門人欲厚葬[1]之. 子曰: "不可." 門人厚葬[2]之. 子曰: "回也, 視予猶父[3]也, 予不得視猶子[4]也. 非我[5]也, 夫二三子[6]也."

안연이 죽자 (공자의 문인들이) 안연의 장례를 성대하게 치르려고 했다. 공자가 말했다. "안 된다." (그런데) 공자의 문인들이 (공자의 말을 무시하고서) 안연의 장례를 성대하게 치렀다. (이에 대해) 공자가 말했다. "안회는 나를 자신의 아버지처럼 대했는데, 나는 오히려 그를 아들처럼 대하지 못했구나. 이는 내 잘못이 아니라 너희들의 잘못이다."

역자 해설

1. 후장厚葬 : 장사를 성대하게 치르다.
2. 문인후장門人厚葬 : (공자가 후장을 반대했음에도 불구하고) 문인들이 안연의 장례를 성대하게 치렀다.
3. 시여유부視予猶父 : 나를 자신의 아버지처럼 생각했다.
4. 여부득시여자予不得視猶子 : '나는 그 사람[안연]을 자식처럼 대하지 못

했다.' 공자가 안연을 자식처럼 대했다면 안연 집안의 형편에 맞지 않는 후장을 끝까지 막았어야 했다.

5. 비아非我 : 내가 그런 것이 아니다. 즉 나의 잘못이 아니다.

6. 이삼자二三子 : 너희들. 즉 공자가 제자들을 가볍게 호칭한 것이다.

••• 공자의 문인들이 안연의 장례를 성대하게 치르려고 하자 공자는 반대했다. 왜냐하면 안연의 아버지인 안로는 안연의 덧관도 마련하지 못할 정도로 가난했을 뿐만 아니라 안연 역시 생존 시에 끼니를 굶을 정도로 빈한했다. 장례를 포함한 모든 예의는 집안의 가세와 맞아야 한다. 이는 지금도 마찬가지이다. 공자는 자신의 아들인 백어가 죽었을 때도 장례를 성대하게 치르지 않았다.

11. 귀신을 섬기기 전에 먼저 사람에 대한 도리를 다하라.

季路[1]問事鬼神[2]. 子曰: "未能事人[3], 焉[4]能事鬼?" "敢問[5]死." 曰: "未知生, 焉知死."

계로[자로]가 귀신을 섬기는 일에 관해 물었다. 공자가 말했다. "사람에 대한 도리도 아직 다 하지 못했는데 어찌 귀신을 섬기겠는가?" (자로가 다시 물었다.) "감히 죽음의 세계에 관해 묻겠습니다." 말했다. "아직 삶의 세계도 잘 모르는데 어찌 죽음의 세계를 알겠는가?"

역자 해설

1. 계로季路 : 공자의 제자인 자로. 부록 참조.
2. 사귀신事鬼神 : '귀신을 섬기다' 혹은 '귀신에 제사지내다'.
3. 미능사인未能事人 : 사람에게 마땅히 해야 할 도리를 다하지 못했다.
4. 언焉 : '어찌' 혹은 '어떻게'의 의미이다.
5. 감문敢問 : '감히 묻겠습니다'. '감敢'에는 공경의 의미가 포함되어 있다.

••• 귀신에 대한 공자의 기본적 태도는 "귀신의 존재를 부정하지 않지만 멀리 할 수 있다면 지혜롭다고 할 수 있다[敬鬼神而遠之, 可謂知矣]"로 대표할 수 있다. 공자는 『논어』에서 은피隱避한 일과 괴이한 일에 대해서는 부정적 태도를 취하지만, 유명幽冥의 세계에 대해서는 줄곧 '부정하지는 않지만 멀리한다[敬而遠之]'의 입장을 견지한다.

12. 제 명대로 못 살 것 같은 자로를 걱정하다.

閔子[1]侍側[2], 誾誾如[3]也, 子路行行如[4]也, 冉有子貢侃侃如[5]也. 子樂[6]. 若由[7]也, 不得其死然[8].

민자건은 공자를 옆에서 모실 때 항상 부드럽고 온화한 태도를 보였고, 자로는 공자를 모실 때 강하고 굳센 태도를 취했으며, 염유와 자공은 공자를 모실 때 곧은 태도를 간직했다. 공자가 이 모습에 대해서 기뻐했다. 그러면서 '(자로의 강하고 굳센 태도를 걱정하면서) 유[자로]와 같은 사람은 제 명대로 살지 못할 것 같다'고 했다.

역자 해설

1. 민자閔子 : 공자의 제자인 민자건이다. 부록 참조.
2. 시측侍側 : 공자를 곁에서 모시다.
3. 은은여誾誾如 : 부드럽고 온화한 모양.
4. 행행여行行如 : 강하고 굳센 모양.
5. 간간여侃侃如 : 곧은 모양.
6. 자락子樂 : 공자가 즐거워하다.

7. 유由 : 공자의 제자인 자로이다. 부록 참조.

8. 부득기사연不得其死然 : 직역하면 '제 죽음을 얻지 못하다'는 뜻이다. 이는 '제 명대로 살지 못하다'는 것이다.

••• 자로는 천성이 강건하여 불의를 보면 참지 못하는 성격이었다. 공자는 항상 이점이 걱정되어 자로를 훈계했다. 후에 공자의 우려는 현실로 나타났다. 자로는 위나라에서 벼슬하다가 공회孔悝의 반란 때 죽임을 당했다. 죽을 때 머리에 쓴 갓이 칼에 맞아 삐뚤어지자 '군자는 죽더라도 갓은 벗지 않는다'라고 외치면서 갓을 제대로 고쳐 쓴 뒤에 죽었다고 한다.

13. 민자건은 이치에 맞는 말만 한다.

魯人爲長府[1], 閔子騫曰: "仍舊貫[2]如之何? 何必改作[3]." 子曰: "夫人[4]不言, 言必有中[5]."

노나라 사람이 장부라는 창고를 새로 만들려고 하자 민자건이 말했다. "옛날 것을 그대로 사용하면 어떤가? 왜 반드시 새로 만들려고 하는가?" (이 말을 듣고서) 공자가 말했다. "(민자건) 이 사람은 말은 잘 안하지만 말하면 꼭 이치에 맞는 말만 한다."

역자 해설

1. 장부長府 : 창고의 이름이다. 재화를 보관하는 곳을 부府라고 한다. '위爲'는 '고치다' 혹은 '새로 만들다' 두 가지 뜻이 모두 통할 것 같다.
2. 잉구관仍舊貫 : '잉仍'은 '여전히'의 뜻이다. 즉 옛날 '하던 대로' 하다. 옛 것을 그대로 쓰다.
3. 개작改作 : 새로 만들다.
4. 부인夫人 : (민자건) 이 사람.
5. 중中 : 맞다. 즉 이치에 맞다. 중국어로 Zhung인데 '들어맞다'의 의미로 사용될 때는 4성으로 읽는다.

••• 공자가 제자 중에서 안연 다음으로 칭찬하는 사람이 바로 민자건이다. 성정이 순수하고 신념이 독실했기 때문에 명리나 권력에 동요되지 않았다. 공문사과孔門四科에서 안연과 함께 덕행의 대표자로 소개된다.

14. 자로는 당에는 올랐지만 아직 내실에 이르지 못했을 뿐이다.

子曰: "由之瑟[1], 奚[2]爲於丘之門[3]?" 門人不敬子路, 子曰: "由也升堂[4]矣, 未入於室[5]也."

공자가 말했다. "유[자로]의 비파 소리가 어찌 우리 집안에서

울리는가?" (공자가 자로를 질책한 후에 젊은) 문인들이 자로를 (무시하면서) 공경하지 않자, 공자가 (젊은 제자들에게) 말했다. "자로는 당에 올랐으나, 아직 내실에 이르지 못했을 뿐이다."

역자 해설

1. 슬瑟 : 고대 악기의 일종인 비파이지만, 이곳에서는 '비파 소리'를 가리킨다.
2. 해奚 : 어찌. 자로의 강한 성격 때문에 부드럽게 연주되어야 하는 비파 소리가 거칠게 울렸다. 공자는 비파의 거친 소리를 비유로 자로의 품성을 비판한 것이다.
3. 문門 : 공자를 비롯한 문하들이 거주하는 곳. 역자는 집안으로 번역했다.
4. 승당升堂 : '당堂'은 정청正廳이다. 실室에 들어가기 전 단계를 의미한다.
5. 입실入室 : '실室'은 내실內室을 가리킨다. 먼저 문에 들어가고, 그 다음 당에 오르고, 마지막으로 실에 들어간다. 승당과 입실은 학문 발전 과정의 단계를 의미한다. 자로가 '당에는 올랐지만 아직 내실에 이르지 못했다'는 것은 자로의 학문과 인품이 상당한 수준에 이르렀지만 아직 완성의 경지에는 이르지 못했음을 의미한다.

••• 자로의 학문이 비록 아직 정미精微한 곳까지는 이르지 못했지만, 천

성이 강직하고 용기가 있으며 학문 역시 상당한 경지에 이르렀다. 공자는 젊은 문인들이 자로를 무시하자 이런 비유를 들어 자로의 인품과 경지를 어느 정도 긍정해준 것이다.

15. 지나친 것은 모자란 것과 같다.

子貢問: "師[1]與商[2]也, 孰賢[3]?" 子曰: "師也過[4], 商也不及[5]." 曰: "然則[6]師愈[7]與?" 子曰: "過猶不及[8]."

자공이 (공자에게) 물었다. "사[자장]와 상[자하] 중에서 누가 더 훌륭합니까?" 공자가 말했다. "사는 지나치고, 상은 부족하다." (자공이) 물었다. "그렇다면 자장이 더 낫다는 말입니까?" 공자가 말했다. "지나침은 모자람과 같다."

역자 해설

1. 사師 : 공자의 제자인 자장子張이다. 부록 참조.
2. 상商 : 공자의 제자인 자하子夏이다. 부록 참조.
3. 숙현孰賢 : '현賢'을 '어질다'로 번역하기도 하는데, '현' 자는 능력과 품

덕 등의 의미를 종합적으로 포함하고 있다.

4. 과過 : 지나치다.

5. 불급不及 : 부족하다.

6. 연칙然則 : 그렇다면.

7. 유愈 : 뛰어나다. 훌륭하다. 낫다.

8. 과유불급過猶不及 : 지나침과 모자람 사이에는 우열이 없다.

••• 비록 공자가 지나침과 모자람 사이에 우열이 없다고 하면서 자장과 자하를 모두 지적하고 있지만, 실은 자하의 부족함보다는 자장의 지나침을 경계한 것이다.

16. 세도가를 도와 세금을 착취한 사람은 나의 제자가 아니다.

季氏[1]富於周公[2], 而求[3]也, 爲之聚斂而附益[4]之. 子曰: "非吾徒[5]也. 小子[6], 鳴鼓而攻之[7], 可也."

(노나라의 경卿인) 계손씨는 주공보다도 재산이 많았는데도 불구하고, (공자의 제자인) 염구는 (계손씨의 가재로 일하면서) 계손씨를 위해서 세금을 거두어 모아 그의 재산을 더 늘려주었다. (이를 알고서) 공자가 말했다. "(이제부터 염구는) 내 제자

가 아니다. 너희들이 북을 울리면서 큰소리로 그를 비난해도 괜찮다."

역자 해설

1. 계씨季氏 : 노나라의 세도가인 계손씨季孫氏이다. 부록 참조.
2. 주공周公 : 문왕의 아들이고, 무왕의 동생이다. 부록 참조.
3. 구求 : 공자의 제자인 염구冉求이다. 계손씨의 가재로 일했다. 부록 참조.
4. 위지취렴이부익爲之聚斂而附益 : '위지爲之'에서 '지之'는 계손씨를 말한다. '위지'는 '계손씨를 위해서'의 뜻이다. '취렴聚斂'은 '세금을 거두다'이고, '부익附益'은 '부를 늘려 주다'의 뜻이다.
5. 비오도非吾徒 : 나를 따르는 무리가 아니다. 즉 나의 제자가 아니다.
6. 소자小子 : 너희들.
7. 명고이공지鳴鼓而攻之 : 북소리를 내면서 공격하다. 즉 큰소리로 염구를 비평해도 괜찮다.

••• 이곳에서 공자는 "이제부터 염구는 내 제자가 아니다. 너희들이 북을 울리면서 큰소리로 그를 비난해도 괜찮다"는 말로써 계손씨와 염구를 동시에 비난하고 있다. 먼저 계손씨의 가렴주구 행태를 비난하고, 이어 계손씨의 가재로 일하면서 재산이 주공보다도 많은 계손씨를 위해 세금

을 거둬들여 계손씨의 재산을 더욱 증가시킨 염구를 질책한다.

17. 제자들에 대한 공자의 평.

柴[1]也愚[2], 參[3]也魯[4], 師[5]也辟[6], 由[7]也喭.[8]

시[자고]는 어리석었고, 증삼[증자]은 노둔했으며. 사[자장]는 형식적이었고, 유[자로]는 거칠었다.

역자 해설

1. 시柴 : 공자의 제자인 고시高柴이다. 자는 자고子羔이고, 비록 어리석었지만 품성이 곧았다고 한다. 부록 참조
2. 우愚 : 어리석다.
3. 삼參 : 공자의 제자인 증자. 부록 참조.
4. 노魯 : 노둔하다.
5. 사師 : 자장. 부록 참조.
6. 벽辟 : '편벽되다'로 번역하기도 하지만, 오히려 형식만 차리고 성실성이 부족했다고 해석하는 것이 옳다.

7. 유由 : 자로.

8. 언喭 : 거칠다. 공자는 항상 자로의 거친 성격을 걱정하면서 훈계했다.

••• 고시에 대해서는 고증하기 어렵다. 자로에 대해서는 여러 차례 그 거침을 지적한 적이 있다. 증삼은 노둔한 대신에 성실하고 효행에 뛰어났다고 한다. 성실했기 때문에 비록 노둔했지만 공자의 종통宗統을 얻었다고 전해진다. 또 자장은 재주가 너무 많아 모든 일을 성실하고 꼼꼼하게 처리하지 않고 적당히 형식만 차리고 넘어갔다고 한다. 아마 이점을 공자가 지적한 것 같다.

18. 안회는 성인의 경지에 가까이 이르렀고, 자공은 투자에 빼어났다.

子曰: "回也, 其庶[1]乎! 屢空[2]. 賜不受命[3], 而貨殖[4]焉, 億[5]則屢中[6]."

공자가 말했다. "안회의 깨우침은 (공자가 말한 도에 대해) 거의 근접했지만, 자주 쌀통이 비었었다. 자공은 비록 공자가 말한 도를 (안연처럼) 받아들이지 못했지만 재화를 잘 늘렸고, 예측하여 (투자하면) 자주 적중했다."

역자 해설

1. 서庶 : '거의'의 의미이다. 일반적으로 칭찬할 때 많이 사용한다. 즉 공자가 말한 도의 의미를 거의 깨달았다.
2. 누공屢空 : 쌀통이 자주 비다. 안회가 극히 가난했음을 말한 것이다.
3. 불수명不受命 : 주희는 '자공이 천명을 받지 않았다'고 해석한다. 그러나 그것보다는 안연처럼 공자의 가르침을 독실하게 받아들이지 않고 투자를 통하여 재산을 증식하는데 힘을 썼다로 해석하는 것이 합리적이다.
4. 화식貨殖 : 재산을 증식하다.
5. 억億 : 예측하다.
6. 누중屢中 : 자주 적중하다. 즉 자공의 투자가 자주 적중하여 많은 돈을 벌었다.

••• 안연에 대한 공자의 칭송은 이미 여러 곳에서 보이기 때문에 생경하지 않지만, 자공에 대한 공자의 평가가 재미있다. 실제로 공자 학단의 재정은 거의 자공의 손에 의해 주도되었다. 이 때문인지 자공의 말이 가장 많았다고 한다. 말이 많다는 것은 곧 공자 문인에서 자공의 영향력이 상당했음을 의미한다.

19. 성인의 자취를 따르지 않으면 훌륭한 경지에 이르지 못한다.

子張問善人之道[1]. 子曰: "不踐迹[2], 亦不入於室[3]."

자장이 선한 사람이 지켜야 할 원칙에 관해 물었다. 공자가 말했다. "(선한 사람이 훌륭한 경지에 진입하려면 지켜야 할 원칙이 있는데, 그것은 바로 옛 성인의 발자취를 따라 가야 하는 것이다.) 옛 성인의 발자취를 따르지 않으면 (성인과 같은) 훌륭한 경지에 진입할 수 없다."

역자 해설

1. 선인지도善人之道 : '선한 사람의 도'라고 해석하면 뒤의 공자의 말과 자연스럽게 연계되지 않는다. 따라서 역자는 '선한 사람이 지켜야 할 원칙'으로 번역한다.
2. 불천적不踐迹 : '천踐'은 '따르다'이고, '적迹'은 '흔적'이다. 문맥상 마땅히 성인의 흔적, 즉 성인들의 발자취와 사업을 말한다.
3. 불입어실不入於室 : '실室'은 훌륭한 경지라고 해석할 수 있고, 성인의 경지로도 해석할 수도 있다. 즉 성인의 경지에 이를 수 없다.

••• 이 구절에 대해 주희는 '선한 사람은 성인의 발자취를 따르지 않아도 (악한 일을 하지 않지만) 성인의 경지까지는 들어가지 못한다'고 주석한다. 그러나 역자는 약간 번잡하다는 생각이 든다. 따라서 '품성이 선한 사람이 훌륭한 경지에 진입하려면 지켜야 할 원칙이 있는데, 그것은 바로 옛 성인의 발자취를 따라 가야 하는 것이다. 만약 성인의 발자취를 따르지 않으면 성인과 같은 훌륭한 경지에 진입할 수 없다'로 번역한다.

20. 그 사람의 언론만을 보고서는 군자임을 알 수 없다.

子曰: "論篤[1]是與[2]. 君子者乎[3]? 色壯者乎[4]?"

공자가 말했다. "(어떤 사람의) 언론이 장엄하면 그 사람의 말에 동의할 수는 있다. 그렇다고 그가 곧 군자일까? (아니면) 외모만을 장중하게 꾸민 사람일까?"

역자 해설

1. 논독論篤 : '언론이 독실하다.' 즉 말을 위엄 있게 한다는 의미이다.
2. 시여是與 : '여與'는 '함께하다', 즉 '동의하다'의 뜻이다. 즉 '말을 위엄 있

게 하면 그 사람의 말에 동의할 수 있다'는 의미이다.

3. 군자자호君子者乎 : 군자일까? 즉 '말을 위엄 있게 하면 그 사람의 말에 동의할 수는 있지만 그렇다고 그 사람이 곧 군자일까'의 의미이다. 회의적인 시각이 담겨 있는 표현이다.
4. 색장자호色壯者乎 : 얼굴빛, 즉 외모만을 장엄하게 표현한 것일까?

••• 말이나 문장을 장엄하게 표현하면 그의 말에 동의할 수는 있지만, 그렇다고 그가 군자라고 생각한 것은 아니다. 왜냐하면 외모만을 장엄하게 꾸민 것일 수도 있기 때문이다. 즉 외모만을 보고서는 사람을 판단할 수 없다.

21. 공자는 사람의 성향에 따라 가르침을 달리한다.

子路問: "聞斯行諸[1]?" 子曰: "有父兄在[2], 如之何其聞斯行之?" 冉有問: "聞斯行諸?" 子曰 : "聞斯行之." 公西華曰: "由[3]也問聞斯行諸, 子曰: '有父兄在', 求[4]也問聞斯行諸, 子曰: '聞斯行之.' 赤[5]也惑[6], 敢問." 子曰: "求也退[7], 故進之. 由也兼人[8], 故退之[9]."

자로가 (공자에게) 물었다. "(올바른 가르침이나 훌륭한 말을)

들으면 바로 실천으로 옮겨야 합니까?" 공자가 말했다. "아버지와 형님이 계시니 (한 차례 그들에게 자문을 구해야지) 어찌 들으면 바로 실천으로 옮기려고 하는가?" 염유가 물었다. "(올바른 가르침이나 훌륭한 말을) 들으면 바로 실천으로 옮겨야 합니까?" 공자가 말했다. "(그러한 말을) 들으면 바로 실천으로 옮겨야 한다." 공서화가 (이처럼 서로 다른 공자의 가르침을 듣고서) 말했다. "유[자로]가 '(올바른 가르침이나 훌륭한 말을) 들으면 바로 실천으로 옮겨야 합니까'라고 물으니 선생님께서는 '아버지와 형님이 계신다'라고 대답했고, 구[염유]가 '(올바른 가르침이나 훌륭한 말을) 들으면 바로 실천으로 옮겨야 합니까'라고 물으니, 선생님께서는 '들으면 바로 실천으로 옮겨야 한다'라고 대답했습니다. 제가 (선생님의 말씀에) 의문이 들어 감히 질문합니다." 공자가 말했다. "구는 (성격이) 소극적이기 때문에 (그로 하여금 적극적으로) 나아가게 하려는 것이고, 유는 용기가 넘치니 (그러한 기질을) 억제시키려고 한 것이다."

역자 해설

1. 문사행저聞斯行諸 : 문聞은 훌륭한 말, 혹은 좋은 가르침을 듣다. 사斯는 '곧 바로'의 즉則과 같다. 저諸는 어조사로서 '지호之乎' 혹은 '지어之於'와 같다. '훌륭한 말을 들으면 곧 바로 실천으로 옮겨야 합니까?'

2. 유부형재有父兄在 : 아버지와 형님이 계시니 그분들에게 한 차례 자문을 구하고서 실천해야 한다.
3. 유由 : 자로의 이름이다. 부록 참조.
4. 구求 : 염유의 이름이다. 부록 참조.
5. 적赤 : 공서화의 이름이다. 부록 참조.
6. 혹惑 : 의문이 들다.
7. 퇴退 : '위축되다'의 뜻이지만, 이곳에서는 '소극적'으로 해석하는 것이 적절하다.
8. 겸인兼人 : '다른 사람보다 용기가 배는 강하다'는 뜻이지만, 이곳에서는 남을 이기려는 강한 기질로서 적극적인 성격을 가리킨다.
9. 퇴지退之 : 앞의 염유의 성격인 '소극'과는 약간 의미가 다르게 해석되어야 한다. '억제하다' 혹은 '물러나게 하다'로 해석하는 것이 적절하다.

••• 이곳에서 근기와 자질에 따라 가르침을 달리하는 공자의 교육관을 발견할 수 있다. 훌륭한 말을 듣더라도 부모와 형이 계시면 한번 자문을 구하고, 그들이 허락하면 실천으로 옮기는 것이 당시의 예법이었다. 이러한 예법을 반드시 준수해야 한다면 자로와 염유 두 사람에게 동일하게 적용해야 한다. 그러나 공자는 자로의 급한 성격이 걱정되어 한 차례 사려할 수 있는 시간을 주고자 했기 때문에 당시의 예법을 적용했고, 비교적 소극적 성격의 소유자인 염유에게는 적극적으로 실천할 것을 권고하기 위해 예법을 적용하지 않은 것이다.

22. 스승을 두고서 먼저 죽을 수는 없다.

子畏於匡[1]. 顔淵後[2], 子曰: "吾以女爲死矣[3]." 曰: "子在[4], 回何敢死[5]."

공자가 광이라는 곳에서 위난을 당했을 때 안연이 다른 사람들보다 뒤늦게 오자, 공자가 말했다. "나는 네가 죽은 줄 알았다." (안연이) 말했다. "스승님께서 아직 생존해 계신데 제가 어찌 감히 (먼저) 죽겠습니까?"

역자 해설

1. 지외어광子畏於匡 : 광이라는 곳에서 위난危難을 당하다.
2. 안연후顔淵後 : 안연이 뒤늦게 오다.
3. 오이여위사의吾以女爲死矣 : 이 문장은 마땅히 '이이위여사의吾以爲女死矣'로 되어야 한다. '여女'는 너, 즉 '여汝'와 같다. 즉 나는 네가 죽은 줄 알았다.
4. 자재子在 : 스승님이 살아 계시다.
5. 회하감사回何敢死 : '(스승님께서 살아계시는데) 제가 어찌 감히 먼저 죽겠습니까?'

••• 「자한」 편에 이 사건에 대한 내용이 소개되어 있다. 노나라 정공定公 6년에 노나라의 양호[陽虎-陽貨]라는 사람이 광 지방을 공격하여 그 지방 사람들을 잔혹하게 살해했다. 그런 일이 있은 후에 공자가 광 지방을 방문한 적이 있었는데, 이 때 광 지방 사람들이 공자의 모습이 양호와 비슷했기 때문에 공자를 양호로 오인하고서 일행을 5일 동안 감금하고서 죽이려고 했었다. '스승님께서 살아계시는데 제가 어찌 감히 먼저 죽겠습니까'라는 말은 스승에 대한 제자의 당연한 도리를 표현한 것이다. 그러나 이점을 누구보다도 잘 알고 있던 안회가 병으로 공자보다 먼저 죽었다.

23. 올바른 도로써 군주를 섬기고, 불가하면 그만두어야 한다.

季子然[1]問: "仲由冉求, 可謂大臣[2]與?" 子曰: "吾以子爲異之問[3], 曾[4]由與求之問? 所謂大臣者, 以道事君, 不可則止[5]. 今由與求也, 可謂具臣[6]矣." 曰: "然則從之者[7]與?" 子曰: "殺父與君, 亦不從[8]也."

계자연이 (공자에게) 물었다. "중유[자로]와 염구[염유]는 훌륭한 신하라고 말할 수 있습니까?" 공자가 말했다. "나는 (당신이) 뛰어난 사람에 대해 질문할 줄 알았는데, 겨우 중유와 염구에 대한 질문입니까? 이른바 훌륭한 신하는 올바른 도로써 군주를 섬기다가 그것이 불가능하면 그만둡니다. 지금 중유와 염구는 그저 자리나 채우는 신하라고 할 수 있습니다." (계자연이 다시) 물었다. "그렇다면 (중유와 염구는) 그저 (계손씨 집안의) 명령만 따르는 사람들입니까?" 공자가 말했다. "(설령 그렇다고 하더라도) 아버지와 군주를 죽이는 일은 따르지 않을 것입니다."

역자 해설

1. 계자연季子然 : 노나라 세력가인 계손씨 집안 자제 중 한사람이다. 당시 자로[중유·계로]와 염구는 계씨 집안의 가신이었다. 계손씨의 권세는 이미 노나라 군주보다 강했기 때문에 자주 군주를 무시하는 행태를 보였다. 또한 그들은 자로와 염구를 가신으로 둔 것을 대단히 자랑스럽게 생각했기 때문에 공자에게 '그들이 훌륭한 신하인가'라는 질문을 한 것이다.
2. 대신大臣 : 지위가 높은 신하의 의미보다는 '능력이 출중한 신하'로 해석하는 것이 적절하다.
3. 이지문異之問 : 혹자는 '이지異之'를 특이한 질문이라고 해석하지만, 뒤의 구절과 연계시켜보면 합리적인 해석이 아니다. 역자는 '뛰어난 사람' 혹은 '비상한 능력을 가진 사람' 등으로 해석한다. 즉 '뛰어난 사람

에 대한 물음'이다.

4. 증曾 : '마침내'로 해석하기도 하지만, 역자는 '겨우'로 해석한다.

5. 이도사군以道事君, 불가즉지不可則止 : 올바른 도로써 군주를 섬기다가 그것이 불가한 상황에 이르면 곧 그만둔다.

6. 구신具臣 : 자리나 채우는 신하. 별 볼일 없는 그저 그런 신하.

7. 종지자從之者 : '따르는 사람'이지만, 이곳에서는 그저 '윗사람의 명령만을 이행하는 신하'로 해석해야 한다.

8. 살부여군殺父與君, 역부종亦不從 : 아버지와 군주를 살해하는 일에는 따르지 않을 것이다.

••• 공자의 말에는 이중적 의미가 담겨 있다. 당시 계손씨가 무도한 일을 자행하고 있음에도 불구하고 자로와 염구가 계손씨의 가신을 그만두지 않자 공자는 그들을 훌륭한 신하가 아닌 평범한 '구신具臣'으로 평가했다. 그러나 계손씨가 군주를 무시하고 행여 군주를 시해하려는 마음을 먹는다면 자로와 염구는 그런 일에는 참여하지 않을 것이다. 왜냐하면 자로와 염구는 공자로부터 군신과 부자간의 도리에 대해서 얻은 깊은 깨달음이 있었기 때문이다. 즉 자로와 염구는 패악한 신하가 결코 아니다.

24. 나는 그저 구변만 좋은 사람을 싫어한다.

子路使子羔[1]爲費宰[2]. 子曰: "賊夫人之子[3]." 子路曰: "有民人[4]焉, 有社稷[5]焉, 何必讀書然後爲學[6]?" 子曰: "是故惡夫佞[7]者."

자로가 자고를 비읍의 읍재로 삼으려고 했다. (이를 보고서) 공자가 말했다. "남의 아들을 해치는구나." (이에 대해) 자로가 말했다. "백성이 있으니 (정치가 있고), 사직이 있으니 (귀신을 섬기는데) 어찌 반드시 책을 읽은 연후에야만 공부를 했다고 합니까?" 공자가 말했다. "내가 이래서 실속 없이 말만 잘하는 사람을 싫어하는 것이야."

역자 해설

1. 자고子羔 : 공자의 제자인 고시高柴이다. 부록 참조
2. 비재費宰 : 비읍의 읍재. 당시 비읍은 계손씨 소유의 고을이었다.
3. 적부인지자賊夫人之子 : 남의 자식을 해치다. 남의 자식은 바로 자고를 가리킨다. 공자는 '자로가 자고로 하여금 계손씨 소유의 비읍을 다스리게 하는 것은 자고를 해치는 일이다'라고 생각했다.

4. 유민인有民人 : 백성이 있다. 이는 곧 정치를 의미한다.
5. 유사직有社稷 : 사직이 있다. 사직은 땅과 곡식의 신이다. 군주는 이 두 신에 대해 제사를 올렸기 때문에 사직은 곧 왕조의 운명과 동의어로 사용되었다. '사직이 있다'는 말은 귀신에게 제사를 올린다는 뜻이다.
6. 독서연후위학讀書然後爲學 : 반드시 책을 읽어야만 공부했다고 할 수 있다. 즉 자로는 학문에 종사하는 방법은 여러 가지라고 생각한다. 따라서 공자의 주장에 대해 '공부는 반드시 책을 통해서만 진행해야 하는가'라고 반문한 것이다.
7. 녕佞 : 실속은 없고 오로지 말만 잘하는 것.

••• 공자는 독서에 종사하지 않고 정치에 참여하면 백성들에 대한 도리를 다하지 못할 수도 있고, 종묘의 사직을 가볍게 대할 수도 있기 때문에 먼저 독서에 종사한 후에 정치에 참여할 것을 강조한다. 그러나 자로는 오로지 책을 읽는 것만이 학문을 하는 것은 아니라고 한다. 즉 정치와 귀신을 섬기는 일을 통해서도 학문에 종사할 수 있기 때문에 반드시 독서를 통하여 성현의 학문을 익힌 후에야 비로소 정치에 참여하는 것은 아니라고 한다. 이처럼 자로가 공자의 본의를 수용하지 않고 그저 말로써 공자의 지적에 응대하자 '말만 잘하는 사람을 싫어한다'고 한 것이다.

25. 공자와 자로, 증석, 염유, 공서화의 대화.

子路、曾晳[1]、冉有、公西華侍坐[2]. 子曰: "以[3]吾一日長乎爾[4], 毋吾以[5]也. 居[6]則曰: '不吾知[7]也.' 如或知爾[8], 則何以哉!" 子路率爾[9]而對曰: "千乘之國[10], 攝[11]乎大國之間, 加之以師旅[12], 因之以饑饉[13], 由也爲之, 比及三年[14], 可使有勇, 且知方[15]也." 夫子哂[16]之. "求! 爾何如[17]?" 對曰: "方六七十, 如五六十[18], 求也爲之, 比及三年, 可使足民. 如其禮樂, 以俟[19]君子." "赤! 爾何如?" 對曰: "非曰能之, 願學焉[20]. 宗廟之事[21], 如會同[22], 端章甫[23], 願爲小相[24]焉." "點[25]! 爾何如?" 鼓瑟希[26], 鏗爾[27], 舍瑟而作[28]. 對曰: "異乎三子者之撰[29]." 子曰 : "何傷[30]乎? 亦各言其志[31]也." 曰: "莫春[32]者, 春服旣成[33], 冠者[34]五六人, 童子六七人, 浴乎沂[35], 風乎舞雩[36], 詠而歸[37]." 夫子喟然嘆曰: "吾與點[38]也!" 三子者出, 曾晳後. 曾晳曰: "夫三子者之言何如?" 子曰: "亦各言其志已矣." 曰: "夫子何哂由也?" 曰: "爲國以禮, 其言不讓[39], 是故哂之." "唯求則非邦也與[40]?" "安見方六七十如五六十而非邦也者?" "唯赤則非邦也與?" "宗廟會同, 非諸侯而何? 赤也爲之小, 孰能爲之大[41]?"

자로와 증석 그리고 염유와 공서화가 (공자를) 모시고 앉았다.

공자가 말했다. "내 (나이가 너희들보다) 다소 많다고 하여 그것 때문에 나를 어렵게 생각하지 말라. (너희들이) 평소에 '(사람들이) 자신의 능력을 알아주지 않는다'고 말하는데, 만일 혹시라도 너희들의 (능력을) 알아주는 사람이 있다면 어찌 하겠는가?" (이 말이 끝나자마자) 자로가 경솔하게 대답했다. "천승을 소유한 (작은) 제후국이 큰 나라 사이에 끼어 있어 침략을 당하고, 게다가 기근까지 들었다고 하더라도, 제가 (그런 나라를) 다스려 3년 정도면 백성들을 용맹하게 할 수 있고, 또 대의의 소재를 알게 할 수 있겠습니다." (그 말을 듣고서) 공자가 빙그레 미소를 지었다. (공자가 말했다.) "구[염유]야 너는 어떻게 하겠느냐?" (염유가) 대답했다. "나라의 면적이 사방 60-70리 혹은 50-60 쯤 되는 작은 나라를 제가 다스려 3년 정도면 백성들을 풍족하게 할 수 있지만, 예악이라면 (제 능력으로는 부족하니 예악에 통달한) 군자를 기다리겠습니다." (공자가 말했다.) "적[공서화]아 너는 어떻게 하겠느냐?" (공서화가) 대답했다. "(제가 이 일을) 잘 할 수 있다는 것이 아니라 그저 배우고자 할 뿐입니다. 종묘에서 제사 지내는 일과 제후들이 회동할 때 예복과 예모를 착용하고서 예의를 집행하는 작은 일을 하고자 합니다." (공자가 말했다.) "점[증석]아 너는 어떻게 하겠느냐?" (옆에서 비파를 타고 있던 그는) 비파 타는 속도를 늦추다가 뎅그렁 소리를 내며 비파를 밀어 놓고 일어나 말했다. "저는 저 세 사람의 포부와는 다릅니다." 공자가 말했다. "무슨 상관이 있겠느냐? 그저 각자 자기의 생각을 말한 것일 뿐이다." (증석이) 말했다. "늦봄에 맞는 옷이 만들어졌으면 (그것을 입고서), 관을 쓴 어른 5-6명 그리고 동자 6-7명과 함께 기수에서 목욕하고, 무우에 올라가 시원한 바람을 쐬고 노래하면서 돌아오겠습니다." 공자가 탄식하면서 말했다. "나도 증점에 공감한다." (자로와 염유 및 공서화) 세 사람이 나가고 증석만 뒤에 남았다. 증석이 말했다. "저 세 사람의 말한 것에 대해 어떻게 생각하십니까?" 공자가 말했다. "각자 자신의 생각을 말했을 뿐이다." (증석이) 말했다. "선생께서는 어찌하여 유[자로]가 말한 것에 대해 웃었습니까?" (공자가 말했다.) "나라는 예로써 다스려야 하는데, 그 말에는 겸양이 없어 웃은 것이다." (증석이 물었다.) "구[염유]가 말한 것은 나라를 다스리는 것이 아니지요?" (공자가 말했다.) "면적이 사방 60-70리 또는 50-60리나 되는데 나라를 다스리는 게 아니라고 할 수 있겠는가?" (증석이 물었다) "적[공서화]이 말한 것은 나라를 다스리는 것이 아니지요?" (공자가 말했다.) "종묘에서 제사 지내는 일과 제후들이 회동하는 일이 제후가 하는 일이 아니라면 무엇이 제후의 일인가? 적이 하고자 하는 일이 작은 것이라면 누가 하는 일을 크다고 할 수 있는가?"

역자 해설

1. 증석曾晳 : 공자의 제자로서 이름은 '점點'이고, 자는 자석子晳이다. 증삼曾參의 부친이다.
2. 시좌侍坐 : 스승이나 어른을 모시고 앉아 있는 것.
3. 이以 : '…라고 생각하다', 혹은 '… 때문에'의 뜻이다.
4. 일일장호이一日長乎爾 : '일일一日'은 하루가 아니라 '약간' 혹은 '다소'이고, '이爾'는 '너'의 뜻이다. 따라서 '일일장호이'는 '너희들보다 나이가 약간 많다'의 의미이다.
5. 무오이毋吾以 : '무이오毋以吾'의 도치 형식이다. 즉 '내가 너희들보다 약간 나이가 많다고 해서, 그것 때문에 나를 어렵게 생각하지 말라.'
6. 거居 : 평소.
7. 불오지不吾知 : '부지오不知吾'의 도치 형식이다. '나를 알아주지 않는다.'
8. 여혹지이如或知爾 : '너희들을 알아준다면.' 즉 너희들의 능력을 제대로 평가해주는 사람이 있다면 어찌하겠는가?
9. 솔이率爾 : 경솔하다.
10. 천승지국千乘之國 : 천승을 소유한 나라. 공자 당시에 큰 제후국은 대부분 만승을 소유했다. 따라서 천승의 제후국은 비교적 작은 나라이다.
11. 섭攝 : 끼다. 즉 천승의 작은 나라가 큰 나라 사이에 끼다. 이러한 상황에 놓였다면 대국의 이익에 따라 전쟁에 휘말릴 위험성이 높다.
12. 가지이사려加之以師旅 : '이사려가지以師旅加之'의 도치 형식이다. '사려師旅'는 군대이고, '가지加之'는 '공격하다'의 뜻이다. 즉 천승의 제후국을

둘러싸고 있는 큰 나라의 침략을 받다.

13. 인지이기근因之以饑饉 : '인지因之'는 '큰 나라의 침략에 이어'의 뜻이다. 즉 큰 나라의 침략에 이어 또다시 기근이 들다.
14. 비급삼년比及三年 : '비比'는 대략의 뜻이다. 즉 대략 3년이 되면.
15. 지방知方 : '방方'은 '대의大義의 소재'이다. 즉 대의의 소재를 알다.
16. 신哂 : '미소를 짓다'는 뜻이지만, 뒤의 내용을 보면 '비웃다'로 해석하는 것이 옳다.
17. 이하여爾何如 : 너는 어떻게 하겠는가?
18. 방육칠십方六七十, 여오육십如五六十 : 사방이 60-70리, 혹은 50-60리의 작은 나라.
19. 사俟 : (군자를) 기다리다. 겸손의 의미가 담겨있다.
20. 비왈능지非曰能之, 원학언願學焉 : (내가 그것을) 잘 할 수 있다는 것이 아니라 그저 배우고자 할 뿐이다. 겸양의 말이다.
21. 종묘지사宗廟之事 : 종묘에 제사지내는 일.
22. 여회동如會同 : '여如'는 '혹은'의 뜻이다. '회동會同'은 '많은 제후들이 서로 모이는 회맹會盟'을 뜻한다.
23. 단장보端章甫 : 단端은 예복이고, 장보章甫는 예모禮帽를 가리킨다. 고대에 제사를 지내거나 조회 시에 착용했다.
24. 상相 : 고대에 제후들이 상견례를 나눌 때 예를 집행하는 사람.
25. 점點 : 증석.
26. 고슬희鼓瑟希 : 비파 타는 소리가 점점 늦어지다. '희希'는 '드믈다[稀]'와 의미가 통한다. 공자와 제자들이 서로 대화를 나누고 있을 때 증

석이 옆에서 비파를 연주했다. 공자의 질문이 증석의 차례가 되자 증석이 대답하기 위해 비파 타는 것을 멈춘 것이다.

27. 갱이鏗爾 : 비파 타는 것을 마무리할 때 나는 '뎅그렁' 소리.

28. 사슬이작舍瑟而作 : 비파를 밀어 놓고 일어나다.

29. 이호삼자자지찬異乎三子者之撰 : '이호異乎'는 '저들과 다르다'이고, '찬撰'은 그들이 얘기한 것. 즉 자신의 의견은 앞에서 말한 자로, 염구, 공서화가 말한 것과 다르다.

30. 하상何傷 : 무슨 상관이 있겠는가?

31. 각언기지各言其志 : 각각 자신의 포부를 말한 것이다.

32. 모춘莫春 : '모暮', 즉 '늦다'의 의미이다. 늦은 봄.

33. 춘복기성春服既成 : 대부분의 역서에서 '봄옷이 이루어지면' 혹은 '늦봄에 봄옷을 지어 입고'라고 해석한다. 이러한 해석은 실상에 맞지 않는 해석이다. 또 뒤에 내용이 기수에서 목욕하고 무오에서 시원한 바람을 쐰다고 한다. 따라서 '춘복기성'은 '늦봄에 맞는 시원한 옷'이라고 해석하는 것이 합리적이다.

34. 관자冠者 : 성년을 의미한다. 고대에는 20세 이상의 성년만이 모자를 썼다.

35. 욕호기浴乎沂 : 기수에서 물놀이 하다. '기沂'는 노나라 도성 동남쪽 니구산尼丘山에서 시작되는 강이다.

36. 풍호무우風乎舞雩 : '풍風'은 '시원한 바람을 쐬다'이고, '무우舞雩'는 하늘에 기우제를 지낼 때 쓰는 제단을 가리킨다. 가무로써 신을 즐겁게 하기 때문에 '무우'라고 한다.

37. 영이귀詠而歸 : 노래를 부르면서 집으로 돌아오다.

38. 오여점吾與點 : '여與'는 '찬동하다'의 뜻이다. 즉 증석과 같이 하고 싶다는 것이다.

39. 기언불양其言不讓 : 자로의 말이 겸손하지 않다. 국가를 다스리는 일은 반드시 예로써 하고, 겸양의 태도를 간직해야 하는데, 자로의 포부에는 예의와 겸양이 없다.

40. 유구즉비방야여唯求則非邦也與 : '방邦'은 나라이다. 즉 염구가 말한 것은 나라를 다스리는 일이 아닙니까?

41. 적야위지소赤也爲之小, 숙능위지대孰能爲之大 : '위지소爲之小'는 '위지소상爲之小相'의 생략이다. 즉 공서화가 하고자 하는 일을 작다고 하면 누가 큰일을 한다고 할 수 있겠는가?

••• 이곳에서 공자는 증석의 지취志趣에 동의했지만, 공자의 이러한 태도는 후에 많은 논쟁을 일으켰다. 즉 증석의 취향은 다분히 도가적 형태이기 때문이다. 그러나 뒤이어 나오는 증석과의 대화에서 염유와 공서화의 지향을 긍정한 것을 보면, 증석에 대한 공감은 일순간의 동의에 불과한 것 같다.

12 편

「안연顔淵」

1. 극기복례克己復禮

顔淵問仁. 子曰: "克己復禮[1]爲仁[2]. 一日[3]克己復禮, 天下歸[4]仁焉. 爲仁由己[5], 而由人乎哉[6]!" 顔淵曰: "請問其目[7]." 子曰: "非禮勿視, 非禮勿聽, 非禮勿言, 非禮勿動." 顔淵曰: "回雖不敏[8], 請事[9]斯語矣."

안연이 (공자에게) 인에 관해 물었다. 공자가 말했다. "'나'라는 주관성을 극복하고 합리성의 예를 회복하는 것이 바로 인을 실천하는 것이다. 어느 날 '나'라는 주관성을 극복하고서 합리성의 예를 회복하면 (자신이 하는) 천하의 모든 일이 인의 실현으로 귀착될 것이다. (이러한) 인의 실천은 나의 (의지에) 달려있는 것이지 설마 남의 의지에 달려 있겠는가!" 안연이 말했다. "(인을 실천할 수 있는) 자세한 세목을 여쭙고자 합니다." 공자가 말했다. "예에 어긋나는 일은 보지 말고, 예에 어긋나는 일은 듣지 말며, 예에 어긋나는 일은 말하지 말고, 예에 어긋나는 일은 하지 말라." 안연이 말했다. "제가 비록 영민하지는 않지만 선생님의 가르침을 실천하겠습니다."

역자 해설

1. 극기복례克己復禮 : '극克'은 '극복하다' 혹은 '억제하다'의 뜻이다. '복復'은 '회복하다'의 의미이다. 혹은 '실천하다'로 해석해도 무방하다. 대부분의 역서에서 '극기克己'를 '자신의 사심과 욕망을 억제하고 극복하다'로 해석한다. 아마 주희로부터 비롯된 것 같다. 주희에 의하면, '기己'는 '일신의 사욕'이다. 역자는 "'나'라는 주관성을 극복하고 합리성의 예를 회복하다"로 번역한다. 이렇게 해석하면 '기己'의 범위가 더욱 확장된다. 즉 단순한 기질적 욕망뿐만 아니라 편견과 고집 등까지 포함한다. 왜냐하면 예는 합리성을 내용으로 삼는데, 합리성을 방해하는 것들이 곧 사욕과 편견 그리고 고집 등이기 때문이다.
2. 위인爲仁 : 혹자는 '인이다'로 해석하지만, 뒤의 '위인유기爲仁由己'와 연계시켜 보면 '인을 실천하는 것이다'로 해석하는 것이 합리적이다.
3. 일일一日 : 어느 날 혹은 짧은 순간.
4. 귀歸 : 귀착되다. 자신의 주관성을 극복하고서 합리성의 예를 회복하면 자신이 하는 천하의 모든 일은 곧 도덕의지인 인의 실현이기 때문에 천하의 모든 일이 인의 세계로 돌아온다고 한 것이다.
5. 위인유기爲仁由己 : '위爲'는 동사로서 '실천하다'의 뜻이다. 인을 실천하는 것은 자신의 의지에 달려 있다. 자신이 자각 성찰하면 인은 곧 그 자리에서 드러나지만, 성찰하지 못하면 인은 은몰隱沒되어 드러나지 않게 된다.
6. 이유인호재而由人乎哉 : '이而'는 분위기를 바꾸는 연결사이다. '설마' 혹은 '오히려'의 뜻을 가지고 있다. '설마 인을 실천하는 것이 타인의 의

지에 달려있다는 말인가?'

7. 청문기목請問其目 : '청문請問'은 '가르침을 구하다'는 것이고, '기목其目'은 세세한 방법을 뜻한다. 즉 '(인을 실천할 수 있는) 자세한 세목을 여쭙다.'
8. 불민不敏 : 아둔하다, 혹은 똑똑하지 못하다.
9. 사事 : '섬기다'는 뜻이지만, 이곳에서는 '실천하다'로 해석하는 것이 적절하다.

••• 역자는 '극기복례'에 대한 주희의 주석을 잘못되었다고 생각하지는 않는다. 그러나 공자 본의를 충분히 전달한 해석은 아닌 것 같다. '일신의 사욕'이라는 말이 내포하고 있는 가장 대표적 의미는 무엇인가? 바로 자신에게만 유효하게 적용되는 주관성이다. 그러나 공자가 제시하고 있는 예는 정당성과 합리성이라는 의義를 내용으로 하는 질서의 원리이면서 규범이다. 이는 예가 자신만이 아니라 모든 이성을 소유한 사람들에게 유효하게 적용되어야 함을 강조한 것이다. 즉 예는 개인과 개인, 개인과 집단, 집단과 집단이 서로 소통하면서 공유할 수 있는 원칙이다. 만일 이러한 예에 오로지 자신에게만 유효하게 적용되는 감성적 요소, 그리고 자신의 이익과 관련된 주관적 요소가 포함되어 있다면 예는 결코 모든 사람이 공유할 수 있는 원칙이 될 수 없다. 따라서 합리적인 예를 온전하게 회복하려면 먼저 자신에게만 유효한 주관적 요소를 제거해야 한다.

2. 자신이 원하지 않는 일을 남에게 강요하지 말라.

仲弓問仁. 子曰: "出門[1]如見大賓[2], 使民[3]如承大祭[4]. 己所不欲, 勿施於人[5]. 在邦[6]無怨, 在家無怨." 仲弓曰: "雍[7]雖不敏, 請事斯語矣."

중궁이 (공자에게) 인에 대해 물었다. 공자가 말했다. "집 밖을 나서 (사람들과 교류할 때는) 귀중한 손님을 대하듯이 (정성을 다해야 하고), 백성들을 부릴 때에는 중요한 제사를 올리는 것처럼 (조심해야) 한다. 자기가 원하지 않는 일은 타인에게 행하지 말아야 한다. (이렇게 해야만) 나라 안에서도 원망하는 사람이 없고, 집안에서도 원망하는 사람이 없게 된다." 중궁이 말했다. "제가 비록 영민하지는 않지만 선생님의 가르침을 실천하겠습니다."

역자 해설

1. 출문出門 : '집 문을 나서다', 즉 집 밖의 사회에서.
2. 여견대빈如見大賓 : '대빈大賓'을 높은 지위의 손님으로 제한해서는 안 된다. '귀중한 손님'으로 해석하는 것이 합리적이다.

3. 사민使民 : 백성을 부리다, 혹은 다스리다.
4. 여승대제如承大祭 : '대제大祭' 역시 '대빈'과 마찬가지로 중요한 제사를 의미한다. '여견대빈'과 '여승대제'는 공자의 도덕론에서 중요한 원칙 중의 하나인 충서忠恕의 '충'을 말한 것이다.
5. 기소불욕己所不欲, 물시어인勿施於人 : '자신이 원하지 않는 일은 남에게 행하지 말라.' 이것이 충서에서 '서'이다.
6. 재방在邦 : 나라 안.
7. 옹雍 : 중궁의 이름이다.

••• 다른 사람과 교제할 때 마치 귀중한 손님을 대하고, 중요한 제사를 올리는 것처럼 정성을 다해야 한다. 이것이 바로 진실함과 정성의 '충'이다. 이는 타인에 대해 어떤 행위를 할 때는 마음의 상태가 진실해야 함을 강조한 것이다. 충은 칸트의 도덕론에서 무조건적인 명령, 즉 정언명령과 같다. '충'이 자신의 마음에 대한 것이라면, '서'는 타인에 대한 짐작과 배려이다. 사람 마음에서 동일한 것이 여럿 있는데, 그중 하나가 바로 '좋아함과 싫어함'이다. 자신은 싫어하면서 타인에게 그것을 요청하면 타인이 불쾌하게 생각하는 것은 당연하다. 왜냐하면 싫어함과 좋아함에 대해서는 자신과 타인의 마음이 동일한 반응을 보이기 때문이다. '서'는 바로 타인과의 갈등과 충돌을 극복하고 조화의 영역으로 들어갈 수 있는 행위 원칙이다.

3. 인한 사람은 말을 어려운 것처럼 한다.

司馬牛[1]問仁. 子曰: "仁者, 其言也訒[2]." 曰: "其言也訒, 斯[3]謂之仁矣乎?" 子曰: "爲之難[4], 言之得無訒乎[5]?"

(평소에 말이 많고 성격이 조급한) 사마우가 (공자에게) 인에 대해 물었다. 공자가 말했다. "인한 사람은 말을 참으면서 어려운 듯이 한다." (사마우가) 말했다. "말을 참으면서 어려운 듯이 하면 그 사람을 곧 인하다고 할 수 있습니까?" 공자가 말했다. "(인을) 실천하는 것이 어려운데, (어찌) 말을 참으면서 어려운 듯이 하지 않을 수 있겠는가?"

역자 해설

1. 사마우司馬牛 : 공자의 제자이다. 성은 사마司馬, 이름은 경耕[주희는 리犂라고 한다], 자는 자우子牛이다. 사마상퇴司馬向魋의 동생이다.
2. 기언야인其言也訒 : 주희에 따르면, '인訒'은 '참다'는 '인忍'이며, '어렵다'의 '난難'이다. 이 두 의미를 하나의 말로 줄여 표현하기는 쉽지 않지만 '말을 함부로 쉽게 하지 않아야 함'을 말한 것이다.
3. 사斯 : 그런 사람.

4. 위지난爲之難 : 인을 실천하기가 어렵다.
5. 언지득무인호言之得無訒乎 : 말하는 것을 어찌 어려운 듯이 하지 않을 수 있겠는가? 이곳에서 우리는 다음 사항에 대해 주의해야 한다. 사마우가 '말을 참으면서 어려운 듯이 하면 그 사람을 곧 인하다고 할 수 있습니까'라고 다시 묻자 공자는 "(인을) 실천하는 것이 어려운데, (어찌) 말을 참으면서 어려운 듯이 하지 않을 수 있겠는가"라고 대답한다. 인자는 당연히 말을 함부로 하지 않는다. 왜냐하면 인을 실천하는 것이 어려운 일이기 때문이다. 그렇다고 말을 참으면서 함부로 하지 않는 것과 인자를 동일시해서는 안 된다. 말을 조심해서 하는 것은 인자의 여러 태도 중에서 하나일 뿐이다.

••• 인에 대한 공자의 가르침은 하나로 통일되어 있지 않다. 그 이유는 인은 모든 덕의 근원으로서 결코 하나의 덕목으로 규정될 수 없기 때문이고, 다른 하나는 공자가 인에 대한 가르침을 베풀 때 사람과 상황을 고려하여 그때그때 필요한 교육의 내용을 결정했기 때문이다. 이곳에서 공자가 '인한 사람은 말을 참으면서 어려운 듯이 한다'고 말한 것은 사마우가 말이 많고 조급한 성격의 소유자였기 때문이다.

4. 군자는 걱정하지 않고 두려워하지도 않는다.

司馬牛問君子. 子曰: "君子不憂不懼." 曰: "不憂不懼, 斯謂之君子矣乎?" 子曰: "內省不疚[1], 夫何憂何懼[2]?"

사마우가 (공자에게) 군자에 대해 물었다. 공자가 말했다. "군자는 걱정하지도 않고, 두려워하지도 않는다." (사마우가) 물었다. "걱정하지도 않고 두려워하지도 않으면, 그런 사람을 곧 군자라고 말할 수 있습니까?" 공자가 말했다. "안으로 자신을 성찰해보아도 아무런 허물이 발견되지 않는데 무엇을 걱정하고 무엇을 두려워하겠는가?"

역자 해설

1. 구疚 : 허물 혹은 하자.
2. 부하우하구夫何憂何懼 : 무엇을 걱정하고 무엇을 두려워하겠는가?

••• 자신을 성찰해서 마음에 부끄러움이 들지 않는다면 이는 곧 마음이 정직한 상태임을 의미한다. 공자에 의하면, 그 상태가 바로 '인仁'이다. 따라서 이 구절은 '인자는 걱정하지 않고 두려워하지도 않는다'는 말

과 같은 것이다. 그러나 앞 3장과 마찬가지로 걱정하지 않고 두려워하지 않는 것이 곧 인은 아니다. 이러한 태도는 인자의 여러 품덕 중의 하나일 뿐이다.

5. 자신의 의지로써 실천할 수 있는 일에 충실해야 한다.

司馬牛憂[1]曰: "人皆有兄弟, 我獨亡[2]." 子夏曰: "商[3]聞之矣. 死生有命[4], 富貴在天[5]. 君子敬而無失[6], 與人恭而有禮[7], 四海之內, 皆兄弟也. 君子何患乎無兄弟也."

사마우가 걱정스런 얼굴로 말했다. "남들은 다 형제가 있는데 오로지 나만 홀로 (형제가) 없다." 자하가 말했다. "내가 듣건대, 죽고 사는 것은 운명에 달려 있고, 풍요롭고 존귀하게 사는 것은 하늘에 달려 있다. 군자가 공경스러운 마음을 간직하여 과실이 없고, 남과 교제할 때 공손하고 예를 갖추면 사해 안의 모든 사람이 다 너의 형제이다. (그런데) 군자가 어찌 형제가 없음을 걱정하겠는가?"

역자 해설

1. 우憂 : 근심하다.
2. 아독망我獨亡 : 오로지 나만 홀로 (형제가) 없다.
3. 상商 : 자하 자신의 이름.
4. 사생유명死生有命 : 죽고 사는 것은 운명에 달려 있다.
5. 부귀재천富貴在天 : 부귀는 하늘에 달려 있다. 사생과 부귀가 인간의 의지와 전혀 관련 없는 것은 아니지만, 대부분 자신의 의지와 관계없이 외적인 요소에 의해 결정된다.
6. 군자경이무실君子敬而無失 : 군자는 공경스러운 마음을 간직하고서 행동하여 과실이 없다.
7. 여인공이유례與人恭而有禮 : 남과 교류하면서 공손한 태도를 간직하고, 또 예를 지킨다.

••• '사생유명死生有命'과 '부귀재천富貴在天'은 자신의 의지에 의해 완전하게 결정할 수 없는 일이고, '군자경이무실君子敬而無失'과 '여인공이유례與人恭而有禮'는 자신의 의지로써 충분히 결정할 수 있는 일이다. 때문에 자하는 사마우에게 자신의 능력으로써 어찌할 수 없는 일에 대해 걱정하지 말고, 자신의 의지로써 충분히 해결할 수 있는 일에 대해 충실할 것을 주문한 것이다.

6. 참언을 멀리하고 애절한 호소에 현혹당하지 않으면 명철한 사람이다.

子張問明[1]. 子曰: "浸潤之譖[2], 膚受之愬[3], 不行[4]焉, 可謂明也已矣. 浸潤之譖, 膚受之愬, 不行焉, 可謂遠[5]也已矣."

자장이 (공자에게) 명석함에 대해 물었다. 공자가 말했다. "물이 젖어들 듯이 (교묘하고 자연스러운) 참언이나, 살을 에는 듯한 간절한 호소가 (그 사람에게) 통하지 않는다면 명석한 사람이라고 할 수 있을 것이다. 물이 젖어들 듯이 (교묘하고 자연스러운) 참언이나, 살을 에는 듯한 간절한 호소가 (그 사람에게) 통하지 않는다면, 식견이 원대한 사람이라고 말할 수 있을 것이다."

역자 해설

1. 명明 : 명석하다 혹은 명철하다.
2. 침윤지참浸潤之譖 : '침윤浸潤'은 물이 젖어들 듯이 자기도 모르는 사이에 남을 해치게 되는 참언. 이간질 시키는 말인데, 너무 교묘하고 자연스럽게 전달되는 참언이라서 '침윤'이라는 말로 형용한 것이다.

3. 부수지소膚受之愬 : 살을 에는 듯한 간절한 호소. 자기의 억울함을 너무나 간절하게 호소하기 때문에 그 말에 현혹당해 사건의 진상을 올바르게 파악하지 못한다.
4. 불행不行 : (그 사람에게) 그것이 행해지지 않는다. 즉 그 사람에게 침윤지참과 부수지소가 통하지 않는다.
5. 원遠 : 식견이 원대하다.

••• 공자의 교훈은 참으로 실제적이다. 본래 이간질을 잘하는 사람은 너무 교묘하고 자연스럽게 말과 표정을 꾸미기 때문에 이에 쉽게 속임을 당한다. 때문에 '침윤'이라는 말로 형용한 것이다. 또 자기의 억울함이나 어려움을 너무 간절하게 호소하면 사건의 실상을 파악하기 어렵다. 이것 외에 공자는 교언영색巧言令色도 경계한다

7. 백성의 신뢰가 없으면 국가는 존립할 수 없다.

子貢問政, 子曰: "足食[1], 足兵[2], 民信[3]之矣." 子貢曰: "必不得已而去[4], 於斯三者, 何先?" 曰: "去兵." 子貢曰: "必不得已而去, 於斯二者, 何先[5]?" 曰: "去食. 自古皆有死[6], 民無信不立[7]."

자공이 정치에 관하여 묻자, 공자가 말했다. "양식을 풍족히 하고, 병마를 충분히 하며, 백성들의 신뢰를 얻는 것이 (정치에서 가장 중요한 일이다)." 자공이 말했다. "부득이 하나를 꼭 빼야 한다면, 이 세 가지 중에서 무엇을 먼저 빼야 합니까?" (공자가) 말했다. "병마를 빼야 한다." 자공이 말했다. "부득이 하나를 꼭 빼야 한다면 (나머지) 두 가지 중에서 무엇을 먼저 빼야 합니까?" (공자가) 말했다. "양식을 빼야 한다. 예로부터 사람은 누구나 죽는 것이지만, 백성의 신뢰가 없으면 나라는 존립할 수 없다."

역자 해설

1. 족식足食 : 식량을 풍족하게 하다.
2. 족병足兵 : 군대를 충분히 양성하다.
3. 민신民信 : 백성들이 군주를 신뢰하다.
4. 필부득이거必不得已而去 : 부득이 그중에서 꼭 한 가지만 빼야 한다면.
5. 하선何先 : 무엇을 먼저 할 것인가? 즉 세 가지 중에서 먼저 빼야 할 것은 무엇인가?
6. 자고개유사自古皆有死 : 예로부터 모두에게 죽음은 있었다. 즉 사람은 모두 죽는다.
7. 민무신불립民無信不立 : 백성들의 신뢰가 없다면 나라는 존립할 수 없다.

••• 공자는 식량을 풍족하게 하는 것보다 백성의 신뢰를 국가 존립의 제1근거로 내세웠다. 공자를 시작으로 유가철학 정치론의 첫 번째 과업은 백성의 삶을 온전하게 부양하는 양민養民이다. 역자는 공자에게 다음과 같은 질문을 해보고 싶다. 백성의 삶이 풍요롭지 않은데 과연 백성의 신뢰가 수반될 수 있을까? 풍요로운 삶과 든든한 국방이 실현되었는데도 과연 백성들이 군주에게 신뢰를 보이지 않을 수 있을까? 현실정치에서 민생의 풍요와 국방의 안전이야말로 민중 지지도의 첫 번째 조건이다. 공자의 정치론에서 '족식足食'과 '족병足兵' 그리고 '민신民信'은 국가 존립의 필수요건이다. 공자는 먼저 '민신'을 강조하고, 다음 '족식'을 그 다음으로 '족병'의 중요성을 내세웠지만 이 순서가 현대정치에 얼마나 설득력이 있을지 의문이다.

8. 털이 없는 표범 가죽은 개와 양의 가죽과 다름이 없다.

棘子成[1]曰: "君子質[2]而已矣, 何以文[3]爲?" 子貢曰: "惜乎! 夫子[4]之說君子也, 駟不及舌[5]. 文猶質也, 質猶文也. 虎豹之鞹, 猶犬羊之鞹[6]."

(위나라 대부인) 극자성이 (자공에게) 말했다. "군자에게서 중요한 것은 바탕뿐인데, 어찌하여 꾸밈을 도모하는가?" 자공이

말했다. "참으로 애석하구나! 부자[극자성]가 군자에 대해 말했지만, (그 실언이 마치) 네 마리의 말이 끄는 마차가 혀를 따르지 못하는 것과 같다. 꾸밈도 바탕처럼 중요하고, 바탕 역시 꾸밈처럼 중요하다. (만일 군자에게서 꾸밈을 제거하면) 이는 마치 털 없는 호랑이의 가죽과 표범의 가죽이 털 없는 개의 가죽, 양의 가죽과 차이가 없는 것과 같다."

역자 해설

1. 극자성棘子成 : 위나라의 대부이다.
2. 질質 : 바탕. 즉 (군자는 오로지) 바탕만을 중시한다.
3. 문文 : 꾸밈.
4. 부자夫子 : 이곳에서 부자는 극자성을 지칭한다.
5. 사불급설駟不及舌 : 네 마리 말이 이끄는 마차도 혀를 따르지 못하다.
6. 호표지곽虎豹之鞹, 유견양지곽猶犬羊之鞹 : '곽鞹'은 털을 제거한 가죽이다. 본래 표범의 가죽이 아름다운 것은 표범의 털 때문이다. 그런데 표범 가죽에서 아름다운 털을 제거하면 개나 양의 가죽과 별 다름이 없다는 것이다.

••• 자공은 이곳에서 두 방면에서 극자성을 훈계하고 있다. 하나는 실언에 대한 경계이다. 네 마리 말이 끄는 마차는 다른 마차에 비해 빠르

다. 이런 빠른 마차도 혀를 따르지 못한다는 것은 한 번 입에서 나온 실언失言은 되돌릴 수 없음을 말한 것이다. 즉 군자는 오로지 질박만을 추구할 뿐 꾸밈을 말해서는 안 된다는 극자성이 말이 실언임을 강조한다. 또 털 없는 호랑이, 표범의 가죽이 털 없는 개, 양의 가죽과 차이가 없다는 비유로써 오로지 바탕만을 추구하고 문이라는 꾸밈이 없다면 군자와 소인의 차이가 없음을 극자성에게 말하고 있다.

9. 백성의 삶이 풍족하면 군주도 더불어 풍족하게 된다.

哀公問於有若[1]曰: "年饑[2]用不足[3], 如之何?" 有若對曰: "盍[4]徹[5]乎?" 曰: "二[6]吾猶不足, 如之何其徹也?" 對曰: "百姓足, 君孰與不足[7], 百姓不足, 君孰與足[8]?"

애공이 (세금 정책에 관해) 유약에게 물었다. "기근이 든 해는 (나라에서 쓸) 비용이 부족한데, 어찌하면 좋겠소?" 유약이 대답했다. "어찌하여 생산량의 1/10을 세금으로 거두는 세법을 쓰지 않습니까?" (애공이) 말했다. "생산량의 2/10를 세금으로 거두어도 나는 부족할 것 같은데 어떻게 1/10을 세금으로 거두는 세법을 쓸 수 있겠소?" (유약이) 대답했다. "백성의 (삶이) 풍족하면 어떤 군주가 풍족하지 않겠습니까? 백성의 (삶이) 풍족하지 않다면 어떤 군주가 풍족하겠습니까?"

역자 해설

1. 유약有若 : 공자의 제자. 부록 참조
2. 연기年饑 : 기근이 든 해.
3. 용부족用不足 : 재용財用이 부족하다.
4. 합盍 : '하불何不'을 합친 말이다. '어찌 사용하지 않는가?'
5. 철徹 : 세법의 한 종류. 즉 생산량의 1/10을 세금으로 거두어들이는 것.
6. 이二 : 생산량의 2/10를 세금으로 거두다.
7. 군숙여부족君孰與不足 : '군주는 누구와 더불어 부족하겠는가?' 즉 어떤 군주가 부족하겠습니까?
8. 군숙여족君孰與足 : 위와 마찬가지이다. 어떤 군주가 풍족하겠습니까?

••• 백성의 풍요로움이 바로 군주의 풍요로움이고, 백성의 부족함이 곧 군주 자신의 부족함인 것이다. 따라서 세금을 과하게 거두는 것은 결국 민생의 파탄을 초래할 것이고, 이는 곧 군주 자신의 궁핍과 연결된다.

10. 부를 이루지도 못하면서 이상한 짓만 하네.

子張問崇德辨惑[1]. 子曰: "主忠信[2], 徙義[3], 崇德也. 愛之欲其生, 惡之欲其死[4]. 旣欲其生, 又欲其死, 是惑也. 誠不以富, 亦祇以異[5]."

자장이 (공자에게) 덕을 숭상하는 것과 의혹을 변별하는 것에 대해 물었다. 공자가 말했다. "진실함과 신의를 위주로 행동하고, 오로지 (합리적이고 정당한) 의로움만을 실천하는 것이 덕을 숭상하는 것이다. 그 사람을 사랑할 때는 그가 잘 살기를 바라고, 그를 미워할 때는 그가 죽기를 바란다. 이는 그가 잘 살기를 바라면서 또 그가 죽기를 바란 것이니, 이것이야 말로 미혹된 것이다. (『시경』)에서 '진실로 풍요로움도 이루지 못하면서 이상한 짓만 하네'라는 말이 있는데, (바로 이를 두고서 한 말이다)."

역자 해설

1. 변혹辨惑 : 의혹을 변별하다.

2. 주충신主忠信 : 진실함과 신의를 위주로 하다.

3. 사의徙義 : 오로지 합리적이고 정당한 일만을 실천하다.

4. 애지욕기생愛之欲其生, 오지욕기사惡之欲其死 : 사랑할 때는 그가 잘 살기를 바라고, 그를 미워할 때는 그가 죽기를 바란다.

5. 성불이부誠不以富, 역지이이亦祗以異 : 이 구절은 『시경』「소아·아행기야我行其野」에서 인용한 말이다. 여러 해석이 있다. 그 중에서 역자는 '진실로 풍요로움도 이루지 못하면서 이상한 짓만 하네'라는 해석을 취한다.

••• "誠不以富, 亦祗以異"라는 시 구절은 주나라 백성들에게 축출당한 여왕厲王의 아들인 선왕宣王을 풍자한 노래라고 한다. 그러나 이곳에서는 앞 구절과 연계시켜 해석하는 것이 합리적이다. 즉 사랑할 때는 그가 잘 살기를 바라고, 그를 미워할 때는 그가 죽기를 바라는 것은 사람들의 상정常情이다. 그러나 사람의 생사는 천명에 달려 있어 내가 살기를 바란다고 해서 사는 것도 아니고, 죽기를 바란다고 죽는 것도 아니다. 그런데 사람들은 감정의 희노애락에 따라 살기를 바라고, 죽기를 바라니 이것이 바로 미혹이다. 때문에 공자는 『시경』의 구절을 인용하여 사람들의 미혹함을 힐난한 것이다.

11. 군주는 군주다워야 하고, 신하는 신하다워야 한다.

齊景公[1]問政於孔子, 孔子對曰: "君君, 臣臣, 父父, 子子[2]."

公曰: "善哉[3]! 信[4]如君不君, 臣不臣, 父不父, 子不子[5], 雖有粟[6], 吾得而食諸[7]?"

제나라 경공이 공자에게 정치에 관해 묻자, 공자가 대답했다. "임금은 임금다워야 하고, 신하는 신하다워야 하며, 아비는 아비다워야 하고, 자식은 자식다워야 합니다." 경공이 말했다. "(참으로) 좋은 말입니다. 참으로 임금이 임금답지 못하고, 신하가 신하답지 못하며, 아비가 아비답지 못하고, 자식이 자식답지 못하면 비록 곡식이 (충분하게) 있은들 내 어찌 그것을 (마음 편하게) 먹을 수 있겠습니까?"

역자 해설

1. 제경공齊景公 : 제나라 군주인 저구杵臼. 공자는 노나라 소공昭公 말년에 제나라에 갔고, 그때 경공을 만났다.
2. 군군君君, 신신臣臣, 부부父父, 자자子子 : 앞의 군君 · 신臣 · 부父 · 자子는 지위의 명칭을 말한 것이고, 뒤의 군 · 신 · 부 · 자는 그 지위의 명칭에 내재되어 있는 의무[實]이다. 즉 본분이다. '군주는 군주다워야 하고, 신하는 신하다워야 하며, 아비는 아비다워야 하고, 자식은 자식다워야 한다.'
3. 선재善哉 : 좋은 말이다. 가볍게 '그렇다'로 해석해도 무방하다.

4. 신信 : 참으로, 진실로.

5. 군불군君不君, 신불신臣不臣, 부불부父不父, 자부자子不子 : 앞의 군군, 신신, 부부, 자자에 대한 부정적 표현이다. 즉 군주가 군주답지 않고, 신하가 신하답지 않으며, 아비가 아비답지 않고, 자식이 자식답지 않다.

6. 속粟 : 본래는 작은 쌀을 가리키지만, 이곳에서는 곡식 혹은 봉록俸祿의 의미로 사용된다.

7. 제諸 : 구절의 끝에 사용하는 의문사.

••• '군주는 군주다워야 하고, 신하는 신하다워야 하며, 아비는 아비다워야 하고, 자식은 자식다워야 한다'는 것은 군주와 신하 그리고 아비와 자식은 마땅히 그 지위의 명칭에 해당한 도리를 다해야 한다는 것으로, 이것이 바로 공자가 제창한 정명론正名論이다. 즉 어떤 지위를 갖고 있으면 그 지위에 부합한 의무를 먼저 다해야 한다는 것이다. 정명론은 후에 맹자 혁명론의 기초 이념이 된다.

12. 자로는 승낙한 일을 미루지 않은 사람이다.

子曰: "片言[1]可以折獄[2]者, 其由也與! 子路無宿諾[3]."

공자가 말했다. "간단하고 명료한 몇 마디의 말로써 옥사를 (간결하게) 판결할 수 있는 자는 유[자로]일 것이다. 자로는 (남에게 이미 승낙한 말을) 미루는 법이 없다."

역자 해설

1. 편언片言 : '편片'은 '반마디'의 짧다는 뜻이다. '편언'은 간단하고 명료한 몇 마디 말을 의미한다.
2. 절옥折獄 : '절折'은 '결단'을 말한다. '절옥'은 '송사의 판결을 내리다'는 의미이다.
3. 무숙낙無宿諾 : '숙宿'은 '머무름'으로서 '뒤로 미루다'는 뜻이다. '다른 사람에게 이미 승낙한 말은 미루지 않고 시간을 지켜 이행하다'의 의미이다.

••• 자로는 진실하고 믿음이 돈독했으며, 성격이 간결하고 급한 편이었기 때문에 어떤 일을 승낙하면 기일에 맞게 해결했으며, 미루어두는 법이 없었다. 이 구절은 자로에 대한 칭송이면서 한편으로 급한 성격에 대한 우려의 표현이기도 하다.

13. 나는 송사를 잘 처리하기보다는 차라리 송사가 발생하지 않도록 하겠다.

子曰: "聽訟[1], 吾猶人[2]也. 必也使無訟[3]乎."

공자가 말했다. "(백성들 사이에 발생하는) 송사를 처리하는 일은 나도 남만큼은 하겠지만, 나는 (그것보다도) 백성들로 하여금 송사가 발생하지 않도록 할 것이다."

역자 해설

1. 청송聽訟 : 송사를 처리하다, 혹 판결하다.
2. 오유인吾猶人 : 다른 사람과 유사하다. 즉 '송사를 처리하는 일을 다른 사람만큼 할 수 있다.
3. 사무송使無訟 : 백성들로 하여금 송사를 없게 하다.

••• 공자는 이전에 사구司寇의 직을 수행한 바 있다. 사구는 지금의 검찰총장 혹은 대법관에 해당하는 높은 관직이다. 송사를 처리하는 것은 일이 발생한 뒤에 진행된다. 따라서 근본적인 일이 아닌 지엽적인 것에 불과하다. 공자는 백성을 예악으로 교화하면 근원이 맑아지니 송사가

자연스럽게 없어질 것이라고 한 것이다.

14. 정치하는 사람은 마음을 정치에 두고서 진실한 마음으로 행해야 한다.

子張問政, 子曰: "居[1]之無倦[2], 行之以忠[3]."

자장이 (공자에게) 정치에 관해 묻자, 공자가 말했다. "(정치하는 사람은) 평상시에도 마음을 정치에 두고서 시종여일 게으르지 않아야 하고, 행정은 (겉과 속이 한결같은) 진실한 마음으로써 해야 한다."

역자 해설

1. 거居 : 주희는 '마음을 그곳에 두는 것'이라고 해석했다. 즉 정치하는 사람은 마음을 항상 정치에 두어야 함을 말한 것이다.
2. 무권無倦 : '무권'에 대해 주희는 '시종여일始終如一', 즉 한결같은 마음으로 해석했다. 게으르지 않다는 뜻이다.
3. 행지이충行之以忠 : 주희에 의하면, '행行'은 '그 일에 발동하는 것'이라고

했지만, 현대적 용어로 말하면, 행정이 그것이다. '충忠은 겉과 속이 똑같음을 말한 것'이다.

••• 공자는 이곳에서 정치가의 행정 태도에 관해 말하고 있다. 정치가는 항상 정치에서 마음을 떼지 않아야 하고, 또 마음속에 조금의 사사로운 치우침이 없어야 한다. 즉 진실한 마음을 가지고서 정치에 임해야 한다.

15. 학문은 넓게 배워나가야 하고, 예로써 몸가짐을 가지런히 단속해야 한다.

子曰: "君子博學於文[1], 約[2]之以禮. 亦可以弗畔[3]矣夫."

공자가 말했다. "군자는 학문에 대해서는 널리 배워나가고, 예로써 자신의 몸가짐을 가지런히 단속해야 한다. 이렇게 하면 도에 어긋나지 않을 것이다."

역자 해설

1. 박학어문博學於文 : '박학어문'은 '박아이문博我以文'과 같은 뜻이다. 즉 군

자는 배움을 널리 확장하고자 한다. 때문에 학문에 대해 고찰하지 않음이 없다.

2. 약約 : 가지런히 단속하다. 예로써 단속한다는 말은 구체적으로 무엇을 의미하는가? 질서를 준수하고, 항상 합리성을 지향하는 태도를 가져야 함을 말한 것이다.
3. 불반弗畔 : '반畔'은 '어긋나다'의 뜻이다. '불반'은 '도리에 어긋나지 않다'는 것이다.

••• 이 단락은 말은 「옹야」 편 25에 동일하게 출현한 적이 있고, 비슷한 내용이 「자한」 편에도 나온다. 이곳의 해설은 중복 해설이다.

16. 군자는 타인에게서 좋은 점이 발견되면, 그것을 완성할 수 있도록 도와준다.

子曰: "君子成[1]人之美[2], 不成人之惡[3]. 小人反是[4]."

공자가 말했다. "군자는 타인에게서 좋은 점이 발견되면 그것이 완성될 수 있도록 도와주고, 다른 사람에게서 나쁜 점이 발견되면 그것이 실현되지 않도록 해 준다. 소인은 (군자가 하는 것과) 반대로 한다."

역자 해설

1. 성成 : 완성되도록 도와주다.

2. 미美 : 장점, 미덕, 좋은 점.

3. 악惡 : 나쁜 점, 단점.

4. 반시反是 : '시是'는 군자의 행동이다. '반시'는 '군자가 하는 것과 정반대로 하다'는 뜻이다.

••• 군자는 항상 자신의 인격 완성과 함께 타인의 완성을 도모한다. 이것이 바로 『중용』에서 말한 성기成己와 성물成物이다. 즉 성기는 자신의 인격을 완성하는 것이고, 성물은 그것을 미루어 타인과 천지만물의 존재가치를 완성토록 해주는 것이다. 유가에서 강조하는 천지만물일체天地萬物一體는 공허한 구호가 아니라 성기와 성물의 과정을 통해 완성되는 구체적 도덕경지이다.

17. 정치[政]는 잘못된 것을 바르게 잡는 것[正]이다.

季康子問政於孔子, 孔子對曰: "政者正[1]也. 子帥以正[2], 孰[3]敢不正?"

계강자가 공자에게 정치에 관한 일을 묻자, 공자가 대답했다.

"정치라는 것은 (잘못된 것을) 올바르게 잡는다는 뜻이다. 당신이 (백성을) 올바르게 이끈다면 누가 감히 바르지 않겠습니까?"

역자 해설

1. 정正 : 바르지 못한 것을 올바르게 하다.
2. 자솔이정子帥以正 : '자子'는 계강자를 지칭하고, '帥'는 '이끌다' 혹은 '영도하다'의 '솔'로 읽어야 한다. '솔率'과 의미가 통함.
3. 숙孰 : 누구.

••• 정치는 본래 바르지 않는 것을 올바르게 되돌려놓는 활동이다. 즉 혼돈의 카오스를 질서의 코스모스로 정돈하는 것이 정치인 것이다. 그러나 정치의 실상을 보자. 오히려 코스모스를 카오스로 회귀시키는 일이 정치같다. 정치에 종사하는 모든 사람들이 공자의 이 말을 구호로만 외치지 말고 마음에 간직하여 망각하지 않도록 해야 할 것이다.

18. 정치가가 탐욕을 부리지 않으면 도둑은 발생하지 않는다.

季康子患盜[1]問於孔子. 孔子對曰: "苟子之不欲[2], 雖賞之[3],

不竊[4]."

계강자가 도둑이 횡행함을 걱정하면서 (그 대책을) 공자에게 물었다. 공자가 대답했다. "당신이 진실로 탐욕을 부리지 않는다면 (백성들에게 도둑질을 하면) 상을 준다고 하더라도 (백성들은) 물건을 훔치지 않을 것입니다."

역자 해설

1. 환도患盜 : 도적이 횡행함을 걱정하다.
2. 구자지불욕苟子之不欲 : '구苟'는 '진실로'의 뜻이고, '불욕不欲'은 '계강자 당신이 탐욕을 부리지 않다'의 뜻이다. 즉 '진실로 계강자 당신이 탐욕을 부리지 않으면.'
3. 상지賞之 : 상을 내리다. 즉 도둑질한 백성에게 상을 내리다.
4. 부절不竊 : 훔치지 않다. 즉 도둑질을 하지 않는다.

••• 앞의 "정치라는 것은 잘못된 것을 올바르게 잡는다[政者正也]"에서 확장된 가르침이다. 정치가는 백성들에게 올바름을 요구하기에 앞서 자신이 먼저 솔선수범해야 한다. 자신이 청빈清貧하면서 백성에게 탐욕을 경계할 것을 요구해야 한다. 자신은 탐욕하면서 백성에게 청빈을 요구하면, 그것이 바로 혼군昏君의 정치이다.

19. 정치함에 있어 사형은 좋은 방법이 아니다.

季康子問政於孔子曰: "如殺無道[1], 以就有道[2], 何如?" 孔子對曰: "子爲政, 焉用殺[3]? 子欲善, 而民善矣! 君子之德風, 小人之德草[4]. 草上之風, 必偃[5]."

계강자가 공자에게 정치에 관한 도리를 물었다. "만일 극악무도한 사람을 사형으로 다스려 (백성들을 일깨우고) 올바른 세계로 인도하면 어떤가요?" 공자가 대답했다. "그대는 정치를 함에 있어 어찌 사람을 죽이는 사형을 사용하려고 합니까? 그대가 선해지고자 하면 백성들도 (영향을 받아) 선해지는 것이다. 군자의 덕은 바람과 같고, 백성의 덕은 풀과 같다. 바람이 풀 위로 불면 풀은 반드시 (바람이 부는 쪽으로) 쓰러진다."

역자 해설

1. 여살무도如殺無道 : '만일 무도한 사람을 사형으로 다스린다면'의 뜻이다.
2. 이취유도以就有道 : 앞의 (무도한 사람을 사형으로 다스림으로써) 다른 백성을 경각시켜 올바름으로 인도하다.
3. 언용살焉用殺 : '언焉'은 '어찌'의 뜻이다. 어찌 사람을 죽이는 사형이라

는 법을 사용하는가?

4. 군자지덕풍君子之德風, 소인지덕초小人之德草 : 군자의 덕은 마치 바람과 같고, 소인의 덕은 마치 풀과 같다. 이곳에서 군자는 통치자를 의미하고, 소인은 일반 백성을 가리킨다. 즉 통치자는 백성의 모범이고, 백성들은 통치자의 감화를 받는 사람이다.
5. 초상지풍草上之風, 필언必偃 : '언偃'은 '쓰러지다' 혹은 '넘어지다'의 뜻이지만, 이곳에서는 '감화를 받다'로 해석해야 한다. 즉 풀[백성의 덕] 위로 바람[통치자의 덕]이 불면, 풀은 바람이 부는 방향으로 눕는다.

••• 마지막 "군자의 덕은 바람과 같고, 백성의 덕은 풀과 같다. 바람이 풀 위로 불면 풀은 반드시 바람이 부는 쪽으로 쓰러진다"는 말이 아름답다. 이 구절 역시 앞장의 말을 이어 정치가의 모범적 생활과 솔선수범을 비유로써 해설한 것이다.

20. 모든 일에 통달한 사람과 명성만 자자한 사람의 차이.

子張問: "士何如斯可謂之達[1]矣?" 子曰: "何哉? 爾所謂達者?" 子張對曰: "在邦必聞[2], 在家必聞." 子曰: "是聞也, 非達也. 夫達也者, 質直而好義[3], 察言而觀色[4], 慮以下人[5], 在邦必達, 在家必達. 夫聞也者, 色取仁而行違[6], 居之不疑[7]. 在邦必聞, 在家必聞."

자장이 (공자에게) 물었다. "선비가 어떻게 되면 통달한 사람이라고 말할 수 있습니까?" 공자가 말했다. "어떤 사람인가? 네가 말한 통달한 사람의 의미가?" 자장이 대답했다. "나라 안에서도 (빼어난 사람이라는) 명성이 자자하고, 집안에서도 (빼어난 사람이라는) 명성이 자자한 사람입니다." 공자가 말했다. "그것은 명성이 자자한 사람일 뿐 통달한 사람이 아니다. 이른바 통달한 사람은 바탕이 곧으면서 합리적이고 정당한 일을 좋아하며, 남의 말을 잘 헤아리고 남의 얼굴색을 잘 살펴 (시의적절하게 언행을) 하고, 사려가 깊으면서도 타인에게 겸양의 자세를 취하니, 나라 안에서도 통달한 사람이라고 하며, 집안에서도 통달한 사람이라고 한다. 명성이 자자한 사람은 겉으로는 인한 체 하지만 실제 행동은 인과 어긋나고, 평소에 (겉으로는 인한 체 하고 실제 행동은 인과 어긋나지만) 이에 대해 스스로 아무런 의혹조차 가지지 않는다. (사람들이 이 두 유형의 사람 차이를 구별하지 못하니) 나라 안에서도 (빼어난 사람이라는) 명성이 자자하고 집안에서도 (빼어난 사람이라는) 명성이 자자하게 된 것이다."

역자 해설

1. 달達 : 주희에 의하면, '달은 자신의 덕을 다른 사람이 신뢰하여 무엇을 해도 얻지 못함이 없음'을 말한 것이다. 역자는 주희 주석을 포함하여 '모든 일에 통달함'으로 번역했다. 그러나 역자가 말한 통달은 단지 인식론적 의미에 국한되지 않고 자신에 대한 타인의 신뢰까지 포함한다.
2. 문聞 : 명성이 나다. '명성이 나다'의 '문聞'은 형태만을 보면 '달達'과 구별하기 쉽지 않다. 주희가 말한 것처럼, '달'에도 자신에 대한 타인의 신뢰와 긍정이 포함되어 있고, '명성이 나는 것'도 자신에 대한 타인의 긍정이 포함되어 있다. 따라서 양자의 차이를 구별하기가 쉽지 않은 것이다. 주희는 '달'과 '문'을 진실함[誠]과 거짓[僞]으로 분별하는데, 뒤 문장을 보면 공자의 뜻과 일치한다.
3. 질직이호의質直而好義 : 바탕이 곧고 합리적이며 정당한 일을 좋아하다.
4. 찰언이관색察言而觀色 : 남의 말을 잘 헤아리고 남의 얼굴색을 잘 살펴 시의적절하게 언행을 하다.
5. 여이하인慮以下人 : 사려가 깊으면서도 타인에게 겸양의 자세를 취하다.
6. 색취인이행위色取仁而行違 : 겉으로는 인한 체 하지만 실제 행동은 인과 어긋나다.
7. 거지불의居之不疑 : '평소에 겉으로는 인한 체 하고, 실제 행동은 인과 어긋나지만 이에 대해 스스로 아무런 의혹조차 가지지 않아 너무나 자연스럽게 보인다.'

●●● 통달한 사람과 명성만 자자한 사람의 구별이 쉽지 않은 이유는 무

엇인가? 바로 '평소에 겉으로는 인한 체 하고 실제 행동은 인과 어긋나지만 이에 대해 스스로 아무런 의혹조차 가지지 않아 너무나 자연스럽기' 때문이다. 이것과 유사한 것이 바로 군자와 향원鄕愿이다. 향원은 이중인격자이지만, 평소의 태도가 군자보다도 더욱 군자처럼 보였기 때문에 향원에 쉽게 속는 것이다.

21. 자신의 잘못에 대해서는 엄히 비평해야 하지만 남의 잘못은 비난하지 않는다.

樊遲[1]從遊於舞雩之下[2]曰: "敢問崇德[3]修慝[4]辨惑[5]." 子曰: "善哉問[6]! 先事後得[7], 非崇德與? 攻其惡無攻人之惡[8], 非修慝與? 一朝之忿[9], 忘其身[10], 以及其親[11], 非惑與?"

번지가 (공자를 따라 기우제를 지내는) 무우 아래에서 노닐다가 (공자에게) 물었다. "감히 덕을 숭상하는 것과 마음속의 나쁜 생각을 제거하는 것 그리고 미혹됨을 분별하는 것에 대해서 묻고자 합니다." 공자가 말했다. "훌륭한 질문이다. 마땅히 해야 할 일을 먼저 하고 이익에 관한 것을 뒤에 생각한다면, 그것이 덕을 숭상하는 것이 아니겠는가? 자신의 잘못과 나쁜 생각에 대해서는 엄중하게 비판 성찰하고 타인의 잘못에 대해서는 비난하지 않는다면 그것이 마음속의 나쁜 생각을 제거하는 것이 아니겠는가? 일순간의 분노를 (참지 못하여) 자신을 망치고 (그 화가) 부모에게까지 미친다면 그것이 미혹이 아니면 무엇이겠는가?"

역자 해설

1. 번지樊遲 : 공자의 제자. 부록 참조.
2. 종유어무우지하從遊於舞雩之下 : '종유從遊'는 '노닐다' 혹은 '거닐다'의 뜻이고, '무우舞雩'는 기우제를 지내는 곳이다. 즉 '기우제를 지내는 무우 아래에서 공자를 따라 노닐다가.'
3. 숭덕崇德 : 덕을 숭상하다.
4. 수특修慝 : '수修'는 '없애다'의 뜻이고, '특慝'은 '익匿'과 '심心'의 결합으로서 '마음에 숨기고 있는 나쁜 생각'이다. '수특'은 '마음에 있는 나쁜 생각을 없애다'의 뜻이다.
5. 변혹辨惑 : 미혹됨을 분별하다.
6. 선재문善哉問 : 훌륭한 질문이다.
7. 선사후득先事後得 : 마땅히 해야 할 일을 먼저 하고 이익에 관한 것은 뒤에 생각한다.
8. 공기악무공인지악攻其惡無攻人之惡 : 자신의 잘못과 나쁜 생각에 대해서는 엄중하게 비판 성찰하지만 타인의 잘못에 대해서는 먼저 비난하지

않는다.

9. 일조지분一朝之忿 : 일시적으로 드는 분한 마음.

10. 망기신忘其身 : '망忘'을 '잊다'로 해석하기도 하지만, 전체 문장의 흐름에서 볼 때 마땅히 '망치다'로 해석해야 한다.

11. 이급기친以及其親 : 그 화가 부모에까지 미치다.

••• '마땅히 해야 할 일을 먼저 하고, 이익에 관한 것은 뒤에 생각한다'는 '선사후득'은 이익을 보면 그것이 합리적이고 정당한 것인지를 먼저 생각하라는 견득사의見得思義와 함께 이익에 관한 공자의 기본 입장이다. 또 자신의 잘못과 나쁜 생각에 대해서는 엄중하게 비판 성찰하지만 타인의 잘못에 대해서는 먼저 비난하지 않는다는 것은 타인의 잘못에 대해서는 숨겨주고, 좋은 점은 크게 선양한다는 은악양선隱惡揚善의 또 다른 표현이다.

22. 정직한 사람을 등용하여 부정한 사람 위에 놓으면 부정한 사람도 정직하게 된다.

樊遲問仁. 子曰: "愛人[1]." 問知[2]. 子曰: "知人[3]." 樊遲未達[4], 子曰: "擧直錯諸枉, 能使枉者直[5]." 樊遲退, 見子夏曰: "鄉[6]也, 吾見於夫子而問知, 子曰: '擧直錯諸枉, 能使枉者直,

何謂也?'" 子夏曰: "富哉! 言乎[7]! 舜有天下, 選於衆[8], 擧皐陶[9], 不仁者, 遠[10]矣. 湯[11]有天下, 選於衆, 擧伊尹[12], 不仁者, 遠矣."

번지가 (공자에게) 인에 관해 물었다. 공자가 말했다. "(널리) 사람을 사랑하는 것이다." (번지가) 지혜로움에 관해 물었다. 공자가 말했다. "사람됨을 올바르게 판단하는 것이다." 번지가 이 말을 잘 알아듣지 못하자 공자가 말했다. "정직한 사람을 등용하여 부정한 사람들 위에 놓고 (그 사람들을 부리게 하면) 부정한 사람도 정직하게 만들 수 있다." 번지가 물러나서 자하를 보고서 말했다. "방금 전에 내가 선생님을 뵙고서 지혜로움에 관해 질문했는데, 선생님께서 '정직한 사람을 등용하여 부정한 사람들 위에 놓고 그 사람들을 부리게 하면 부정한 사람도 정직하게 된다'고 하셨는데, 무슨 뜻입니까?" 자하가 말했다. "(그 의미가) 매우 풍부하구나! (선생님의) 말씀이여! 순임금이 천하를 다스릴 때 많은 사람들 중에서 고요라는 사람을 등용하여 (법 집행을 엄정하게 하니) 부정한 사람들이 멀리 사라졌다. 탕임금이 천하를 다스릴 때 이윤이라는 사람을 (재상으로) 등용하자 인하지 않은 사람들이 멀리 사라졌다."

역자 해설

1. 애인愛人 : 사람을 사랑하다. 어떤 특수한 종족 혹은 집단에 대한 사랑이 아니라 인류에 대한 보편적 사랑을 의미한다.
2. 문지問知 : 지혜로움에 관해 묻다.
3. 지인知人 : 사람됨을 올바르게 판별하다. 즉 선인과 악인, 능력이 있는 사람과 그렇지 못한 사람 등에 대한 분별이다.
4. 미달未達 : 잘 이해하지 못하다.
5. 거직조저왕擧直錯諸枉, 능사왕자직能使枉者直 : '직直'은 정직한 사람이고, '왕枉'은 비뚤어진 사람, 즉 정직하지 못한 사람이다. '정직한 사람을 등용하여 부정한 사람들 위에 놓고 그 사람들을 부리게 하면 부정한 사람도 정직하게 된다.'
6. 향鄕 : 조금 전에.
7. 부재富哉! 언호言乎! : 선생님의 말씀은 그 의미가 매우 풍부하구나!
8. 선어중選於衆 : 많은 사람들 중에서 선발하다.
9. 거고요擧皐陶 : '많은 사람들 중에서' 고요를 등용하다. 고요는 순임금의 신하로서 법을 매우 엄정하게 집행했다.
10. 원遠 : 멀어지다, 사라지다.
11. 탕湯 : 상[商-殷] 왕조를 창업한 성왕이다.
12. 거이윤擧伊尹 : 탕왕을 도와 상왕조를 창업한 공신이다. '이伊'는 성이고, 이름은 지摯이며, 윤尹은 자이다.

••• 앞에서는 정치가의 솔선수범을 강조했다. 이곳에서는 관리를 임용

하는 원칙으로서 그 뜻을 다시 한 번 해설한다. 그것이 바로 정직한 사람을 선발하여 부정한 사람들 위에 임용하면 부정한 사람이 감히 부정을 저지르지 못할 것이고, 더 나아가 자신의 마음을 교정하여 정직하게 된다는 것이다.

23. 친구를 충고하는 방법.

子貢問友, 子曰: "忠告[1]而善道[2]之, 不可[3]則止, 無自辱[4]焉."

자공이 교우의 도리에 관해 묻자, 공자가 말했다. "진실한 마음으로 충고하고 잘 인도해 주되, (친구가 자신의 진정어린 충고를) 따라주지 않으면 그만두어 스스로 욕됨을 초래하지 않아야 한다."

역자 해설

1. 고告 : 충고하다, 혹은 권고하다.
2. 도道 : '도導'와 같다. '인도하다'의 뜻이다.

3. 불가不可 : 상대방이 자신의 충고를 받아들이지 않다.

4. 자욕自辱 : 스스로 치욕을 초래하다.

••• 지나친 충고는 때로 친구의 반감을 불러일으켜 자신의 본뜻이 왜곡당할 수 있을 뿐만 아니라 친구로부터 절교 혹은 핀잔 등의 수모를 초래할 위험이 있다. 본래의 의도도 선해야 하지만 방편 역시 적절해야 한다.

24. 친구는 인의 실천을 돕는 사람이다.

曾子曰: "君子以文[1]會友[2], 以友輔[3]仁."

증자가 말했다. "군자는 학문으로써 친구와 교제하고, 친구를 통하여 인을 실천함에 도움을 주고받을 수 있다."

역자 해설

1. 문文 : 시서예악의 문장과 학문을 지칭한다.

2. 회우會友 : 친구와 교제하다.

3. 보輔 : 일반적으로 '돕다'로 해석하지만, 역자는 '도움을 주고받다'로

해석한다. 왜냐하면 친구를 통하여 자신이 인을 실천함에 도움을 받을 수도 있고, 자신 역시 친구의 인 실천에 도움을 줄 수도 있기 때문이다.

••• 친구의 범주에는 일반적인 붕우朋友뿐만 아니라 스승도 포함된다. 스승은 먼저 깨우친 친구이고, 자신은 그 깨우침을 학습하는 사람이다. 스승과 나의 교류 소재는 도道이고, 그것의 통로가 바로 시서예악과 학문이다.

13 편

「자로子路」

1. 정치가는 솔선수범해야 하고 백성을 위해 노력해야 한다.

子路問政, 子曰: "先之[1], 勞之[2]." 請益[3], 曰: "無倦[4]."

자로가 (공자에게) 정치에 관해 묻자, 공자가 말했다. "(백성들을 위해 남보다) 솔선수범해야 하고, (백성을 위해 남보다) 노력해야 한다." (자로가 좀 더) 상세하게 해설해주길 요청하자 (공자가) 말했다. "게으르지 말아야 한다."

역자 해설

1. 선지先之 : '앞서다'는 것으로, '백성들을 위해 솔선수범하라'는 의미이다.
2. 노지勞之 : 수고하라, 혹은 노력하라, 혹은 부지런해라 등으로 해석할 수 있다. 역자는 뒤에 '게을리 하지 마라'라는 말이 나오기 때문에 반복적인 의미를 피하기 위해 '백성을 위해 노력하라'로 번역한다.
3. 청익請益 : 더 상세하게 설명해줄 것을 요청하다.
4. 무권無倦 : 게으르지 말아야 한다.

••• 공자는 정치가들에게 '백성들을 위해 솔선수범해야 하고, 남보다 노력해야 하며, 게으르지 말아야 한다'는 세 가지 덕목과 의무를 제시한다.

공자의 정치관에 의하면, 정치는 백성을 다스리는 것이 아니라 백성에 봉사하는 것이다.

2. 아래 사람들에게 먼저 시켜보고 그중에서 현명한 인재를 등용하라.

仲弓爲季氏宰[1], 問政. 子曰: "先有司[2]. 赦小過[3], 擧賢才[4]." 曰: "焉知賢才而擧之?" 曰: "擧爾所知[5]. 爾所不知, 人其舍諸[6]?"

중궁이 계씨의 가재가 되자 (공자에게) 정치에 관해 물었다. 공자가 말했다. "먼저 너의 아래 관원들에게 일을 맡겨보라. (그들이 일을 처리함에 있어) 작은 허물이 발견되면 용서해주고, (그들 중에서) 품덕과 재능이 훌륭한 사람을 천거하여 등용하라." (중궁이 다시) 물었다. "어떤 방법으로 품덕과 재능이 훌륭한 사람을 분별하여 등용합니까?" (공자가) 말했다. "네가 (훌륭한 품덕과 재능을 갖춘 사람이라고) 생각하고 있는 사람 중에서 등용하라. 네가 모르는 사람 중에 (훌륭한 품덕과 능력을 갖춘 사람이 있다면) 다른 사람들이 그를 등용하지 않고 내버려두었겠는가?"

역자 해설

1. 재宰 : 가재家宰. 중궁이 계씨의 가재로 일하다.
2. 선유사先有司 : '유사有司'는 가재 아래의 여러 관원들이다. '선유사'는 '먼저 아래의 관원들에게 일을 시켜보라'는 의미이다.
3. 사소과赦小過 : '사赦'는 '용서하다'이고, '소과小過'는 작은 잘못이다. 즉 유사가 작은 과실을 범했으면 용서하라.
4. 거현재擧賢才 : 거擧는 '등용하다'이고, 현재賢才는 훌륭한 도덕성과 능력을 의미한다. 즉 품덕이 훌륭하고 능력을 갖춘 사람을 먼저 등용하라.
5. 거이소지擧爾所知 : 네가 잘 아는 사람. 그러나 '잘 알다'는 것은 개인적인 친분을 말하는 것이 아니라 그 사람의 능력과 품덕을 잘 파악하고 있다는 의미이다.
6. 이소부지爾所不知, 인기사저人其舍諸 : 네가 모르는 사람 중에 훌륭한 품덕과 능력을 갖춘 사람이 있다면 다른 사람들이 그를 관리로 등용하지 않고 내버려두었겠는가?

••• 공자의 '네가 모르는 사람 중에서 훌륭한 있다면 다른 정치가들이 그를 등용하지 않고 내버려 두었겠는가'라는 마지막 말이 의미심장하다. 훌륭한 능력과 품덕을 갖춘 사람은 누구나 선호하기 때문에 벌써 다른 사람이 등용하여 자신의 관원으로 삼았을 것이다. 사람들의 눈과 마음은 유사하기 때문에 현자賢者와 불현자不賢者를 바라보는 태도 역시 별 차이가 없다. 간신들도 충성스러운 자를 부하로 요구하지 결코 자신

을 닮은 역신逆臣을 선호하지 않는다.

3. 명분이 올바르게 정립되지 않으면 정치가 순조롭게 시행되지 않는다.

子路曰: "衛君[1]待子[2]而爲政, 子將奚先[3]?" 子曰: "必也正名[4]乎?" 子路曰: "有是[5]哉? 子之迂[6]也, 奚其正[7]?" 子曰: "野[8]哉. 由[9]也! 君子於其所不知, 蓋闕如[10]也. 名不正則言不順[11], 言不順則事不成[12]. 事不成則禮樂不興[13], 禮樂不興則刑罰不中[14]. 刑罰不中則民無所措手足[15]. 故君子名之必可言也[16], 言之必可行也[17]. 君子於其言, 無所苟[18]而已矣!"

자로가 말했다. "위나라 군주가 선생님께 의지하고서 정치를 한다면, 선생님께서는 무엇을 먼저 내세우시겠습니까?" 공자가 말했다. "(먼저) 반드시 명분을 바로 세울 것이다." 자로가 말했다. "(정치를 함에 있어) 그런 것이 있습니까? 선생님께서는 (정치의 현실에) 어두우신 것 같습니다. 왜 하필 명분부터 바로 잡으려고 하십니까?" 공자가 말했다. "(정치에 대한 이해가 참으로) 천박하구나. 유[자로]여! 군자는 자기가 알지 못하는 것에 대해서는 나서지 않고 가만히 있는 법이다. 명분이 바로 서지 않으면 말이 순조롭게 나오지 못하게 되고, 말이 순조롭게 나오지 못하면 일이 이루어지지 않게 되며, 일이 이루어지지 않으면 예악이 흥성하지 않게 되고, 예악이 흥성하지 않으면 형벌이 적중하지 않게 되며, 형벌이 적절하게 사용되지 않으면 백성들이 손발을 어디에 놓아야 할지를 모르는 것처럼 (불안하게 된다). 그러므로 군자는 명분을 내세우면 반드시 그것을 말로 순조롭게 표현할 수 있어야 하고, 말로 표현한 것은 반드시 실천할 수 있어야 한다. 군자는 (자신의) 말에 있어 구차함이 없어야 한다.

역자 해설

1. 위군衛君 : 위나라 영공靈公의 세자인 괴외蒯聵의 아들 출공첩出公輒이다. 영공과 괴외, 괴외와 출공첩에 관한 내용은 「술이」 편 14에 이미 소개되었다. 부록 참조.
2. 대자待子 : '대待'를 '기다리다'로 해석하면 전후 문맥이 어울리지 않는다. 당시 공자는 위나라에 있었고, 위나라 군주인 출공첩이 공자에 대해 우호적이었기 때문에 '대'는 '의지하다'로 해석하는 것이 합리적이다. 즉 '위나라 군주가 선생님을 의지하고서 정치를 한다면 선생님께서는 무엇을 먼저 내세우시겠습니까?'
3. 해선奚先 : '무슨 일부터 먼저 하겠는가?' '해奚'는 '무슨' 혹은 '어떤' 즉

'하何'와 동일한 뜻이다.

4. 정명正名 : 명분을 바로 세우다. 앞의 「안연」 편에서 공자는 '군주는 군주다워야 하고[君君], 신하는 신하다워야 하며[臣臣], 아비는 아비다워야 하고[父父], 자식은 자식다워야 한다[子子]'는 정명을 내세웠다. 그러나 이곳에서 정명은 명칭과 의무 관계를 논한 정명보다는 대의명분이 올바르게 정립되어야 함을 강조한 것이다. 「안연」 편의 정명과 이곳의 정명 의미는 핵심 초점이 약간 다르다.
5. 유시有是 : 그런 일이 있습니까? 강한 의혹이 내재된 실망의 말이다. 즉 '명분을 먼저 내세우는 것으로 어찌 현실의 정치를 바로 잡을 수 있겠는가?'
6. 우迂 : 세상 물정에 어둡다. 즉 현실 정치에 대한 이해가 부족하다.
7. 해기정奚其正 : 왜 하필이면 명분부터 바로 잡으려고 하십니까?
8. 야野 : 비속하다, 혹은 거칠다, 혹은 세련되지 못하다. 즉 정치에 대한 지식이 천박하다는 뜻이다.
9. 유由 : 자로
10. 궐여闕如 : '궐여闕如'는 '잠시 비켜나 자신의 의견을 내놓지 않고 기다려 보다'의 뜻이다. 즉 그 방면에 대한 전문적 지식이 없는 사람은 자신의 의견을 개진하지 않고 묵묵히 지켜본다.
11. 명부정즉언불순名不正則言不順 : 명분이 바로 서지 않으면 말이 순조롭게 나오지 못하다. 즉 명분이 부재하면 말에 설득력이 없다.
12. 언불순즉사불성言不順則事不成 : 말에 설득력이 없으면 일이 이루어지지 않는다.

13. 사불성즉예악불흥事不成則禮樂不興 : 일이 이루어지지 않으면 예악이 흥성하지 못하다. 예는 질서의 원리이고, 음악은 조화가 목적이다. 어떤 일이 이루어지지 않는다는 것은 곧 그 일에 질서가 부재하고 화합의 목적이 부재하다는 뜻이다.

14. 예악불흥즉형벌부중禮樂不興則刑罰不中 : '중中'은 '적절하다', 혹은 '들어맞다'의 뜻이다. 예악이 흥성하지 않으면 형벌이 적중하지 않는다. 법에 의한 형벌의 근거는 합리성과 정당성을 내용으로 하는 예이다. 예가 자율성과 권고의 성격을 갖는다면, 법은 강제성과 금지의 성격을 갖는다. 따라서 예와 악이 올바르게 홍성하지 않으면 법에 의한 형벌은 당연히 사태의 실상에 적중하지 않게 된다.

15. 형벌부중즉민무소조수족刑罰不中則民無所措手足 : '무소조수족無所措手足'은 '형벌이 무원칙으로 쓰이면 백성들이 마치 손발을 어디에 놓아야 할지를 모르는 것처럼 불안해하다'는 의미이다. '조措'는 '놓다'의 의미이다.

16. 군자명지필가언야君子名之必可言也 : 군자는 명분을 내세우면 반드시 그것을 말로 순조롭게 표현할 수 있어야 한다. 즉 명분을 내세웠으면 말로 백성을 설득할 수 있어야 한다.

17. 언지필가행야言之必可行也 : 말로 한 것은 반드시 실천할 수 있어야 한다.

18. 군자어기언君子於其言, 무소구이의無所苟已矣 : 군자는 말에 있어 구차함이 없어야 한다.

••• 이곳에서 공자가 왜 먼저 명분을 올바르게 정립해야 함을 강조했는지 이유를 알아야 한다. 위나라 군주인 출공첩은 자신의 부친인 괴외가 조부인 영공靈公의 미움을 받아 타국으로 망명했기 때문에 군주의 자리에 오를 수 있었다. 위나라 군주가 된 후에 괴외가 귀국하려고 하자 또 군대를 동원하여 막았다. 이는 부자지간의 골육상잔이다. 또 출공첩의 부친인 괴외 역시 자신의 부친인 영공의 처 남자南子와의 불화 때문에 영공에게 버림받았다. 영공과 괴외 사이에도 부자의 도리가 단절되었고, 괴외와 출공첩 사이에도 부자의 윤리가 끊어졌다. 공자에 의하면, 국가는 가정이라는 공동체의 확장이기 때문에 가정의 효제윤리가 부재하다면 어떻게 국가의 정치가 올바르게 되겠는가? 공자가 말한 명분은 바로 국가 정치의 근본인 가정의 효제윤리를 먼저 바로잡겠다는 것인데, 자로가 이를 이해하지 못하고 '현실정치에 대한 이해가 부족하다'고 지적한 것이다.

4. 윗사람이 예를 좋아하면 백성들은 서로 공경한다.

樊遲請學稼[1], 子曰: "吾不如老農[2]." 請學爲圃[3], 曰: "吾不如老農." 樊遲出, 子曰: "小人[4]哉! 樊須[5]也. 上好禮則民莫敢不敬, 上好義則民莫敢不服, 上好信則民莫敢不用情[6]. 夫如是則四方之民, 襁負其子[7]而至矣, 焉用稼[8]."

번지가 (공자에게) 농사짓는 방법을 가르쳐달라고 요청하자, (공자가) 말했다. "(농사에 관한 지식은) 내가 경험 많은 노련한 농부만 못하다." (또 번지가) 채소밭 가꾸는 가르침을 요청하자, (공자가) 말했다. "(채소밭 가꾸는 일은) 내가 경험 많은 노련한 채소 농부만 못하다." 번지가 나가자 공자가 말했다. "대인의 일을 할 사람이 아니구나! 번수[번지]여. 윗사람이 예를 좋아하면 백성들은 감히 공경하지 않을 수 없고, 윗사람이 합리적이고 정당한 일을 좋아하면 백성들이 감히 복종하지 않을 수 없으며, 윗사람이 신의를 좋아하면 백성들이 감히 성실하게 행동하지 않을 수 없다. 이렇게 되면 사방의 백성들이 자식들을 포대기에 업고서 와 (농사를 지을 것인데), 어찌 (대인의 일을 추구해야 할 번지가) 농사짓는 일을 하려고 하는가?"

역자 해설

1. 가稼 : 농사짓는 것.
2. 오불여노농吾不如老農 : 역자는 '로老'를 '늙다'가 아닌 '노련하다'로 번역했다. 나는 노련한 농부만 못하다. 즉 농사짓는 일에 관해서는 오랜 기간 농사일에 종사한 농부만 못하다. 이는 번지의 질문에 대한 공자의 완곡한 대답이다. 즉 농사와 같은 전문적인 일은 공자 본연의 임무 밖의 일이기 때문에 그 일에 관한 문의는 경험 많은 농부에게 질문하

는 것이 낫다.

3. 위포爲圃 : 채소밭을 가꾸는 일.
4. 소인小人 : 이곳에서 소인은 품덕과는 본질적 관련이 없는 일반사람을 지칭한다. 즉 일반 서민이다.
5. 번수樊須 : '수須'는 번지의 이름이다.
6. 상호신즉민막감불용정上好信則民莫敢不用情 : '정情'은 진정, 혹은 성실한 마음이고, 용정用情은 '성실하게 행동하다'는 뜻이다. 즉 윗사람이 신의를 좋아하면 백성들은 감히 성실하게 행동하지 않을 수 없다.
7. 강부기자襁負其子 : '강襁'은 강보襁褓, 즉 어린아이를 업는 포대기이다. '어린아이를 포대기에 업다.'
8. 언용가焉用稼 : '농사짓는 일을 어디에 쓰겠는가'라고 번역하기도 하지만, 앞의 내용과 문맥의 자연스러움을 고려하여 '농사짓는 일을 하려고 하는가'라고 번역했다. 이 구절에 대해서는 오해가 없어야 한다. 공자는 결코 농사를 폄하하지 않는다. 단지 농사라는 전문적 일과 대인의 사업은 본질적 관련이 없음을 말한 것에 불과하다. 농사는 농부의 일이고, 지식인의 일은 예악 정비와 천하 질서를 합리적으로 교정하는 것이다.

••• 번지의 물음에 대한 공자의 대답에는 우회적인 가르침이 내재되어 있다. 즉 공자 문하의 제자들은 안으로는 자신의 인격을 순일純一하게 도야하면서[內聖], 밖으로는 숙세제민叔世濟民의 사업[外王]을 도모하는 지식인이다. 이들의 주요 관심사는 인의예지의 예의와 인정仁政의 정치이

다. 공자는 번지의 질문을 거절하면서 번지의 관심이 대인의 사업이 아님을 지적하고 있다. 또 '어찌 농사짓는 일을 하려고 하는가'라는 말도 동일한 차원에서 한 말이다.

5. 시를 암송하고서도 정치와 외교를 못한다면 무엇하려고 시를 외우는가?

子曰: "誦[1]詩三百[2], 授之[3]以政不達[4], 使於四方[5], 不能專對[6], 雖多亦奚以爲[7]?"

공자가 말했다. "시 삼백 편을 외웠다고 하지만, (그에게) 정치를 맡기면 잘 처리하지 못하고, 다른 나라에 사신으로 파견되어 (상대방의 의중을 올바르게 파악하지 못하여) 혼자의 힘으로 잘 응대하지 못한다면, 아무리 많은 수의 시를 외었다고 한들 무슨 소용이 있겠는가?"

역자 해설

1. 송誦 : 외우다, 암송하다.

2. 시삼백詩三百 : 『시경』에는 총 305편의 시가 수록되어 있다. 때문에 『시경』을 '시삼백'이라고도 칭한다. 즉 '시삼백'은 『시경』의 별칭이기도 하다.

3. 수지授之 : 맡다.

4. 이정부달以政不達 : '달達'은 '통달하다'의 뜻으로, 이곳에서는 '제대로 하다'로 해석한다. 즉 '정치에 관한 일을 제대로 처리하지 못하다.'

5. 사어사방使於四方 : '사使'는 사신으로 파견하다. 즉 외교에 관한 일을 맡기다. '사어사방'은 여러 나라에 사신으로 파견되다.

6. 전대專對 : 일반적으로 '혼자서 응대하면서 처결하다'로 해석한다.

7. 해이위奚以爲 : 어디에 쓰겠는가?

••• 국가 간의 외교와 『시경』 사이에 어떤 관련이 있기에 공자는 『시경』과 외교를 연계시켜 말하고 있는가? 고대에는 외교사절로 다른 나라에 가면, 그 나라 군주 혹은 대신들과 시 한 수를 주고받으면서 서로의 심중을 사전에 파악한다. 자신의 시에 즐거운 내용의 시로 화답하면 긍정적 메시지이고, 애환이나 원망의 시로 화답하면 완곡한 거절의 뜻이다. 아마 이러한 예법 때문에 외교활동과 『시경』을 연계시켜 말했을 것이다.

6. 자신이 올바르지 못하면 아랫사람들에게 명령을 내려도 따르지 않는다.

子曰: "其身正[1], 不令而行[2], 其身不正, 雖令不從."

공자가 말했다. "(백성을 다스리는) 사람이 마음을 올바르게 간직하고 행위를 방정하게 하면 (형벌을 사용하여) 명령하지 않아도 모든 일이 제대로 이루어지지만, (백성을 다스리는) 사람의 마음과 몸이 올바르지 못하면 (형벌로) 백성들에게 명령해도 그들이 따르지 않는다."

역자 해설

1. 기신정其身正 : '기신其身'은 '그 몸'이 아니라 백성을 다스리는 통치자 자신이다. 즉 '통치자가 먼저 자신의 심성을 올바르게 간직하고 행위를 방정하게 하다'는 뜻이다.
2. 불령이행不令而行 : '행行'은 '행해지다', 혹은 '이루어지다' 혹은 '따르다' 등으로 해석할 수 있다. 뒤의 '종從'과 구별하기 위해 '(형벌을 사용하여) 명령하지 않아도 일이 제대로 이루어지다'로 해석한다.

••• 공자의 정치관은 시종일관 덕화정치 우선이다. 공자가 비록 법치를 반대하지 않지만, 덕치가 법치에 우선해야 한다는 것이 공자의 일관된 입장이다. 정치에 종사하는 사람이 마음을 올바르게 간직하고 행위를 방정하게 하면 굳이 형벌을 사용하지 않더라도 모든 일이 제대로 이루어진다는 것이 바로 덕화정치의 대표적 표현이다.

7. 노나라와 위나라는 본래 형제의 나라인데, 쇠망하는 것도 함께하는구나!

子曰: "魯[1]衛之政, 兄弟[2]也."

공자가 (탄식하면서) 말했다. "노나라와 위나라는 (본래 형제의 나라인데) 정치가 혼란하고 쇠망하는 것도 형제처럼 함께하는구나."

역자 해설

1. 노위魯衛 : 노나라와 위나라.
2. 형제兄弟 : 두 가지 의미가 있다. 하나는 조상이 형제라는 의미이고, 다

른 하나는 '나라의 정치가 쇠망하는 것도 함께 하다'의 뜻이다.

••• 주 문왕에게는 여러 아들이 있었다. 무왕과 주공周公 그리고 관숙管叔, 채숙蔡叔, 강숙康叔이 그들이다. 노나라는 주공의 후예이고, 위나라는 강숙의 후예이기 때문에 두 나라는 본래 형제의 나라이다. 그러나 공자 당시에 노나라와 위나라는 똑같이 정치가 쇠하고 문란했다. 때문에 공자가 이처럼 탄식한 것이다.

8. 만족은 외물에서 찾지 말고 자신에게서 찾아야 한다.

子謂衛公子荊[1]. "善居室[2]. 始有[3], 曰: '苟合[4]矣.' 少有[5], 曰: '苟完[6]矣.' 富有[7], 曰: '苟美[8]矣.'"

공자가 위나라의 공자公子인 형을 (칭찬하면서) 말했다. "(공자 형은) 집안을 잘 다스리고 관리하는구나. 처음에 (재산이 모여 부유해지기) 시작하자 '정말 쓸 만큼 모였다'라고 했고, 더 부유하게 되자 '정말 모든 것을 다 갖추었다'라고 했으며, 아주 부유하게 되자 '정말 아름다울 정도로 갖추었다'라고 했다."

역자 해설

1. 공자형公子荊 : 위나라 군주의 아들이면서 대부이다. '형荊'은 그의 이름이다.
2. 선거실善居室 : '선善'은 '잘하다'이고, '거실居室'은 집안을 가리킨다. 즉 집안을 잘 관리하고 다스리다.
3. 시유始有 : 집안 살림이 부유하기 시작할 때.
4. 구합苟合 : 주희에 의하면, '구苟'는 '부족하지만 그런대로 대강[聊且粗略]'이다. 그러나 역자는 이 의미를 취하지 않는다. 왜냐하면 이곳에서 공자는 공자 형이 외물에 만족하면서 마음을 뺏기지 않는 태도를 칭찬하고 있기 때문이다. 따라서 '구'를 '진실로' 혹은 '참으로' 등으로 해석한다. 즉 '만족하다'의 뜻이 담겨있다. '합合'은 '모이다'의 뜻이다. '구합'은 '재산이 정말 쓸 만큼 모이다'라는 말이다.
5. 소유少有 : 조금 더 부유하게 되자.
6. 구완苟完 : 재산이 정말 다 갖추어졌다.
7. 부유富有 : 아주 풍요롭게 되자.
8. 구미苟美 : 재산이 정말 아름답도록 갖추어졌다.

••• '시유始有'와 '소유少有' 그리고 '부유富有'에서 재산의 정도 차이는 분명하게 나지만, 공자 형은 '구합苟合'과 '구완苟完' 및 '구미苟美'라는 표현으로써 당시의 상황에 대해 만족감을 드러낸다. 즉 공자 형은 만족을 외물에서 찾지 않고 자신의 마음에서 찾은 것이다. 공자는 이러한 공자형의 마음을 칭송한 것이다.

9. 정치에서 양민養民이 우선이고, 교민敎民이 그 다음이다.

子適[1]衛, 冉有僕[2]. 子曰: "庶[3]矣哉!" 冉有曰: "旣庶矣, 又何加焉!" 曰: "富之[4]." 曰: "旣富矣, 又何加焉?" 曰: "敎之[5]."

공자가 위나라에 갈 때 염유가 (공자를 모시고) 마차를 몰았다. (위나라에 도착하자) 공자가 말했다. "백성들이 많구나!" 염유가 말했다. "이미 백성이 이렇게 많은데, 또 무엇을 해야 합니까?" (공자가) 말했다. "(백성들의 삶을) 풍요롭게 해야 한다." (염유가) 말했다. "(만일) 백성의 삶이 풍요로워졌다면 또 무엇을 해야 합니까?" (공자가) 말했다. "(그들을) 가르쳐야 한다."

역자 해설

1. 적適 : 동사로 '가다'의 의미이다.
2. 복僕 : 공자를 대신하여 마차 모는 일을 하다.
3. 서庶 : 백성이 많다. 즉 '인구가 많다.'
4. 부지富之 : 백성들의 생활을 풍요롭게 해야 한다. 이것이 공자가 정치에서 첫 번째로 강조하는 양민養民이다. 맹자는 이를 항산恒產이라고 했다.

양민과 항산은 바로 백성들에게 자신과 가족을 부양할 수 있는 통로를 제공해주는 것이다. 즉 지금의 일자리 창출이 바로 그것이다.

5. 교지教之 : 학교를 세워 예악으로써 백성을 교화시켜야 한다. 공자가 말한 교육의 내용은 당연히 인의예지를 포함한 시서예악이다.

••• 앞의 「안연」 편에서 '족식足食'과 '족병足兵' 그리고 '민신民信'에서 백성의 신뢰, 즉 '민신'을 근본으로 내세웠지만 유가철학 정치론의 첫 번째 과업은 백성의 삶을 온전하게 부양하는 양민이다. 현실 정치에서도 양민이 근본이 될 수밖에 없다. 즉 백성의 삶이 풍요롭지 않은데도 불구하고 백성의 신뢰가 따른다는 가정은 설득력이 약하다.

10. 나를 등용해준다면 3년 안에 상당한 성과가 있을 것이다.

子曰: "苟有用我者[1], 朞月[2]而已可[3]也, 三年有成[4]."

공자가 말했다. "참으로 나를 등용하여 써주는 사람이 있다면, 1년 내에 (나는 그 나라의 정치 질서를 바로잡아 안정을) 이룰 수 있을 것이고, 3년이 되면 (양민과 교민 방면에서) 상당한 치적을 이룰 것이다."

역자 해설

1. 구유용아자苟有用我者 : 나를 등용하여 써주는 사람이 있다면.
2. 기월朞月 : 기년, 즉 1년이다. 돌아오는 그 달이기 때문에 1년을 의미한다.
3. 가可 : 괜찮게 되다. 즉 나라의 질서가 잡히고, 정치가 안정을 이루다.
4. 삼년유성三年有成 : 이곳에서의 '성成'은 '성취'로 해석해야 하는데, 그 내용은 앞 장에서 말한 '양민'과 '교민'이다. '3년이 되면 (양민과 교민 방면에서) 상당한 치적을 이룰 것이다.'

••• 공자가 비록 '자신이 3년 동안 정사를 맡으면 양민과 교민이라는 상당한 치적을 이룰 것이다'라고 말했지만, 1년 혹은 3년은 허수에 불과하다. 이는 모두 정치의 원칙, 그리고 도덕정치에 대한 자신감의 표현일 뿐이다.

11. 선한 사람이 정치를 하면 사형제도가 필요 없게 된다.

子曰: "善人[1]爲邦百年[2], 亦可以勝殘[3]去殺[4]矣. 誠哉是言[5]也."

공자가 말했다. "선한 (도덕군자가) 나라를 백 년 동안 다스린다면 잔악한 사람들을 물리쳐 사람을 죽이는 사형제도가 필요 없게 된다. 정말로 옳다 이 말은!"

역자 해설

1. 선인善人 : '선한 사람'이지만, 마땅히 도덕적 군자라고 해야 한다.
2. 위방백년爲邦百年 : '위방爲邦'은 나라를 다스리는 것이고, '백년百年'은 오랜 기간을 뜻한다.
3. 승잔勝殘 : 잔혹한 사람들을 이기다. 이 말에는 여러 의미가 있다. 하나는 '잔혹한 사람을 내 다'이고, 다른 하나는 '잔혹한 사람을 교화하다'는 것이다. 이 두 의미를 포함시켜 '잔혹한 사람을 물리치다'로 해석한다.
4. 거살去殺 : '살殺'은 죽이는 형벌이다. '거살'은 죽이는 형벌을 없앤다는 것인데, '없애다'의 '거去'는 '자연스럽게 필요 없게 되다'로 해석해야 한다. 왜냐하면 잔혹한 사람을 물리치니 사형제도가 필요 없게 된 것이다.
5. 성재시언誠哉是言 : '성誠'은 '진실로 맞다'이고, '시언是言'은 '이 말'이다. 즉 앞에서 공자가 말한 '선한 사람이 백 년 동안 나라를 다스리면 나쁜 사람을 물리쳐 사형제도가 필요 없게 된다'는 것이다. '성재시언'은 '이 말은 참으로 옳다'는 뜻이다.

••• 사형제도에 대한 존폐 문제는 현대사회에서도 논쟁의 대상이다. 그러나 그것의 정당성 여부를 떠나 사형은 최후의 수단이기 때문에 공자를 비롯한 유가철학자 어느 누구도 사형의 우선성을 강조하지 않는다.

12. 성군이 정치를 한다고 해도 30년은 지나야만 인정仁政이 실현될 것이다.

子曰: "如[1]有王者[2], 必世[3]而後仁[4]."

공자가 말했다. "만약 왕도정치를 실현하는 성왕이 출현한다고 할지라도 반드시 한 세대는 지나야만 인정이라는 도덕정치가 완성될 것이다."

역자 해설

1. 여如 : 만약.
2. 왕자王者 : 인의의 도덕성을 갖춘 정치가. 즉 왕도정치를 구현하는 성왕聖王, 혹 성군聖君이다.
3. 세世 : 한 세대. 일반적으로 30년을 한 세대로 계산한다.

4. 후인後仁 : 그런 후에 정치가 인하게 되다. 즉 인정이 완성되다.

••• 한 국가에서 도덕정치를 구현한다는 것은 결코 쉽지 않은 일이다. 위정자의 정치에 대한 올바른 인식과 의지, 그리고 백성들에 대한 교민敎民의 방법과 절차 등 상당한 시간이 소요됨은 당연하다.

13. 올바르지 않은 사람이 어떻게 다른 사람을 바르게 가르칠 수 있겠는가?

子曰: "苟正其身[1]矣, 於從政[2]乎, 何有[3]? 不能正其身, 如正人何[4]?"

공자가 말했다. "(위정자가) 진실로 자신을 올바르게 한다면 (다른 사람을 다스리는) 정치를 함에 있어 무슨 어려움이 있겠는가? 자신을 올바르게 할 수 없으면서 어떻게 다른 사람을 올바르게 할 수 있겠는가?

역자 해설

1. 정기신正其身 : 자기를 바르게 하다.
2. 종정從政 : 정치에 종사하다.
3. 하유何有 : 무슨 문제가 있는가?
4. 여정인하如正人何 : '여하정인如何正人'이 바른 표현이다. 즉 어떻게 다른 사람을 바르게 할 수 있겠는가?

••• 앞에서도 누차 강조했듯이 타인을 다스리는 사람은 자신이 먼저 인한 마음과 선한 행동으로써 타인의 모범이 되어야 한다.

14. 노나라 국정을 계씨의 집에서 논해서는 안 된다.

冉子退朝[1], 子曰: "何晏[2]也?" 對曰: "有政[3]." 子曰: "其事[4]也. 如有政, 雖不吾以[5], 吾其與聞之[6]."

(계씨의 가신인) 염유가 (계씨의 집에서 늦게) 퇴근하자 공자가 물었다. "왜 늦게 퇴근했는가?" (염유가) 대답했다. "국정에 대한 논의가 있었습니다." 공자가 말했다. "(그 일은 국정이 아니라) 계씨의 집안일이겠지. 만일 그 일이 국정이었다면, 비록 내가 지금 (관리로) 임용되어있지 않다고 할지라도 (이전에 대

부로서 국정에 참여한 경력이 있기 때문에) 나도 그 일을 들었을 것이다."

역자 해설

1. 퇴조退朝 : '퇴조'의 본래 의미는 '조성에서 물러나오다'의 뜻이지만, 이곳에서는 가볍게 '퇴근하다'는 의미로 사용된다. '조朝'는 본래 '조정'인데, 당시 노나라 국정은 계손씨가 장악하고 있었기 때문에 이곳에서 '조'는 계씨가 가신들로부터 사사로이 조회를 받는 곳을 가리킨다. 당시 염유는 계씨의 가신이었다. 따라서 '퇴조'는 '염유가 계씨 집에서 일을 마치고 퇴근하다'는 뜻이다.
2. 하안何晏 : '안晏'은 '늦다'의 뜻이다. 즉 왜 늦게 퇴근했는가?
3. 유정有政 : 국정이 있었다. '정政'은 계씨 집안의 일이 아니라 노나라 국가의 정무政務이다. 그런데 염유는 국정과 계씨 집안일을 구분하지 못하고, 모두 국정이라고 한 것이다.
4. 기사其事 : '기其'는 '아마'의 뜻이다. '사事'는 계씨의 집안일이다.
5. 불오이不吾以 : '이以'는 '임용하다' 혹은 '등용하다'의 뜻이다. 즉 나를 등용하지 않다.
6. 오기여문지吾其與聞之 : 나도 그 일을 듣다. 공자 역시 대부의 신분이었기 때문에 비록 현재는 조정에서 일하지 않는다고 할지라도 국정이라면 나도 그 일을 들었을 것이다. 그런데 염유가 한 일은 계씨 집안일

이었기 때문에 내가 그 일을 들은 적이 없다. 이는 다시 한 번 계씨 집안에서 염유가 담당하고 있는 일이 국정이 아님을 지적한 것이다.

••• 공자가 염유에게 '왜 늦게 퇴근했는가'라고 묻자, 염유가 '국정이 있었다'고 대답한다. 이에 대해 공자가 그것은 국정이 아니라 계씨 집안의 사사로운 일일 뿐이라고 지적한다. 당시 계씨는 국정을 조정에서 논의하지 않고 자신의 가신들과 자신의 집에서 전횡했다. 이에 대해 공자가 잘못을 지적한 것이다.

15. 군주의 잘못된 말을 아무도 어기지 않고 따른다면 그 나라는 망하게 될 것이다.

定公[1]問: "一言而可以興邦[2], 有諸[3]?" 孔子對曰: "言不可以若是[4]其幾[5]也. 人之言曰: '爲君難, 爲臣不易,' 如知爲君之難也, 不幾乎一言而興邦乎[6]?" 曰: "一言而喪邦[7], 有諸?" 孔子對曰: "言不可以若是其幾也. 人之言曰: '予無樂乎爲君[8], 唯其言而莫予違[9]也,' 如其善而莫之違[10]也, 不亦善乎? 如不善而莫之違也, 不幾乎一言而喪邦乎[11]?"

정공이 (공자에게) 물었다. "한 마디 말로써 나라를 홍성하게 할 수 있다고 하는데, 그런 것이 있습니까?" 공자가 대답했다. "말로써는 그와 같은 효과를 기대할 수 없습니다. 사람들이 말하는 것에 '군주노릇하기도 어렵고, 신하노릇하기도 쉽지 않다'고 하는데, 만일 (군주가) 군주노릇하기가 참으로 어렵다는 것을 알았다면, 이 한 마디 말로써 나라를 흥성시킬 수 있음을 기대할 수 있지 않겠습니까?" (정공이) 말했다. "한 마디 말로써 나라를 망치게 할 수 있다고 하는데, 그런 것이 있습니까?" 공자가 대답했다. "말로써는 그와 같은 효과를 기대할 수 없습니다. 사람들 말에 '나는 군주노릇하는 것에 (특별한) 즐거움은 없고, 오로지 내가 어떤 말을 하면 아무도 그것을 어기지 않을 뿐이다'고 하는데, 만일 군주의 말이 훌륭하여 아무도 그것을 어기지 않는다면 매우 좋은 일이 아니겠습니까? 만일 (군주의) 말이 훌륭하지 않음에도 불구하고 아무도 그것을 어기지 않는다면, (이것이 곧) 한 마디 말로써 나라를 망치게 됨을 기대할 수 있다는 것이 아니겠습니까?"

역자 해설

1. 정공定公 : 노나라의 군주이다. 부록 참조
2. 홍방興邦 : 나라를 홍성하게 하다.
3. 유저有諸 : 그러한 것이 있는가?

4. 약시若是 : 이처럼.

5. 기기其幾 : '기기其期'와 같다. '기대하다'의 뜻이다.

6. 불기호일언이흥방호不幾乎一言而興邦乎 : '불기호不幾乎'는 '기대하지 못하겠는가'의 뜻이다. 즉 '(군주의 임무를 올바르게 실현하는 것이 어렵다는 것을 진정으로 알았다면) 이 한마디 말로써 그 군주가 나라를 흥성시키는 것을 기대하지 못하겠는가?'

7. 상방喪邦 : 나라를 망치다, 혹은 나라를 잃다.

8. 여무락호위군予無樂乎爲君 : 나는 군주노릇하기가 즐겁지 않다.

9. 유기언이막여위唯其言而莫予違 : '막여위莫予違'는 '아무도 자신의 말을 어기지 않다'는 의미이다. 즉 '내가 어떤 말을 하면 아무도 그것을 어기지 않는다.'

10. 여기선이막지위如其善而莫之違 : (군주의) 말이 훌륭하여 아무도 그 말을 어기지 않는다면.

11. 불기호일언이상방호不幾乎一言而喪邦乎 : (군주의 말이 훌륭하지 않음에도 불구하고 아무도 그것을 어기지 않는다면) 이 한마디 말로써 (그 군주가) 나라가 망치게 됨을 기대하지 못하겠는가?

••• '한 마디 말로써 나라를 흥성하게 할 수 있고, 한 마디 말로써 나라를 망치게 할 수 있는 것', 아마 그런 명제는 존재하지 않을 것이다. 그러나 백성을 다스리는 일이 너무 어렵고, 군주를 보좌하는 신하노릇도 어렵다는 사실을 자각했다면 이것이 곧 나라를 흥성시킬 수 있는 시작점일 것이다. 또 군주의 말이 잘못되었음에도 불구하고 간언諫言하지 않는다

면, 그것이 곧 나라를 망치게 하는 첩경일 것이다. 후에 맹자는 군도君道와 신도臣道에서 이점을 근거로 군주의 도리와 신하의 도리를 정립한다.

16. 좋은 정치를 하면 나라 사람은 기뻐하고, 다른 나라 사람은 그 나라를 찾아온다.

葉公[1]問政, 子曰: "近者說[2], 遠者來[3]."

섭공이 정치에 관해 공자에게 묻자, 공자가 말했다. "(훌륭한 정치를 베풀면) 가까이 있는 (자기 나라 사람들은) 기뻐하고, (다른 나라 사람들은 그 정치를 흠모하여 그 나라를) 찾아온다."

역자 해설

1. 섭공葉公 : 초나라의 대부인 저량諸梁이다. 부록 참조.
2. 근자열近者說 : '근자近者'는 가까운 친인척이 아니라 자국민을 가리킨다. 왜냐하면 이곳에서 주체가 정치가이기 때문이다. '열悅'은 그 정치에 만족하여 기쁨을 표시하다.
3. 원자래遠者來 : '원자遠者'는 타국민을 가리킨다. '래來'는 그 정치를 흠모

하여 그 나라로 귀순하다는 뜻이다.

••• 공자 당시가 춘추 말기였기 때문에 전쟁으로 인한 유랑민이 많이 발생했다. 또한 춘추시대를 시작으로 제후의 '국國' 개념이 느슨해지고 천하天下 개념이 서서히 등장하기 시작한다. 이 시기에 정치가 안정된 나라로 유랑민이 귀속하는 것은 자연스러운 추세였다. 때문에 공자의 말은 원론적이면서도 당시의 사회적 현상과도 부합한다고 할 수 있다.

17. 소탐대실하지 마라.

子夏爲莒父[1]宰, 問政. 子曰: "無欲速[2], 無見小利[3]. 欲速則不達[4], 見小利則大事不成[5]."

자하가 거보의 읍재가 되자, 공자에게 정치에 관해 물었다. 공자가 말했다. "일을 서두르지 말고, 작은 이익만을 보지 마라. 일을 서두르게 되면 (일에 순서가 뒤바뀌어 도리어) 일이 온전하게 완성되지 못하게 되며, 작은 이익에 집착하면 도리어 큰 일을 성취하지 못하게 된다."

역자 해설

1. 거보莒父 : 노나라 서쪽의 고을 이름이다. 현재 산동성 거현莒縣이 바로 그곳이다.
2. 욕속欲速 : 일을 빠르게 이루려고 하다.
3. 무견소리無見小利 : '무無'는 '없다'가 아니라 '…하지마라'로 해석한다. 즉 작은 일에 집착하지 말고 더 큰 일을 생각하라.
4. 부달不達 : 일을 온전하게 성취하지 못하다.
5. 견소리즉대사불성見小利則大事不成 : 작은 이익만을 추구하면 오히려 큰 일을 이루지 못하게 된다.

••• 주희에 의하면, 속성을 추구하는 사람은 가끔 일의 순서를 지키지 않아 도리어 그 일을 온전하게 완성하지 못하는 경우가 있다. 공자는 자하의 성격이 속성을 추구하고, 주변의 작은 일에 집착하는 경향을 보였기 때문에 그 점을 지적하면서 이렇게 말한 것이다.

18. 인륜의 정직함보다 서로 감싸주는 천륜의 정직함이 먼저이다.

葉公語孔子曰: "吾黨[1]有直躬[2]者, 其父攘[3]羊, 而子證之[4]."
孔子曰: "吾黨之直者, 異於是[5]. 父爲子隱, 子爲父隱[6], 直在其中[7]矣."

섭공이 공자에게 말했다. "우리 마을에 정직한 사람이 살고 있는데, 그 사람의 아버지가 양을 훔치자 그 아버지를 신고했다." 공자가 말했다. "우리 마을에 살고 있는 정직한 사람은 그것과 다르게 한다. (만일) 아버지가 (양을 훔치면) 아들이 (아버지를) 숨겨주고, 아들이 (양을 훔치면) 아버지가 (아들을) 숨겨준다. (부자지간에 있어야 할 천륜의) 정직함은 바로 그곳에 있다."

역자 해설

1. 오당吾黨 : '당黨'은 마을이다. '오당'은 우리 마을, 즉 내가 살고 있는 마을이다.
2. 직궁直躬 : 주희에 따르면, '직궁'은 몸가짐을 정직하게 하는 사람이다. 즉 정직하게 행동하는 사람을 의미한다.
3. 양攘 : 주희에 의하면, '양'은 어떤 계기가 있어 훔치는 것을 말한다. 예를 들어 자기 집 안으로 남의 닭이 들어오면 그것을 돌려주지 않는다든가, 돈을 습득하고서 주인을 찾아주지 않는 경우가 이에 해당한다.
4. 자증지子證之 : 일반적으로 '자식이 증언하다'로 해석하지만, '자식이 신고하다'로 해석하는 것이 적절하다. '자식이 증언하다'로 해석하면 중간에 '아버지가 훔친 물건의 원주인이 아들에게 증언을 요청했다'는 사건이 첨가되어야 한다. 따라서 번잡하게 해석하지 않고 '자식이 아버지를 신고하다'로 번역한다.

5. 이어시異於是 : 섭공 마을의 정직한 사람이 하는 것과 다르다.
6. 부위자은父爲子隱, 자위부은子爲父隱 : 아버지가 자식을 위해 숨겨주고, 자식은 아버지를 위해 숨겨준다. 이 구절의 핵심은 '숨겨주다'의 '은隱'에 있다. 역자는 '숨겨주다'의 말은 두 가지로 해석 가능하다고 생각한다. 하나는 '은폐시키다'는 것이고, 다른 하나는 '먼저 나서서 신고하지 않다'는 것이다. 역자는 후자를 선택한다. 만일 전자라면 아무리 천륜이 인륜에 앞선다고 할지라도 정의라는 가치와 상반된다. 후자의 경우는 설령 먼저 자식이 나서서 신고하지는 않지만 아버지가 훔친 물건을 아들이 돌려 줄 수도 있고, 아버지에게 간곡하게 호소하여 돌려주도록 할 수도 있기 때문이다.
7. 직재기중直在其中 : 정직함의 진정한 의미는 바로 그 가운데 있다.

••• 『맹자』「진심상盡心上」에 도응桃應이라는 사람이 맹자에게 '만일 순임금이 천자로 재직하고 있을 때 무도한 인물인 고수瞽瞍[순임금의 부친]가 살인을 했고, 또 그때 강직하고 원칙을 중시한 인물인 고요皐陶가 사법의 책임자로 재직하고 있었다면 순임금은 고요에게 어떻게 했겠는가'라고 가정의 질문을 하자, 맹자는 '고요는 법대로 고수를 체포했을 것이고, 순임금은 고요를 제지하지 않았을 것이다'라고 대답한다. 이 말만을 보면 맹자가 섭공 마을의 정직한 사람의 행동에 대해 동의한 것 같다. 그러나 맹자는 이어서 '순임금은 몰래 옥으로 들어가 살인자인 아버지 고수를 탈옥시키고서 천자의 지위마저 버리고 도망쳐 인적이 없는 해빈海濱에서 아버지와 즐겁게 살았을 것이다'라고 대답한다. 이는 곧 살인자를 체포

하여 옥에 가두는 것이 사법의 정의이지만, 아들로서는 이를 차마 볼 수 없기 때문에 천자라는 인륜의 책임을 버리고 부자지간의 천륜을 선택한다는 것이다. '직재기중'은 바로 '인륜의 정직은 신고하는 것이지만, 천륜에서의 정직은 서로 감싸주는 것이다'는 의미이다.

19. 오랑캐 땅에 살더라도 공경함과 진실함을 버려서는 안 된다.

樊遲問仁. 子曰: "居處恭[1], 執事敬[2], 與人忠[3]. 雖之夷狄, 不可棄[4]也."

번지가 인에 관해 (공자에게) 물었다. 공자가 말했다. "평상시 생활할 때는 항상 공손한 태도를 지녀야 하고, 일을 처리할 때는 마음을 한 곳에 집중해야 하며, 다른 사람과 교제할 때는 진실한 마음을 간직해야 한다. (이상의 세 가지 태도는) 비록 (문화 수준이 열악한) 오랑캐 땅에 가서 살더라도 결코 버려서는 안 된다."

역자 해설

1. 거처공居處恭 : '거처居處'는 평상시의 생활을 의미한다. 즉 평상시 생활

할 때는 항상 공손해야 한다.

2. 집사경執事敬 : '집사執事'는 '일을 처리하다'는 의미이고, '경敬'에는 외적인 태도만이 아니라 내적인 마음의 전일專一 의미도 포함되어 있다. 즉 일을 처리할 때는 마음을 한 곳에 집중해야 한다.
3. 여인충與人忠 : 다른 사람과 교제할 때는 진실한 마음을 간직해야 한다.
4. 수지이적雖之夷狄, 불가기不可棄 : (이상의 태도는) 비록 오랑캐의 땅에 살더라도 결코 버려서는 안 된다.

••• 『논어』에는 '인'에 관한 번지의 질문이 총 3차례 출현하는데, 그에 대한 공자의 대답이 각각 다르다. 하나는 「옹야」의 '선난후획先難後獲'이고, 다른 하나는 「안연」 편의 '애인愛人'이며, 나머지 하나가 바로 이곳이다. 주희의 『논어집주』에 따르면, 이 세 가지 대답의 시간적 선후는 이곳의 질문이 첫 번째이고, 「옹야」의 '선난후획'이 그 다음이며, 「안연」 편의 '애인'이 마지막이다. 이처럼 동일한 질문에 대한 공자의 대답이 각각 다른데, 그 이유는 공자가 번지가 처한 상황 그리고 질문자의 특성에 따라 '인'의 의미를 달리 설명하기 때문이다.

20. 진정한 선비의 조건.

子貢問曰: "何如斯可謂之士[1]矣?" 子曰: "行己有恥[2], 使於四方, 不辱君命[3], 可謂士矣." 曰: "敢問其次?" 曰: "宗族稱孝[4]焉, 鄕黨稱弟[5]焉." 曰: "敢問其次." 曰: "言必信[6], 行必果[7], 硜硜然小人[8]哉, 抑[9]亦可以爲次[10]矣." 曰: "今之從政者, 何如?" 子曰: "噫[11]! 斗筲之人[12], 何足算[13]也?"

자공이 (공자에게) 물었다. "어떤 사람이어야만 (지식인의 자격을 갖춘) 선비라고 부를만 합니까?" 공자가 말했다. "자신의 (잘못된) 행위에 대해 수치심을 갖고, 사방의 여러 나라에 사신으로 가서는 군주의 명을 욕되게 하지 않는다면 선비라고 부를 수 있다." (자공이) 물었다. "감히 그 다음 (등급의 사람에) 대해 묻습니다." (공자가) 말했다. "일가친척들이 효자라고 칭송하고, 마을사람들이 웃어른들을 공경한다고 칭찬하는 사람이다." (자공이) 물었다. "감히 그 다음 (등급의 사람에) 대해 묻습니다." (공자가) 말했다. "말에는 신의가 있고, 일을 시작하면 반드시 성과를 내려고 하는 사람이라면 비록 답답한 소인이라고 할지라도 그 다음 등급에 해당되는 사람이라고 할 수 있다." (자공이) 물었다. "오늘날 (노나라에서) 정치하고 있는 (계손씨와 숙손씨 그리고 맹손씨와 같은) 사람들은 어떻습니까?" 공자가 말했다. "아이고! 겨우 한 말과 한 되의 그릇밖에 안 되는 사람들은 평가할 수도 없다."

역자 해설

1. 사士 : 지식인, 즉 선비라고 번역하지만 '사'는 당시 지배계급 중에서 가장 낮은 계급에 속한 사람이다.
2. 행기유치行己有恥 : 자신의 잘못된 행위에 대해 수치심을 갖는다.
3. 사어사방使於四方, 불욕군명不辱君命 : 여러 나라에 사신으로 파견되어 군주의 명을 욕되게 하지 않는다.
4. 종족칭효宗族稱孝 : 일가친척들이 효성스럽다고 칭송하다.
5. 향당칭제鄕黨稱弟 : '제悌'와 같다. 즉 '마을 사람들이 자신의 형이나 웃어른을 공경한다고 칭송하다'.
6. 언필신言必信 : 말에는 신의가 있다.
7. 행필과行必果 : 일을 시작했으면 반드시 성과를 이루려고 하다.
8. 갱갱연소인硜硜然小人 : '갱갱硜硜'은 원래 돌 때리는 소리이다. 이곳에서는 완고한, 혹은 답답한 소인의 의미이다.
9. 억抑 : 그렇지만.
10. 가이위차可以爲次 : 그 다음 등급의 사람이라고 할 수 있다.
11. 희噫 : '아이구'의 감탄사. 이 말에는 슬픔의 탄식 등의 의미가 아닌 실망의 탄식이 담겨있다.
12. 두소지인斗筲之人 : '두斗'는 한 말이고, '소筲'는 한 되의 그릇이다. 즉 한 말이나 한 되의 그릇밖에 안 되는 작은 사람. 공자가 말한 '두소지인'은 누구를 지칭하는 것일까? 아마 당시의 노나라 정치를 좌지우지하고 있는 계손씨季孫氏와 숙손씨叔孫氏 및 맹손씨孟孫氏가 그들일 것이다.

13. 하족산何足算 : 논할 만한 그릇을 가진 사람이 아니다.

••• 이곳에서 공자가 긍정하는 지식인의 성격을 엿볼 수 있다. 첫 번째로 공자는 개인의 도덕성과 함께 국가의 일인 사신의 역할을 온전하게 시행하는 사람을 든다. 두 번째가 일가친척이 효자라고 칭송하고, 마을 사람들이 웃어른들을 공경한다고 칭찬하는 사람이고, 세 번째로 신의가 있고, 한 번 시작한 일은 반드시 성과를 내려고 하는 사람을 든다. 이를 보면, 선비는 개인의 인격 완성에 그쳐서는 안 되고, 반드시 가정과 마을 그리고 국가라는 공동체의 일에 뜻을 두고 있는 사람임을 알 수 있다.

21. 중행中行과 광견狂狷에 대한 공자의 평가.

子曰: "不得中行[1]而與之[2], 必也狂狷乎. 狂者進取[3], 狷者有所不爲[4]也."

공자가 말했다. "중도를 실행할 수 있는 인물을 얻어 (그와) 함께 (왕자의 사업을) 도모할 수 없다면, 반드시 (옳다고 생각한 일에 대해서는 끝까지 실천하려고 하는) 광자나 (올바르지 않은 일에 대해서는 결단코 실행하지 않으려는 굳센 의지를 소유한) 견자와 함께 사업을 도모할 것이다. 광자는 진취적인 사람이고, 견자는 (올바르지 않은 일에 대해서는) 하지 않는 바가 있다.”

역자 해설

1. 중행中行 : 치우치지 않은 중도를 실천할 수 있는 사람.
2. 여지與之 : 함께 하다. 즉 중도를 실천할 수 있는 인물과 함께 왕자의 사업을 도모하다.
3. 광자진취狂者進取 : 주희는 광자狂者를 ‘지향하는 뜻이 지극히 고명하고 행동은 거리낌 없는 사람’이라고 했다.
4. 견자유소불위狷者有所不爲 : 주희는 견자狷者에 대해 지혜는 미치지 못하지만 굳센 의지를 가진 사람이라고 했다. 「안연」 편에서 말했듯이 ‘예에 어긋나는 일은 보지 않고, 예에 어긋나는 일은 듣지 않으며, 예에 어긋나는 일은 말하지 않고, 예에 어긋나는 일은 하지 않는[非禮勿視, 非禮勿聽, 非禮勿言, 非禮勿動]’ 사람이 바로 견자에 해당한다.

••• 역자는 광자와 견자의 차이를 지혜의 고하高下에서 찾지 않고 기질적 성격에서 찾는다. 광자는 자신의 도덕적 양심이 옳다고 판단한 일에 대해서는 반드시 실천으로 옮기려는 강한 의지를 소유한 사람이다. 때문에 공자는 ‘광자는 진취적인 사람이다’라고 한 것이다. 광자가 진취적이라면 견자는 올바르지 않은 일에 대해서는 결단코 하지 않는 사람이다.

때문에 '견자는 하지 않는 바가 있다'고 한 것이다.

22. 한결같은 마음이 없으면 무당과 의사도 어찌해볼 수가 없다.

子曰: "南人有言曰[1], '人而無恒[2], 不可以作巫醫[3]', 善夫[4]! 不恒其德, 或承之羞[5]." 子曰: "不占[6]而已矣."

공자가 말했다. "남쪽 사람들에게 '사람이면서 꾸준함이 없다면 (신통한) 무당이나 (훌륭한 의술을 가진) 의사도 어찌할 수 없다'는 말이 있는데, 참으로 좋은 말이다. '덕을 꾸준하게 유지하지 않으면 수모를 당할 수도 있다'고도 했다." 공자가 말했다. "점과 같은 것은 쳐보지 않으면 그뿐이다."

역자 해설

1. 남인유언南人有言 : '남인南人'은 남쪽 사람, 혹은 남쪽에 사는 사람. '유언有言'은 '이러한 말이 있다'는 뜻이다. 즉 '남쪽 사람들의 말에 이런 말이 있다.
2. 인이무항人而無恒 : '항恒'은 꾸준한 마음, 일정한 마음. 맹자는 항심恒心

이라고 했다. 즉 '사람이면서 꾸준함이 없다면.'

3. 불가이작무의不可以作巫醫 : '한결같은 항심이 없는 사람은 신통한 무당과 훌륭한 의사라도 어찌해볼 수 없다'
4. 선부善夫 : 참으로 좋은 말이다.
5. 혹승지수或承之羞 : '혹或'은 '…할 수도 있다'의 의미이다. 즉 '혹시 수모를 당할 수도 있다.'
6. 부점不占 : 점칠 필요도 없다. 공자는 줄곧 신비적인 일에 대해서는 긍정적 태도를 취하지 않는다.

••• '不可以作巫醫'에 대한 주희의 해석이 특이하다. 주희는 '항심이 없는 사람은 무당이나 의사노릇도 할 수 없다'고 했다. 즉 무당은 귀신과 교제하는 사람이고, 의사는 삶과 죽음에 관한 일을 하기 때문에 모두 천한 일[賤職]인데, 항심이 없으면 곧 이러한 천한 일도 하기 어렵다는 것이다. 그러나 역자는 주희의 해석에 동의하지 않는다. 당시에 무당이 천직인지는 모르겠지만, 의사는 줄곧 중인中人 이상의 대우를 받았다. 역자는 '한결같은 항심이 없는 사람은 신통한 무당과 훌륭한 의사라도 어찌해볼 수 없다'로 해석한다. 즉 무당이나 의사 모두 치유적 기능을 발휘할 수 있기 때문이다.

23. 군자는 조화를 중시하지만 소인은 같음의 획일만을 추구한다.

子曰: "君子和而不同[1], 小人同而不和[2]."

공자가 말했다. "군자는 (타인과) 조화를 이룰 뿐 획일성을 추구하지 않고, 소인은 오로지 같음만을 추구할 뿐 (타인과) 조화를 이루지 못한다."

역자 해설

1. 화이부동和而不同 : '화和'는 조화를 뜻한다. 즉 조화로운 어울림이다.
2. 동이불화同而不和同 : '동同'은 같음이다. 즉 획일의 의미이다.

••• '화和'는 상대방의 차이성에 대한 존중으로부터 시작된다. 도덕과 예술에서 모두 선善과 미美를 지향하지만, 그 방식은 얼마든지 다를 수 있다. 공자는 바로 이점을 긍정한 것이다. 화이부동의 대표적 예로 오케스트라를 들 수 있다. 서로 다른 음색을 가진 악기가 모여 웅장한 하모니를 표현한다. 이것이 바로 군자가 존중하는 화이부동의 아름다움이다. 반면 소인은 상대방의 차이성을 존중하지 않고 지향성과 방식까지 모두 획일적으로 동일함을 추구한다. 이러한 소인의 의식과 행동방식은 타자의

주체성을 질식하게 한다.

24. 선한 사람이 좋아하고, 악한 사람이 싫어하는 사람은 좋은 사람에 가깝다.

子貢問曰: "鄕人皆好之[1], 何如?" 子曰: "未可[2]也." "鄕人皆惡之[3], 何如?" 子曰: "未可也. 不如鄕人之善者好之[4], 其不善者惡之[5]."

자공이 말했다. "마을 사람들이 그를 모두 좋아한다면 어떻습니까?" 공자가 말했다. "그것만으로는 부족하다." (자공이 말했다.) "마을 사람들이 모두 그를 싫어한다면 어떻습니까?" 공자가 말했다. "그것만으로는 부족하다. 마을 사람들 중에 선한 사람은 그를 좋아하고, 마을 사람들 중에 선하지 않은 사람은 그를 싫어하는 것만 못하다."

역자 해설

1. 향인개호지鄕人皆好之 : 마을 사람들이 모두 그를 좋아하다.

2. 미가未可 : 부족하다.
3. 향인개오지鄕人皆惡之 : 마을 사람들이 모두 그를 싫어하다.
4. 향인지선자호지鄕人之善者好之 : 마을 사람들 중에 선한 사람들은 그를 좋아한다.
5. 기불선자오지其不善者惡之 : 마을 사람 중에 선하지 않은 사람은 그를 싫어한다.

••• 마을에서 선한 사람이 좋아하는 사람은 좋은 사람에 가깝다. 또 마을 사람들 중에서 선하지 않은 사람이 싫어하는 사람도 좋은 사람에 가깝다. 왜 그런가? 선과 악의 보편성 때문이다. 비록 사람마다 선과 악의 표상은 다를 수 있지만, 선과 악의 본질은 동일하다. 때문에 선한 사람은 선한 사람을 좋아하고, 악한 사람은 선한 사람을 싫어하는 것이다.

25. 군자를 섬기기는 쉽지만 기쁘게 하기는 어렵다.

子曰: "君子易事而難說[1]也. 說之不以道[2], 不說也, 及其使人[3]也, 器之[4]. 小人難事而易說也. 說之雖不以道, 說也, 及其使人也, 求備[5]焉."

공자가 말했다. "군자는 섬기기는 쉽지만 기쁘게 하기는 어렵다. 그를 기쁘게 할 때 정당한 원칙과 방식을 사용하지 않으면 기뻐하지 않고, 사람을 등용함에 있어서는 (그 사람의 능력과 기질 등의) 그릇을 고려하여 (일과 직책을) 맡긴다. 소인은 섬기기는 어려워도 기쁘게 하기는 오히려 쉽다. 그를 기쁘게 할 때 비록 정당한 원칙과 방식을 사용하지 않아도 (자신의 이익과 부합하면) 기뻐한다. 사람을 등용함에 있어서는 (그 사람의 능력과 자질을 고려하지 않고 무조건 일과 직책을 맡기고서) 능력을 완전하게 갖출 것을 요구한다."

역자 해설

1. 열說 : '기뻐하다'의 '열悅'과 동의어이다.
2. 도道 : 정당하고 합리적인 방식.
3. 사인使人 : 인재를 등용하거나 사람을 부리다.
4. 기지器之 : 그 사람의 재능과 쓰임을 적절하게 고려하여 직책을 부여하다.
5. 구비求備 : 타인에게 완벽할 것을 요구하다. '비備'는 '모든 것이 갖추어져 있다'는 의미이다.

••• 군자는 원칙을 중시하기 때문에 비록 자신에게 이익이 될 수 있더라도 원칙에 어긋나면 수용하지 않는다. 원칙 준수가 군자를 섬기는 방

법이다. 반면 소인은 원칙보다는 자신의 이익을 먼저 고려하기 때문에 섬기기는 어렵지만 기쁘게 하기는 쉽다. 또 군자는 사람을 등용하면서 그 사람의 재능과 기질을 모두 고려하여 일과 직책을 부여한 반면 소인은 개인적인 친분 등 무원칙으로 등용하고서 그로 하여금 주어진 일을 잘 할 수 있도록 능력을 갖출 것을 요구한다.

26. 군자는 자부심은 크지만 교만하지는 않다.

子曰: "君子泰[1]而不驕[2], 小人驕而不泰."

공자가 말했다. "군자는 (자신에 대한) 자부심은 크지만 교만하지 않으며, 소인은 교만하면서도 오히려 자신에 대한 자부심은 없다."

역자 해설

1. 태泰 : 일반적으로 '태'를 '태연하다'로 해석하지만, 뒤의 '교驕'와 대비시켜 '자신에 대한 자부심이 크다'로 번역해야 한다.
2. 교驕 : 교만하여 타인을 무시하다.

••• 자신에 대한 지나친 자부심은 타인에 대한 교만을 수반할 수도 있지만, 군자의 자부심은 이와 다르다. 군자의 자부심은 자신에 대한 존중이며, 자신의 능력에 대한 자신감일 뿐 타인에 대한 교만이 아니다. 오히려 군자의 자부심은 타인의 차이성에 대한 존중을 수반한 자부심이라고 할 수 있다.

27. 말을 더듬듯이 무겁게 하면 인에 가깝다.

子曰: "剛[1]毅[2]木[3]訥[4], 近仁."

공자가 말했다. "의지가 굳세고, (외물의 유혹에) 흔들림이 없으며, 꾸밈이 없어 질박하고, 말을 어려운 듯이 무겁게 하여 (밖의 화려함에 빠져들지 않으면) 인에 가깝다고 할 수 있다."

역자 해설

1. 강剛 : '의지가 굳세다'의 뜻이지만, 이곳에서는 '의毅'와 함께 물욕 등에 굴복하지 않는 강한 의지를 가리킨다.
2. 의毅 : 흔들림이 없는 굳센 의지.

3. 목木 : 꾸밈이 없는 질박함.

4. 눌訥 : '눌'은 '느리다'의 뜻으로, '말을 더듬다'는 것이다. 그러나 이곳에서는 앞의 '목木'과 함께 밖의 화려함에 빠지지 않음을 말한다.

••• '강剛'과 '의毅'가 외물에 굴복당하지 않는 의지라면, '목木'과 '눌訥'은 외물에 빠져 내달리지 않음을 말한 것이다. 그렇기 때문에 '인에 가깝다'고 한 것이다.

28. 친구 사이에 서로 격려하면서 권면할 수 있으면 진정한 선비라고 할 수 있다.

子路問曰: "何如斯可謂之士矣?" 子曰: "切切偲偲[1], 怡怡[2]如也, 可謂士矣. 朋友切切偲偲, 兄弟怡怡."

자로가 (공자에게) 물었다. "어떤 사람이어야만 (지식인의 자격을 갖춘) 선비라고 부를 만합니까?" 공자가 말했다. "(친구에게는) 간곡하면서도 자상하게 (선을 실천할 수 있도록) 권면할 수 있고, (형제에게는) 서로 조화롭게 어울리면서 기쁘게 지낼 수 있어야만 선비라고 할 수 있다. 친구 사이에는 간곡하면서도 자상하게 권면해야 하고, 형제 사이에는 서로 기쁘게 어울려야 한다.”

역자 해설

1. 절절시시切切偲偲 : 주희에 의하면, '절절切切'은 간곡하고 지극하게 권면하는 것이고, '시시偲偲'는 자상하게 권면하는 것이다. 이는 친구에 대한 도리이다.
2. 이이怡怡 : 서로 조화롭게 어울리면서 기뻐하다.

••• 공자는 '절절시시切切偲偲'로써 친구에 대한 권면의 태도를 해설하고, '이이怡怡'로써 형제와의 어울림을 표현한다. 친구는 인륜人倫이기 때문에 만남과 이별이 있을 수 있다. 때문에 중간에 선이라는 교집합이 있는 것이다. 반면 형제는 천륜이다. 친구 사이처럼 만남과 이별이 있어서는 안 된다. 때문에 선을 말하지 않고 조화롭게 어울리면서 기뻐해야 함을 강조한다. 공자는 자로가 이 두 가지 점이 부족하기 때문에 '절절시시'와 '이이'라는 것으로써 지식인의 조건을 제시한 것이다.

29. 선한 사람이 정치를 하면 백성들이 부모와 국가를 위하여 기꺼이 전쟁에 참여한다.

子曰: "善人教民[1]七年[2], 亦可以卽戎[3]矣."

공자가 말했다. "선한 사람이 7년 동안 백성들을 가르치면 (백성들로 하여금 부모형제 그리고 국가라는 공동체에 대한 의무감을 갖게 하여 스스로) 전쟁에 임하게 할 수 있다."

역자 해설

1. 교민教民 : '백성을 가르치다'는 것이지만. 실제 의미는 '백성을 다스리다'는 것이다.
2. 칠년七年 : 왜 공자는 7년 동안 가르친다는 했을까? 3년이면 짧은 시간인데, 7년을 가르친다면 가르침의 시간이 상당히 소요됨을 의미한다. 그렇다고 10년처럼 긴 시간을 의미하지는 않는다.
3. 즉융卽戎 : '즉卽'은 '임하다'의 뜻이고, '융戎'은 '전쟁'을 의미한다. 즉 전쟁에 참여하다. 왜 전쟁에 참여할까? 선한 사람으로부터 좋은 교육을 받아 부모형제에 대한 사랑, 그리고 공동체에 대한 의무의식을 함양했기 때문이다.

••• 백성을 가르치는 교민의 주체는 누구인가? 지금처럼 학교라는 독립 기관에서 교육하는 교육자일까? 그렇지 않다. 고대에는 군주가 백성을 부양하는 양민養民, 백성을 보호하는 보민保民, 그리고 가르치는 교민의 주체였다. 따라서 이곳에서 '백성을 가르치다'는 실제로 '다스리다'는 것이다.

30. 가르치지 않은 백성을 전쟁터에 나가게 해서는 안 된다.

子曰: "以不教民戰[1], 是謂棄之[2]."

공자가 말했다. "백성들을 가르치지 않고서 그들로 하여금 전쟁에 임하게 하는 것을 일러 백성을 버리는 것이라고 한다."

역자 해설

1. 불교민전不教民戰 : 백성을 가르치지 않고 전쟁에 임하게 하다.
2. 기지棄之 : 백성을 버리는 것이다.

••• 이 구절은 반드시 앞 29와 연계시켜 해석해야 한다. 앞에서는 선한

사람이 7년 동안 백성들을 가르치면 그들로 하여금 전쟁에 자발적으로 임하게 할 수 있다고 했다. 왜 그런가? 이는 교육을 통하여 부모와 형제 그리고 국가에 대한 의무의식을 함양했기 때문이다. 이러한 의무의식을 함양하지 못한 백성들로 하여금 전쟁에 임하게 하는 것은 곧 그들을 사지로 몰아넣는 것과 같다.

14 편

「헌문 憲問」

1. 봉록만 축내는 것이 바로 수치이다.

憲[1]問恥[2]. 子曰: "邦有道穀[3], 邦無道穀[4], 恥也."

원헌이 (공자에게) 수치스러운 일에 관해 물었다. 공자가 말했다. "나라에 합리적인 질서가 실행되고 있을 때 (마땅히 관리로서 해야 할 훌륭한 일을 하지 않고서) 봉록만을 축내고, 나라에 합리적인 질서가 실행되지 않고 있을 때 (홀로 도를 지키지 못하면서) 봉록만을 축내는 것이야말로 수치스러운 일이다."

역자 해설

1. 헌憲 : 공자의 제자인 원사原思의 이름이다. 부록 참조
2. 치恥 : 수치스러운 일, 혹은 수치스러움.
3. 방유도곡邦有道穀 : '곡穀'은 봉록이다. '방유도곡'은 '나라에 합리적인 질서가 실행되고 있을 때 봉록을 받는다'로 해석할 수 있지만, 공자가 '방무도곡邦無道穀'과 함께 모두 수치스러운 일이라고 규정했기 때문에 '나라에 합리적인 질서가 실행되고 있을 때 (마땅히 관리로서 해야 할 일을 하지 않고서) 봉록만을 받다'로 해석해야 한다.
4. 방무도곡邦無道穀 : 나라에 합리적인 질서가 실행되지 않을 때 (홀로 도

를 지키지 못하면서) 봉록만을 받다.

••• 무도한 나라에서 아무런 역할도 못하면서 봉록만을 축내고 있다면, 대부분의 사람들이 이를 수치스럽게 생각할 것이다. 그러나 '방유도곡邦有道穀'에 대해서는 특별한 느낌을 갖지 않을 수도 있다. 공자는 '방유도곡'과 '방무도곡'을 병열시켜 놓고 모두 수치스러운 일로 규정한다. 즉 도의 실행 여부와 관계없이 관리로서 마땅히 해야 할 직분을 다해야 한다. 원헌은 '방무도곡'만을 수치스러운 일로 인식했을 뿐 '방유도곡'에 대해서는 간과한 것 같다.

2. 욕망을 절제하는 것이 비록 어렵기는 하지만 그것이 곧 인仁은 아닐 것이다.

"克[1]伐[2]怨[3]欲[4], 不行焉, 可以爲仁矣." 子曰: "可以爲難[5]矣, 仁則吾不知[6]也."

(원헌이 말했다.) "남을 이기려는 마음, 자기 자랑하기를 좋아하는 것, 남을 원망하는 마음, 그리고 탐욕을 (극복하고서 그것을) 하지 않는다면 인이라고 할 수 있습니까?" 공자가 말했다. "(그러한 것은 비록) 실천하기 어려운 일이지만, 그것이 곧 인

인지는 나도 잘 모르겠다."

역자 해설

1. 극克 : 남을 이기려는 마음이 강한 것, 즉 호승심好勝心이 강하다.
2. 벌伐 : 자기 자랑을 좋아하는 것.
3. 원怨 : 분노와 원망.
4. 욕欲 : 탐욕.
5. 가이위난可以爲難 : (이 네 가지 마음을 극복하는 것은) 어려운 일이라고 할 수 있다.
6. 인즉오부지仁則吾不知 : '그것이 인인지는 나도 알지 못하겠다.'

••• 공자는 왜 '이상의 네 가지 마음을 극복하는 것이 비록 어려운 일지지만 그것이 곧 인인지는 알기 어렵다'고 하는가? 혹자는 이 네 가지와 '극기복례克己復禮'를 동일한 것으로 이해할 수도 있을 것이다. 그러나 양자 사이에는 분명 다른 점이 있다. 하나는 '복례'가 없고, 다른 하나는 '극기'와 동시에 '복례'가 함께 존재한다. 복례는 합리성의 원리를 회복했다는 것으로, 이는 인에 대한 인식을 전제한 것이다. 반면 극克, 벌伐, 원怨, 욕欲 네 가지에는 억제와 절제만이 있을 뿐 인이라는 선의지, 합리성의 원천에 대한 인식이 부재하다. 때문에 공자가 비록 실행하기 어려운 일이지만 그것이 곧 인인지는 모르겠다고 완곡하게 대답한

것이다.

3. 선비로서 일신의 편안함만을 생각한다면 진정한 선비가 아니다.

子曰: "士而懷居[1], 不足以爲士[2]矣."

공자가 말했다. "선비로서 오로지 일신의 편안함만을 생각한다면 진정한 선비라고 할 수 없다."

역자 해설

1. 회거懷居 : 주희에 의하면, '거居'는 편안하게 거주하는 것이다. '회거'는 다른 것에 대한 관심은 별로 없고 오로지 일신의 안위만을 고려하는 태도를 말한다.
2. 부족이위사不足以爲士 : 진정한 선비라고 할 수 없다. 즉 진정한 선비의 자격을 갖추지 못한 사람이다.

••• 공자가 긍정하는 지식인, 즉 선비는 자신의 안위뿐만 아니라 천하의 질서와 만민萬民의 삶에 대해서도 원대한 회포를 가진 사람이다. 따라

서 오로지 일신의 안위만을 고려한다면 선비의 자질이 부족한 사람이다.

4. 말은 때에 따라 다르게 할 수 있다.

子曰: "邦有道, 危[1]言危行. 邦無道, 危行言孫[2]."

나라에 합리적인 질서가 행해지고 있으면 말과 행동을 높고 준엄하게 해야 한다. (그러나) 나라에 합리적인 질서가 실행되고 있지 않으면 행동은 높고 준엄하게 해야 하지만, 말은 겸손하게 해야 한다.

역자 해설

1. 위危 : 주희에 따르면, '위'는 높고 준엄함이다.
2. 손孫 : 주희에 의하면, 자신을 낮추면서 겸손하다는 뜻이다.

••• 공자는 왜 '나라에 합리적인 질서가 실행되고 있지 않으면 행동은 높고 준엄하게 해야 하지만, 말은 겸손하게 해야 한다'고 하는가? 선비로서 자신의 몸가짐에 대해서는 불가변不可變의 태도를 견지해야 하지만,

말은 때에 따라서 겸손하게 함으로서 불필요한 화를 초래하지 않아야 하기 때문이다.

5. 덕이 있는 사람은 말도 잘한다?

子曰: "有德者必有言[1], 有言者不必有德[2]. 仁者必有勇[3], 勇者不必有仁[4]."

공자가 말했다. "좋은 품덕을 갖춘 사람은 반드시 말을 잘하지만, 말을 잘한다고 해서 좋은 품덕을 갖춘 사람이라고 할 수는 없다. 인한 사람은 반드시 용기도 있지만, 용기가 있다고 해서 반드시 인을 갖춘 사람이라고 할 수는 없다.

역자 해설

1. 유덕자필유언有德者必有言 : '유덕有德'은 '덕이 있다'는 것이지만, '유언有言'은 '말이 있다'가 아니라 '말을 잘하다'의 뜻이다. 즉 덕이 있는 사람은 말도 잘한다.
2. 유언자불필유덕有言者不必有德 : 말을 잘하는 사람이 반드시 덕을 갖춘

것은 아니다.

3. 인자필유용仁者必有勇 : 인한 사람은 반드시 용기도 있다.
4. 용자불필유인勇者不必有仁 : 용기가 있는 사람이 반드시 인을 갖춘 것은 아니다.

••• 역자는 이상의 네 구절 중에서 첫 번째의 '유덕자필유언'을 제외하고 나머지에 대해서는 모두 긍정할 수 있다. '말을 유려하게 잘한다고 해서 그 사람이 좋은 품덕을 갖춘 것은 아니다.' 마찬가지로 '용기가 있는 사람이 반드시 인을 갖춘 것도 아니다.' 왜냐하면 기질적인 용기와 도덕성의 인은 서로 다르기 때문이다. 그러나 '인한 사람은 반드시 용기도 있다'고 할 수 있다. 맹자가 말한 대인大人과 군자의 호연지기浩然之氣가 바로 그것이다. 즉 일반적인 혈기의 용기가 아닌 도덕적 의연함의 용기는 인과 필연적으로 함께하기 때문에 '인한 사람은 반드시 용기도 있다'는 말도 긍정할 수 있다. 그러나 '덕이 있는 사람은 말도 잘 한다'는 말은 긍정하기 어렵다. 상식적인 입장에서 보면 '덕德'은 '언言'의 필요조건도 아니고, 충분조건도 아니다. 공자의 이 말을 최대한 수용한다고 할지라도 '덕성을 갖춘 사람이 말을 잘할 가능성이 높고, 덕성을 갖추지 않은 사람이 말을 잘할 가능성은 낮다'고 말할 수 있을 뿐이다. 물론 이것 역시 다수의 사람들에게 수용될 가능성은 낮지만, 공자의 말을 최대치로 긍정한다고 할지라도 약간의 개연성만을 긍정할 수 있을 뿐이다. 그렇지만 역자는 '말을 잘하다'에서 '잘하다'를 기술적인 측면이 아닌 합리와 정당이라는 가치론적 측면에서 이해한다면 '덕'과 '언'의 관계 역시 '인'과 '용'의 관

계처럼 필연성을 긍정할 수 있다고 생각한다. 왜냐하면 인자는 항상 마음이 떳떳하여 말에도 구차함이 없기 때문이다.

6. 힘으로는 천하를 얻을 수 없다.

南宮适[1]問於孔子曰: "羿[2]善射[3], 奡[4]盪舟[5], 俱不得其死[6]. 然禹稷[7], 躬稼[8]而有天下." 夫子不答[9]. 南宮适出, 子曰 : "君子哉! 若人[10]尙德[11]哉! 若人."

남궁괄이 공자에게 물었다. "예라는 사람은 활을 잘 쏘았고, 오라는 사람은 배를 땅 위에서 끌고 다닐 정도로 힘이 장사였지만 두 사람 모두 제 명대로 살지 못하고 죽임을 당했습니다. 그러나 우왕과 후직은 몸소 농사를 짓고 살았지만 (천자가 되어) 천하를 다스렸습니다." (남궁괄의 말에) 공자가 대답하지 않았다. 남궁괄이 나가자 공자가 말했다. "군자답구나! (남궁괄) 저 사람은 참으로 덕을 숭상하는구나! 저 사람이여!"

역자 해설

1. 남궁괄南宮适 : 공자의 제자인 남용南容이다. 부록 참조.
2. 예羿 : 고대 활 잘 쏘기로 유명한 사람이다. 하왕조 시기 유궁有窮의 군주였으나 신하인 한착寒浞에게 죽임을 당함.
3. 선사善射 : '선善'은 '잘하다'의 의미이다. 활을 잘 쏘다.
4. 오奡 : 예를 죽인 한착의 아들이다. 포악한 짓을 하다 당시 군주인 소강小康에게 사형을 당함.
5. 탕주盪舟 : '탕盪'은 '움직이다'는 뜻이다. '탕주'는 배를 육지에까지 끌고 다닌다는 의미이다. 즉 '오'가 천하의 장사였음을 형용한 말이다.
6. 구부득기사俱不得其死 : '구俱'는 '모두'이고, '구부득기사'는 예와 오 두 사람 모두 제 명대로 살지 못하고 죽임을 당했다는 뜻이다.
7. 우직禹稷 : '우禹'는 하왕조를 세운 사람으로 치수에 능했다고 한다. '직稷'은 주왕조의 시조인 기棄이다. 백성들에게 농사짓는 방법을 가르쳐 주었기 때문에 후직后稷이라고 불린다.
8. 궁가躬稼 : 몸소 농사를 짓다.
9. 부자부답夫子不答 : 공자가 대답하지 않다.
10. 약인若人 : 이와 같은 사람.
11. 상덕尙德 : 덕을 숭상하다.

••• 공자는 왜 남궁괄의 말에 대답하지 않았는가? 남궁괄은 예와 오를 계손씨 등과 같은 당시 노나라의 권력가에 비유했고, 우직을 공자에 비유했다. 공자는 이점을 알고 있었기 때문에 대답하지 않은 것이다.

7. 소인이면서도 인을 실천하려고 노력한 사람은 없었다.

子曰: "君子而不仁者, 有矣夫[1]. 未有小人而仁者[2]也."

공자가 말했다. "군자이면서 (잠시 동안) 불인不仁의 지경에 놓인 경우는 있지만, 소인이면서 인을 실천하려고 노력한 사람은 아직 없었다."

역자 해설

1. 군자이불인자君子而不仁者, 유의부有矣夫 : 인의 실천에 뜻을 둔 군자라고 할지라도 잠시 동안 마음이 인을 떠나면 불인不仁한 지경에 이를 수는 있다.
2. 미유소인이인자未有小人而仁者 : 만일 이 구절을 '소인이면서 인한 사람은 없었다'라고 해석하면 부자연스럽다. 왜냐하면 공자의 도덕론에서 인자는 완성자이고, 소인은 범인인데, 소인임과 동시에 인한 사람은 어떤 순간의 경우에도 성립할 수 없기 때문이다. 따라서 이 구절은 마땅히 '소인이면서 인에 뜻을 두거나 인을 실천하려고 노력한 사람은 아직 없었다'라고 해석해야 한다.

••• 공자는 '소인이면서 인을 실천하려고 노력한 사람은 없다'라고 말하지 않고 '소인이면서 인을 실천하려고 노력한 사람은 아직 없었다'라고 한다. 왜 그런가? 소인이라고 할지라도 우연히 인자의 경지에 뜻을 둘 수도 있을 것이다. 단지 지속성이 없을 뿐이다. 따라서 '없다'고 단정할 수는 없다. 공자가 '아직 없다'는 미유未有로써 완곡하게 부정한 것은 이 때문이다.

8. 군주에 대한 충성과 군주의 잘못을 지적하는 것은 서로 다른 일이다.

子曰: "愛之, 能勿勞乎[1]? 忠焉, 能勿悔乎[2]?"

공자가 말했다. "(자식을) 사랑한다고 해서 힘든 일로써 그를 단련시키지 않을 수 있겠는가? (군주에게) 충성을 다해야 한다고 해서 (군주의 잘못을) 일깨워 주지 않을 수 있겠는가?"

역자 해설

1. 애지愛之, 능물노호能勿勞乎 : '사랑하기만 하고 수고스럽지 않게 할 수

있겠는가?' 이는 자식에 대한 말이다. 즉 자식이 사랑스럽다고 해서 그에게 힘든 일로써 연마하지 않는다면 이는 자식을 사랑하는 것이 아니라 오히려 자식을 망치는 것이다.

2. 충언忠焉, 능물회호能勿悔乎 : '군주에게 충성을 다한다고 해서 군주를 일깨워주지 않을 수 있는가?' 즉 신하로서 군주에게 진심을 다해 충성으로 섬기지만 그렇다고 군주의 과오마저 감싸주어서는 안 된다.

••• 맹자에 의하면, 신하가 마땅히 해야할 도리[臣道]에서 가장 중요한 것은 '잘못된 군주의 마음을 바로 잡는 것[格君心之非]'이고, '군주를 올바를 길로 인도하는 것[引君於正]'이다. 따라서 군주의 과오는 반드시 깨우쳐주어 바로 잡게 해야 한다. 그것이 바로 진정한 의미의 충이다.

9. 정나라의 외교문서를 담당한 네 명의 대부를 칭송하다.

子曰: "爲命[1], 裨諶[2]草創之[3], 世叔[4]討論之[5], 行人子羽[6]修飾之[7], 東里子產[8]潤色之[9]."

공자가 말했다. "(정나라에서는 네 명의 대부가) 외교문서를 작성했는데, 비심이 초고를 작성했고, 세숙이 (비심의 초고를) 연구하고 강론하면서 (더욱 정밀하게 살폈으며), 행인의 관직에 있던 자우가 (필요한 것은 더) 보충하고 (불필요한 것은) 삭제했고, 동리에 거주하는 자산이 (마지막으로 외교문서에) 문채를 더하여 아름답게 꾸몄기 때문에 (정나라는 외교적 마찰이 적었다.)

역자 해설

1. 위명爲命 : '명命'은 외교문서에 해당하는 사명辭命이다. '위명'은 '외교문서를 작성하다'는 뜻이다.
2. 비심裨諶 : 비심을 비롯한 세숙과 자우 그리고 자산은 모두 정나라의 대부이면서 현자였다. 정나라의 외교문서는 이 네 명의 현자들에 의해 이루어졌는데, 방향이 정확했고, 정밀했으며, 아름답게 꾸며졌다. 때문에 정나라는 다른 제후들과 교류하면서 응대할 때 실패하는 경우가 적었다.
3. 초창지草創之 : 비심이 외교문서의 초고를 작성하다.
4. 세숙世叔 : 세숙 역시 정나라의 대부이다. 『좌전左傳』에는 태숙太叔이라고 기록되어 있다. 이름은 유길游吉이다.
5. 토론지討論之 : 외교문서 초고를 더욱 연구하고 강론하다.
6. 행인자우行人子羽 : '행인行人'은 사신의 임무를 맡은 관직이다. '자우子羽'는 행인의 관직을 수행한 공손휘公孫揮이다.
7. 수식지修飾之 : 외교문서에 더 필요한 것은 보충하고, 불필요한 것은 삭

제하다.

8. 동리자산東里子產 : 동리東里는 자산子產이 거주한 고을 이름이다. 정나라의 대부인 공손교公孫僑이다. 자산은 공손교의 자이다.
9. 윤색지潤色之 : 문채를 더하여 외교문서를 아름답게 꾸미다. 외교문서 작성의 마지막 단계이다.

••• 국제관계에는 영원한 적도 없고, 아군도 없다. 당시 춘추시대 중국의 상황도 마찬가지였다. 따라서 외교문서 작성은 어떤 것보다도 심혈을 기울이고 조심했다.

10. 정자산과 관중의 사람됨을 평가하다.

或問子產[1], 子曰: "惠人[2]也." 問子西[3], 曰: "彼哉[4]! 彼哉!" 問管仲[5], 曰: "人也[6], 奪伯氏騈邑三百[7], 飯疏食[8]沒齒[9], 無怨言[10]."

어떤 사람이 (정나라 대부인) 자산의 인품에 대해 (공자에게) 묻자, 공자가 말했다. "(자산은) 은혜로운 사람이다." (또) 자서에 대해 묻자, (공자가) 말했다. "그저 그런 사람이다. 그저 그런 사람이다." (또) 관중에 대해 묻자, (공자가) 말했다. "(관중)

이 사람이 백씨의 땅 변읍 삼백호를 빼앗자 (백씨는) 거친 밥을 먹고 살았지만 죽을 때까지 관중을 원망하지 않았다."

역자 해설

1. 자산子産 : 정나라 대부 공손교이다. 부록 참조.
2. 혜인惠人 : 은혜로운 사람이다. 자산은 백성을 사랑하는 마음이 한결같았다고 한다.
3. 자서子西 : 주희의 『논어집주』에서는 자서를 초나라의 공자公子인 신申이라고 한다. 그러나 혹자는 정나라의 대부인 공손하公孫夏라고 하기도 한다. 역자는 주희의 견해를 취한다. 왜냐하면 공자가 자서에 대해 별로 좋은 평가를 하지 않았기 때문이다. 초나라의 공자公子인 신은 군주의 자리를 사양하기도 했고, 초나라 기강을 정립하기도 했지만, 당시 초나라 소왕昭王이 공자孔子를 등용하려고 하자 이를 반대했을 뿐 아니라 후에 초나라를 위태롭게 하기도 했다. 때문에 공자公子 신에 대한 공자孔子의 평가가 좋지 않은 것 같다. 정나라의 대부인 공손하라면 공자가 그 사람에 대해 '그저 그런 사람이다'라는 평가를 할 이유가 분명하지 않다.
4. 피재彼哉 : '그 사람 말인가?' 이 말에는 '그저 그런 사람이다'는 평가가 내재되어 있다.
5. 관중管仲 : 제나라의 대부. 부록 참조

6. 인야人也 : (관중) 이 사람은.

7. 탈백씨변읍삼백奪伯氏駢邑三百 : '변읍駢邑'은 제나라의 땅이다. 원래 백씨伯氏의 땅인데, 제나라 환공이 이를 빼앗아 관중에게 주었다. 그런데 백씨는 자신의 잘못을 인정하고서 관중에게 진심으로 복종했다.

8. 반소식飯疏食 : 거친 음식을 먹다.

9. 몰치沒齒 : '치아가 없다'는 것은 바로 죽음을 의미한다. 즉 죽을 때까지.

10. 무원언無怨言 : (관중을) 원망하는 마음이 없었다.

••• 백씨가 자신의 땅을 관중에게 빼앗겼음에도 불구하고 관중을 원망하는 마음이 없었다는 것은 곧 관중이 소인배가 아니었음을 의미한다. 공자는 관중에 대해 어떤 곳에서는 인자仁者라고 칭하기도 하지만, 대부분 정치적 역량에 대한 평가이다. 관중이 성인의 인품을 지녔는지에 대해서 공자는 명확한 입장을 내놓지 않았다.

11. 빈자와 부자에서 나타나는 결점.

子曰: "貧而無怨[1]難, 富而無驕[2]易."

공자가 말했다. "가난하면서 (남을) 원망하지 않기는 어렵지만,

부자이면서 교만하지 않기는 쉬운 것 같다."

역자 해설

1. 원怨 : 자신의 불우한 처지에 대한 원망을 타인에게 분출하는 것. 군자라면 자신이 불우한 상황에 처한 원인을 타인에게 전가하지 않고 자신에게서 찾는다. 그리고 가난이 어찌할 수 없는 것이었다면 그것은 자신에게 주어진 객관적 제한이라고 생각하고서 받아들인다. 이것이 바로 공자와 안연이 긍정한 안빈낙도安貧樂道이다. 그러나 소인은 자신에게 주어진 일의 성패成敗에서 성공의 원인은 자신에게서 찾고, 실패의 원인은 타인에게 전가하면서 그들을 원망한다. 이것이 군자와 소인의 차이이다.
2. 교驕 : 교만.

••• 공자가 비록 부자이면서 교만하지 않기는 쉽다고 했지만, 현실을 냉철하게 살펴보면 오히려 부자이면서 교만한 사람이 더 많은 것 같다. 이러한 소인류의 부자는 자신의 성공 원인을 절대 타인과 상황의 우연에서 찾지 않고 자신의 선택과 능력에서 찾는다. 이것이 바로 그들의 교만이다.

12. 정치가는 덕성과 함께 능력도 함께 갖추어야 한다.

子曰: "孟公綽[1]爲趙[2]魏[3]老[4]則優[5], 不可以爲滕[6]薛[7]大夫."

공자가 말했다. "맹공작은 조씨와 위씨의 (가신 중에서) 원로의 인물이 되기에는 충분하지만, (비록 작은 나라이지만) 등과 설에서 (국정을 수행하는) 대부의 임무를 맡아서는 안 된다."

역자 해설

1. 맹공작孟公綽 : 노나라의 대부이다. 맹공작이 어떤 사람인지는 자세하게 알 수 없지만, 공자의 언설을 보면, 훌륭한 품덕은 갖추었으나 정치적 역량은 부족한 사람이었던 것 같다.
2. 조趙 : 진晉나라 육경들 채읍采邑 중의 하나로서, 지금의 하북河北 조현趙縣이다.
3. 위魏 : 조와 마찬가지로 진나라 육경들 채읍 중의 하나이다. 지금의 산서山西 예성현芮城縣이다.
4. 노老 : 가신들 중에서 원로를 지칭한다. 가신 중에 원로는 명망은 높지만 특별한 임무를 맡지 않기 때문에 그들에게 빼어난 능력을 요구하지 않는다.

5. 우優 : (맹공작이) 가신의 원로로서는 훌륭한 인품을 소유한 사람이다.
6. 등滕 : 노나라 부근의 작은 나라.
7. 설薛 : 등과 마찬가지로 노나라 부근의 작은 제후국이다.

••• 대부는 제후국에서 실질적으로 국정을 수행하는 높은 직위의 관리이다. 따라서 가신의 원로처럼 좋은 품덕만으로서는 그 직을 충분히 수행할 수 없다. 품덕과 함께 훌륭한 능력을 갖추어야 한다. 즉 덕德과 함께 재才를 겸비해야 한다. 왜냐하면 대부의 직무는 국가의 존망과 연결될 수 있기 때문이다.

13. 완성된 사람이 갖추어야 할 조건.

子路問成人[1], 子曰: "若臧武仲之知[2], 公綽之不欲[3], 卞莊子之勇[4], 冉求之藝[5], 文之以禮樂[6], 亦可以爲成人矣." 曰: "今之成人者, 何必然[7]? 見利思義[8], 見危授命[9], 久要[10]不忘平生之言[11], 亦可以爲成人矣."

자로가 (공자에게) 완성된 사람의 (조건에 대해) 묻자, 공자가 말했다. "만일 장무중의 지혜로움, 맹공작의 청빈함, 변장자의 용기, 염구의 재주에 다시 예악으로써 문채를 첨가할 수 있다면 완성된 사람이 될 수 있을 것이다." (그리고 다시) 말했다. "오늘날의 완성된 인간이야 어찌 그렇게까지 할 수 있겠는가? 자신에게 이익이 주어지면 그것이 정당한 것인지를 먼저 생각할 수 있고, (나라의 운명에) 위태로운 상황이 발생하면 목숨이라도 바칠 수 있어야 하며, 오래된 약속과 평상시에 (가볍게) 한 말을 잊지 않는다면 역시 완성된 사람이 될 수 있을 것이다."

역자 해설

1. 성인成人 : 주희는 '전인全人'으로 주석했다. 즉 완전한 사람, 혹은 완성된 사람.
2. 장무중지지臧武仲之知 : 장무중이라는 사람의 지혜로움. 장무중은 노나라 대부인 장손흘臧孫紇이다.
3. 공작지불욕公綽之不欲 : 맹공작의 과욕寡慾.
4. 변장자지용卞莊子之勇 : 변장자의 용기. 변장자는 노나라 변읍卞邑의 대부이다.
5. 염구지예冉求之藝 : 염구의 재주.
6. 문지이예악文之以禮樂 : 예악으로써 꾸미다.
7. 하필연何必然 : 어찌 반드시 그렇게 할 수 있겠는가?
8. 견리사의見利思義 : 자신에게 어떤 이익이 주어지면 그것이 합리적이고 정당한 것인지를 생각하라. 공자는 이익을 결코 반대하지 않는

다. 단지 불의한 이익을 거절할 뿐이다.

9. 견위수명見危授命 : (나라의 운명이나 혹은 어떤 공적인 가치를 실현함에 있어) 위급한 상황에서 목숨을 바치다.

10. 구요久要 : 시간이 오래된 약속

11. 불망평생지언不忘平生之言 : 평상시에 가볍게 한 말을 잊지 않는다.

••• 공자는 지혜와 청빈함 그리고 용기와 재주 등 네 가지를 완성된 사람의 조건으로 내세웠다. 지혜로운 사람은 일의 이치를 잘 파악하고, 청빈한 사람은 마음을 잘 수양할 수 있으며, 용기가 있는 사람은 힘써 실천할 수 있고, 재주가 있는 사람은 돌발적인 변수에 잘 응변할 수 있기 때문이다.

14. 공숙문자의 처세에 대해 의심하다.

子問公叔文子[1]於公明賈[2]曰: "信乎[3], 夫子[4]不言, 不笑, 不取[5]乎?" 公明賈對曰: "以告者過[6]也. 夫子時然後言[7], 人不厭[8]其言. 樂然後笑[9], 人不厭其笑. 義然後取[10], 人不厭其取." 子曰: "其然[11]? 豈其然乎?"

공자가 공숙문자의 (인품에 대해) 공명가에게 물었다. "참으로 공숙문자는 말이 별로 없고, 잘 웃지도 않으며, 함부로 물건을 취하지도 않는가?" 공명가가 대답했다. "(선생님께 공숙문자의 인품에 대해) 말을 전한 사람이 지나치게 표현했습니다. 공숙문자는 때가 알맞아야만 말을 하니 사람들이 그의 말을 싫어하지 않습니다. (또 모두가) 즐거운 연후에 웃기 때문에 사람들이 그의 웃음을 싫어하지 않습니다. (물건을 취할 때는) 그것이 정당한 것인지를 확인한 후에 취하니 사람들이 그의 취함을 싫어하지 않습니다." 공자가 말했다. "정말로 그런가? 어찌 그럴 수가 있는가?"

역자 해설

1. 공숙문자 : 주희에 의하면 위나라의 대부인 공손지公孫枝라고 하는데, 『좌전』에는 공손발公孫拔로 되어 있다.
2. 공명가公明賈 : 위나라의 대부이다. 공명公明이 성이고, 이름은 가賈이다.
3. 신호信乎 : 정말로
4. 부자夫子 : 스승의 의미가 아니라 당시에 대부 계급 이상의 신분에 대한 호칭이었다. 이곳에서는 공숙문자를 가리킨다.
5. 불언不言, 불소不笑, 불취不取 : '불언不言'은 '말이 별로 없다'이고, '불소不笑'는 '잘 웃지 않는다'이며, '불취不取'는 '함부로 무엇을 취하지 않

는다'는 뜻이다.

6. 고자과告者過 : '고자告者'는 공자에게 공숙문자에 대해 말을 전한 사람이고, '과過'는 과장하다는 뜻이다. 즉 부풀려서 말을 전했다.
7. 시연후언時然後言 : 때가 알맞아야만 말을 한다.
8. 불염不厭 : 싫어하지 않는다.
9. 낙연후소樂然後笑 : 모두가 즐거운 연후에 웃는다.
10. 의연후취義然後取 : 그것이 정당한 것인지를 확인한 후에 취한다.
11. 기연其然 : 정말로 그런가?

••• "정말로 그런가? 어찌 그럴 수가 있는가"라는 공자의 말에는 공숙문자의 처세에 대해 의문의 뜻이 담겨있다. 왜 그런 뜻을 표현했는지에 대해서는 고증하기 어렵다.

15. 장무중의 불충을 지적하다.

子曰: "臧武仲[1], 以防[2]求爲後[3]於魯, 雖曰 '不要君[4]', 吾不信[5]也."

공자가 말했다. "장무중은 (자신의 옛 봉읍인) 방이라는 (곳으로 돌아와 그곳을 근거로) 노나라 군주에게 (자신이 결정한 사람으로) 후사를 세워줄 것을 요구했는데, 비록 노나라 군주를 협박하지 않았다고 말하지만, 나는 (협박한 것이 아니라는 그의 말을) 믿지 못하겠다."

역자 해설

1. 장무중臧武仲 : 노나라 대부인 장손흘臧孫紇이다.
2. 방防 : 장무중의 봉읍封邑 명칭이다.
3. 위후爲後 : 후계자를 세우다. 즉 장무중을 대신할 후계자를 세우다.
4. 요군要君 : '요要'는 '요구하다'의 뜻이지만, 이곳에서는 '강요하다' 혹은 '협박하다'의 의미로 쓰인다.
5. 불신不信 : (군주를 협박한 것이 아니라고 하는데) 나는 그 말을 믿지 못하겠다. 즉 장무중이 노나라 군주에게 자신을 대신할 후사를 세워줄 것을 강요하지 않았다고 하는데, 나는 그것을 군주에 대한 협박, 즉 불충으로 생각한다. 왜냐하면 죄를 짓고서 나라를 떠났다면 그의 옛날 봉읍인 방이라는 곳의 후계자는 군주가 정하는 것이지 망명한 옛 주인이 결정할 수 있는 사항이 아니기 때문이다.

••• 앞에서는 장무중의 지혜로움을 긍정했는데, 이곳에서는 오히려 노나라 군주에 대한 그의 불충을 비난하고 있다. 장무중의 집안은 원래 노나라의 대부집안으로서 국가에 많은 공을 세웠다. 그러나 장무

중에 이르러 당시 노나라 세력가인 맹손씨의 모함으로 주邾나라로 망명했다가 다시 자기의 읍인 방防이라는 곳으로 돌아와 그곳에 자신의 후사를 세워 선조들의 제사를 지낼 수 있게 해달라고 노나라 조정에 요구했다. 그런데 태도가 매우 불손해 그의 요청을 들어주지 않으면 반란이라도 도모하겠다는 뜻을 보이니 노나라에서 장무중의 이복형인 장위臧爲를 방 지방의 후사로 지명했다. 그러자 장무중은 제나라로 다시 망명했다. 공자는 이러한 장무중의 태도를 불충으로 평가한 것이다.

16. 진 문공과 제 환공을 비교 평가하다.

子曰: "晉文公[1]譎[2]而不正[3], 齊桓公[4]正而不譎."

공자가 말했다. "진나라 문공은 (전쟁을 하면서) 속임수를 사용했기 때문에 정정당당하지 못했지만, 제나라 환공은 (전쟁을 할 때 대의를 내세워) 정정당당하게 임했고, 속임수를 쓰지 않았다."

역자 해설

1. 진문공晋文公 : 진나라 헌공獻公의 둘째 아들이다. 이름은 중이重耳이고, 제환공을 이어 춘추시대 두 번째 패자로 군림했다. 오랜 망명생활을 했고, 늦은 나이에 제후가 되었지만, 짧은 기간에 진나라를 패자의 지위에 놀려놓았다. 그의 위세는 제환공을 능가했다고 한다.
2. 휼譎 : 음모, 혹은 속임수를 쓰다.
3. 부정不正 : 정정당당하지 않다.
4. 제환공齊桓公 : 제나라 희공僖公의 아들이고, 제 양공襄公의 동생이다. 이름은 소백小白이다. 양공이 죽은 후에 그의 또 다른 형인 규糾와 제후 다툼을 벌여 승리했고, 나중에는 관중의 도움으로 춘추시대 첫 번째 패자가 된다.

••• 공자가 왜 이러한 평가를 했는가? 주희에 의하면, 진문공이 위나라를 쳐서 초나라를 싸움에 끌여 들였는데, 이 방식이 속임수라는 것이다. 공자는 이러한 진문공의 전술을 부정적으로 평가한다. 또 주희에 의하면, 환공이 초나라와 전쟁할 때 대의를 내세웠을 뿐 술수를 사용하지 않았다고 한다. 공자는 이점을 근거로 환공을 정정당당한 인물로 평가한다.

17. 관중에 대한 공자의 평가.

子路曰: "桓公殺公子糾[1], 召忽[2]死之, 管仲不死[3]. 曰未仁[4]乎?" 子曰: "桓公九合[5]諸侯, 不以兵車[6], 管仲之力[7]也. 如其仁[8]! 如其仁!"

자로가 말했다. "(제나라) 환공이 (그의 형인) 공자 규를 죽이자, (규를 따르던) 소홀은 자살했지만 관중은 (규를 섬겼음에도 소홀처럼) 자살하지 않았다. (관중같은 사람은) 인하지 못하다고 할 수 있지요?" 공자가 말했다. "환공은 제후들을 여러 차례 규합하면서 무력을 사용하지 않았는데, 이는 관중의 능력 때문이었다. 이런 관중의 능력 정도면 인이라고 할 만하구나! 이런 관중의 능력 정도면 인이라고 할 만하구나!"

역자 해설

1. 공자규公子糾 : 환공과 함께 제나라 희공의 아들이고, 양공의 동생이다.
2. 소홀召忽 : 공자 규를 따른 제나라의 대부이다. 규가 죽자 그를 따라 자결했다.

3. 관중불사管仲不死 : 관중은 (소홀처럼 규를 따라) 자살하지 않았다.
4. 미인未仁 : 인하지 못하다. 즉 '이러한 관중은 인한 사람이라고 할 수 없겠지요?'
5. 구합九合 : 제 환공은 모두 11차례에 걸쳐 제후들을 규합했다. 이곳에서 '구합'의 '구九'는 여러 차례를 의미한다. 즉 '많다'는 의미의 허수虛數이다.
6. 불이병거不以兵車 : '병거兵車'는 전차이지만, 일반적으로 전쟁 혹은 무력 등의 의미로 쓰인다. 즉 관중은 '군대를 동원하지 않고서' 패업을 이루었다.
7. 관중지력管仲之力 : 관중의 능력이다.
8. 여기인如其仁 : '여如'는 '내乃'와 같다. 즉 관중의 패업은 인이라고 할 만하다. 혹은 인이라고 평가할 수 있다.

••• 제나라 제후인 양공이 황음무도하자 양공의 동생인 규와 소백[제 환공]은 생명의 위협을 느껴 소백은 노나라로 망명했고, 규는 거莒나라로 망명했다. 이때 관중과 포숙아鮑叔牙는 절친한 친구였는데, 관중은 규를 따랐고, 포숙아는 소백을 따랐다. 뒤에 제나라에서 공자公子 무지無知가 양공을 죽이고 제후에 올랐으나 그 역시 무도하여 제나라 사람들이 무지를 죽였다. 이때 포숙아가 소백을 모시고 제나라로 들어가 제후가 되었으니 그가 바로 제 환공이다. 공자 규는 환공과의 싸움에 패하자 다시 거나라로 돌아갔다. 당시 대국인 제나라는 공자 규와 관중 그리고 소홀을 잡아 제나라로 압송할 것을 요구하니 거나라

는 공자 규를 죽이고, 소홀과 관중을 제나라로 보냈다. 도중에 소홀은 자결했지만 관중은 죽지 않았을 뿐만 아니라 친구인 포숙아의 천거로 환공을 섬겨 천하의 패업을 이루도록 도왔다. 자로는 이러한 관중의 태도가 소홀에 비해 의롭지 않다고 생각하여 '인하지 않은 인물'로 평가한 것이다. 그렇지만 공자는 관중의 외왕外王 사업을 높게 평가하여 인이라고 허여했다.

18. 만일 관중이 없었다면 아마 우리는 오랑캐가 되었을 것이다.

子貢曰: "管仲非仁者與[1]? 桓公殺公子糾, 不能死, 又相之[2]." 子曰: "管仲相桓公覇諸侯[3], 一匡天下[4], 民到于今受其賜[5]. 微管仲[6], 吾其被髮左衽[7]矣! 豈若匹夫匹婦[8]之爲諒[9]也, 自經[10]於溝瀆[11], 而莫之知[12]也."

자공이 말했다. "관중은 인자가 아니지요? 환공이 공자 규를 죽였는데도 (소홀처럼) 자살하지 못하고 (오히려 환공을) 도와주었으니 말입니다." 공자가 말했다. "관중은 환공을 도와 여러 제후들의 패자가 되게 했고, 한번 천하의 질서를 바로 잡자 백성들이 지금까지 (관중이 베푼) 그 혜택을 받고 있으니, 관중이 없었다면 나는 머리를 풀고 옷깃을 왼편으로 묶는 오랑캐가 되었을 것이다. 어찌 일반 남녀들처럼 조그마한 신의를 지키기 위하여 (소홀처럼) 스스로 도랑에서 목을 매어 죽어 (그 죽음의 의의를) 알아주는 자가 없는 것처럼 해야겠는가?"

역자 해설

1. 관중비인자여管仲非仁者與 : 관중은 인한 사람이 아니지요? 자공 역시 자로와 마찬가지로 소홀처럼 규를 따라 자살하지 못한 점을 근거로 관중에 대한 평가가 부정적이다.
2. 상지相之 : '상相'은 재상으로도 해석 가능하고, '보좌하다'의 뜻으로도 해석 가능하다. 그러나 역자는 뒤의 '지之' 자가 대명사, 즉 환공을 지칭하기 때문에 '보좌하다'로 해석한다.
3. 패제후霸諸侯 : 제후들의 패자가 되다.
4. 일광천하一匡天下 : '광匡'은 '올바르게 잡다'의 뜻이다. '일광一匡'은 시간적으로 '빠르다'의 의미를 갖는다. 즉 환공은 제위에 오르자마자 천하의 질서를 바르게 잡았다.
5. 민도어금수기사民到于今受其賜 : '사賜'는 관중이 베푼 혜택을 의미한다. 즉 백성들이 지금까지 관중이 베푼 은혜를 받고 있다.
6. 미微 : '만일 … 아니라면, 혹은 없다면'의 뜻이다. 이미 발생한 사실과 상반된 가정에만 사용한다.
7. 기피발좌임其被髮左衽 : '기其'는 추측을 나타내는 어기사로서 '아마'의

뜻이다. '피被'의 의미는 '풀어 헤치다'의 '피披'와 서로 통한다. '피발被髮'은 '머리를 묶지 않고 풀어 늘어뜨리다'의 의미이다. 이와 반대로 '속발束髮'이 있는데, 이는 머리를 묶는 것이다. 중국의 한족과 우리의 상투가 바로 속발에 해당한다. '임衽'은 옷깃, 즉 옷 앞의 매듭을 묶는 부분이다. 피발과 좌임은 모두 소위 오랑캐의 습속이지만, 이곳에서는 '오랑캐들에게 정복당하다'는 의미로 사용된다.

8. 필부필부匹夫匹婦 : 일반 백성.
9. 량諒 : 작은 신의.
10. 자경自經 : 스스로 목매어 죽다. 소홀의 죽음을 의미한다.
11. 구독溝瀆 : 농업 관개용의 수로.
12. 막지지莫之知 : '막지지莫知之'의 도치 문장이다. '지之'는 일반 백성을 가리킨다. 즉 스스로 목을 매어 죽어도 알아주는 사람이 없는 일반 백성을 가리킨다.

••• 옷깃은 왼쪽으로 묶기도 하고 오른쪽으로 묶기도 하는데, 중국의 의복은 오른쪽으로 묶고[右衽], 오랑캐의 의복은 왼쪽으로 묶는다[左衽]고 한다. 반면 우리의 경우는 약간 다르다. 현대의 의복에서는 남자는 우임右衽, 여자는 좌임左衽이지만, 조선시대에는 모두 우임이었다. 만일 우임이라면 공자가 말한 오랑캐의 의복 습관과 다르다.

19. 공숙문자의 시호를 '문文'이라고 할만하구나!

公叔文子之臣大夫僎[1], 與文子同升諸公[2]. 子聞之曰: "可以爲文[3]矣."

공숙문자의 가신인 대부 선이 (공숙문자의 천거로) 공숙문자와 함께 조정의 신하가 되었다. 공자가 이를 듣고서 말했다. "(공숙문자가 이처럼 덕이 있고 현명하니 그의) 시호를 문이라고 할만하구나!"

역자 해설

1. 공숙문자지신대부선公叔文子之臣大夫僎 : 공숙문자는 앞에서 소개한 위나라의 대부이고, '신대부선臣大夫僎'는 '공숙문자의 가신인 대부 선이라는 사람'이다. 공숙문자에게는 가신인 대부 선이라는 사람이 있었는데, 그 사람의 능력과 품덕이 훌륭하자 그를 조정에 천거하여 그와 함께 위나라 조정의 신하가 되었다.
2. 승저공升諸公 : '공公'은 '공조公朝', 즉 위나라 조정이다. 공숙문자의 추천으로 대부인 선이 공숙문자와 함께 위나라 대신이 되다.
3. 가이위문可以爲文 : 공숙문자의 시호를 '문文'으로 할만하다.

••• 왜 이처럼 공자가 공숙문자를 칭송하는가? 주희의 『논어집주』에 따르면, 첫째는 공숙문자가 사람을 올바르게 파악한 것이고, 둘째는 자신의 신분을 내세우지 않은 것이며, 셋째는 능력 있는 사람을 천거하여 군주를 섬긴 것이다.

20. 훌륭한 인재가 조정에 많으면 군주가 무도해도 나라가 망하지 않을 수 있다.

子言衛靈公[1]之無道[2]也, 康子[3]曰: "夫如是[4], 奚而不喪[5]." 孔子曰: "仲叔圉[6]治賓客[7], 祝鮀[8]治宗廟[9], 王孫賈[10]治軍旅[11]. 夫如是, 奚其喪[12]."

공자가 (계강자에게) 위나라 영공의 무도함을 말하자 계강자가 (공자에게) 말했다. "이렇게 무도한 군주였음에도 불구하고 어찌 위나라가 망하지 않았는가?" 공자가 말했다. "중숙어가 외교를 잘 처리했고, 축타가 종묘에서 (조상과 사직의 신에 대해) 제사를 잘 올렸으며, 왕손가가 군대를 잘 정비했다. 이렇게 했는데 어찌 망하겠는가?"

역자 해설

1. 위령공衛靈公 : 위나라 군주. 이름은 원元이고, 헌공獻公의 손자이다. 부인인 남자南子와 아들인 괴외가 갈등하자 괴외를 축출했다. 후에 손자인 출공첩이 군주가 되자 괴외와 부자지간 골육상잔을 벌였다.
2. 무도無道 : 정치를 문란하게 하다.
3. 강자康子 : 노나라의 계강자이다. 부록 참조
4. 부여시夫如是 : 이와 같다. 즉 '영공이 그렇게 무도한 정치를 했음에도 (왜 망하지 않았는가?)
5. 해이불상奚而不喪 : '해奚'는 '어찌'이고, '상喪'은 '망하다'의 뜻이다. 어찌 망하지 않았습니까?
6. 중숙어仲叔圉 : 위나라 대부인 공문자孔文子이다. 부록 참조.
7. 치빈객治賓客 : 손님을 맞이하다. 이곳에서 손님은 외국의 사신을 지칭하기 때문에 이는 곧 중숙어가 외교를 잘 처리했음을 의미한다.
8. 축타祝鮀 : '축祝'은 종묘에서 일하는 관원이다. 즉 '축'은 관직 이름이다. '타鮀'는 위나라의 대부이고, 자어子魚가 그의 자이다. 말재주가 좋은 사람으로 소문이 났다. 부록 참조.
9. 치종묘治宗廟 : 종묘에서 조상과 사직의 신을 잘 모셨다.
10. 왕손가王孫賈 : 위나라 대부이다. 「팔일」 편 13에 왕손가의 일화가 나온다. 그곳에서 왕손가는 위령공을 지위만 높을 뿐 실익이 없는 아랫목 신으로 비유하고, 자신은 비록 지위는 낮지만 실속이 있는 아궁이 신이라고 자랑한다. 부록 참조
11. 치군여治軍旅 : 군사를 담당하다.

12. 해기상奚其喪 : 어찌 망하겠는가?

••• 공자는 다른 곳에서 중숙어와 축타 그리고 왕손가 세 사람을 언급하지만 그들을 현자로 평가하지는 않는다. 이들은 덕德보다는 재才를 갖춘 신하였다. 때문에 영공이 무도했음에도 불구하고 위나라가 망하지 않은 것이다.

21. 쉽게 말하지 마라.

子曰: "其言之不怍[1], 則爲之[2]也難."

공자가 말했다. "(어떤 일에 대해) 말하는 것이 (망설이면서 조심스러워하며) 부끄러워하지 않으면 그 일은 실행하기가 어렵다."

역자 해설

1. 작怍 : 주희를 비롯하여 대부분의 주석서에서 '부끄럽다'로 해석한다. 그러나 이 말 속에는 '조심하다'의 의미가 포함되어 있다.
2. 위지爲之 : 자기가 말한 것을 실천하다.

••• 어떤 일을 대면하고서 함부로 큰소리치면서 대언장어大言壯語하지 말고 자기가 말한 것을 온전하게 실행하지 못할까봐 조심하고 망설여야 함을 강조한 것이다. 자기가 말한 것을 반드시 실행해야 한다면 결코 말을 입에서 쉽게 내보낼 수 없다.

22. 무력한 군주의 명령을 따를 수밖에 없는 늙은 대부의 한탄.

陳成子[1]弒[2]簡公[3], 孔子沐浴而朝[4], 告於哀公曰: "陳恒[5]弒其君, 請討之[6]." 公曰: "告夫三子[7]." 孔子曰: "以吾從大夫之後, 不敢不告也[8], 君曰 '告夫三子者.'" 之[9]三子告. 不可[10]. 孔子曰: "以吾從大夫之後, 不敢不告也."

(제나라)의 진성자가 (당시 제나라 군주인) 간공을 시해하자, 공자는 목욕재개하고서 입조하여 (노나라 군주인) 애공에게 아뢰었다. "진항[진성자]이 그 군주인 간공을 시해했으니 진항을 토벌해야 합니다." 애공이 말했다. "세 집안 사람[맹손 · 숙손 · 계손]에게 말하시오." (공자가 밖으로 나와 혼자말로) 말했다. "나는 대부의 말석에 있기 때문에 감히 아뢰지 않을 수가 없었는데, 애공은 나에게 '세 집안 사람들에게 말하라'고 하는구나." (공자가) 세 집안 사람들에게 가서 (진성자가 간공을 살

해한 사실을 말하고 토벌해야 한다고 하자, 그들이 모두) 안 된다고 했다. 공자가 말했다. "나는 대부의 말석에 있기 때문에 감히 아뢰지 않을 수 없구나 (하면서 자신의 무력함을 탄식했다)."

역자 해설

1. 진성자陳成子 : 진성자는 제나라의 대부이고, 이름은 항恒이다. 그의 5대조 진경중陳敬仲은 제환공 때 진陳나라에서 제나라로 망명했다. 제환공이 진경중을 신임하자, 그것을 바탕으로 그 후손들이 대대로 대부 지위를 이어 가면서 세력을 확장했고, 진성자에 이르러 제나라 군주인 간공을 시해했다. 제나라는 환공 이후 권력은 군주에서 대부로 전이되어 최저崔杼가 장공莊公을 시해하고 경공景公을 군주로 세운 바가 있었다. 당시 진성자는 제나라 백성들에게 은혜를 베풀어 민심이 자신에게로 흘러가자 마침내 성을 전田씨로 바꾸고 제나라 군주가 되었다. 후에 등장하는 전성자田成子가 바로 진성자이다.
2. 시弑 : 대부 이상의 사람이 자연사를 하지 않고 타살되었을 때 시해라고 한다.
3. 간공簡公 : 제나라 군주이다. 이름은 임壬이다.
4. 목욕이조沐浴而朝 : 목욕재계하고 입조하다.

5. 진항陳恒 : 진성자의 이름

6. 토지討之 : '지之'는 진성자를 가리킨다. 즉 진성자를 토벌하다.

7. 삼자三子 : 당시 세력가인 삼환씨, 즉 맹손씨와 숙손씨 그리고 계손씨이다.

8. 이오종대부지후以吾從大夫之後, 불감불고야不敢不告也 : '나는 대부 중에서 말석에 있었기 때문에 감히 아뢰지 않을 수 없다.' 즉 비록 대부의 신분이지만 큰 세력을 갖고 있지 않다는 뜻이다.

9. 지之 : 가다.

10. 불가不可 : 할 수 없다. 공자가 당시 노나라 실권자인 세 명의 대부에게 이 사실을 아뢰자 그들은 모두 '토벌할 수 없다'고 했다. 왜 그랬을까? 맹손씨와 숙손씨 그리고 계손씨도 제나라의 진성자와 마찬가지로 대부로서 군주를 대신해 권력을 행사하는 같은 처지의 권신들이었기 때문이다. 단지 이들은 애공을 살해하고 제후에 오르지 않을 뿐이다.

••• 이곳에는 '이오종대부지후以吾從大夫之後, 불감불고야不敢不告也'라는 구절이 두 차례 나온다. 모두 다 탄식의 말이다. 앞의 것은 애공이 삼환씨에게 말하라고 하자 이에 대해서 한 말이다. 이는 군주의 명령이기 때문에 따를 수밖에 없는 현실에 대한 한탄이고, 두 번째는 무기력한 군주를 대신해 세 명의 당시 실권자들에게 찾아가 일일이 알려야 하는 현실에 대한 개탄이다.

23. 자로에게 있어 어려운 일은 군주에게 직언하는 것이 아니라 군주를 속이지 않는 것이다.

子路問事君. 子曰: "勿欺[1]也, 而犯之[2]."

자로가 군주를 섬기는 도리에 대해 물었다. 공자가 말했다. "(군주를) 속이지 말아야 하고, 군주의 면전에서 올바른 말을 해야 한다."

역자 해설

1. 물기勿欺 : 속이지 말라.
2. 범지犯之 : 주희에 의하면, '범犯'은 군주와 직접 면전에서 올바른 말을 하는 것이다.

••• 자로의 성격에 비춰보면, 군주와 대놓고 간쟁諫爭하는 것은 어려운 일이 아니다. 자로에게 있어 어려운 일은 군주를 속이지 않는 것이다. 공자는 이 점이 염려되었기 때문에 한편으로는 자로의 장점을 긍정해주면서, 다른 한편으로는 자로의 결점을 지적한 것이다.

24. 군자와 소인의 차이.

子曰: "君子上達[1], 小人下達[2]."

공자가 말했다. "군자는 (고명한 도덕 가치에 대해) 통달한 사람이고, 소인은 (재화와 명리를 추구하는 것에 대해) 통달한 사람이다."

역자 해설

1. 상달上達 : 이곳에서 상하上下는 위아래의 방위가 아니라 가치론적 의미의 상하이다. 따라서 '상달'은 고명한 도덕 가치와 인품 완성에 통달한 사람, 혹은 인의의 도덕 가치에 통달한 사람이라고 해석해야 한다. 또 '상달'을 '고명한 도덕 가치에 대해 통달하다'로 해석해도 무방하다.
2. 하달下達 : 재화와 명리를 추구한 것에 대해 통달한 사람, 혹은 재화와 명리에 대해 통달하다.

••• 위의 '상달'의 가치에 대해서는 당연히 긍정해야 하지만, 그렇다고 '하달'에 대해서 부정의 태도를 취할 필요는 없다. 왜냐하면 재화와

명리를 선호하는 것은 범인들의 가장 일반적인 태도이기 때문이다. 공자는 군자와 소인의 차이만을 말했을 뿐이다.

25. 옛날의 학자와 지금 학자의 차이점.

子曰: "古之學者爲己[1], 今之學者爲人[2]."

공자가 말했다. "옛날의 학자들은 (인격완성 등과 같은) 자기 충실을 위해 공부했지만, 지금의 학자들은 남에게 인정받아 (명예와 이익을 얻기) 위해 공부한다."

역자 해설

1. 위기爲己 : 『논어집주』에 수록되어 있는 정자程子의 말에 따르면, '위기'는 자기에게서 얻고자 하는 것이다.
2. 위인爲人 : 정자의 견해에 따르면, '위인'은 남에게 인정받고자 함이다.

••• 공자에 따르면, 옛날 사람들은 자기 충실을 위해 공부했기 때문

에 명예와 관직 등이 자연스럽게 수반되었지만, 지금 사람들은 남에게 인정을 받아 명예와 이익을 얻기 위해 자기 충실의 공부를 하는 척하지만. 목적이 달성되면 자기 충실의 학문을 곧 잊는다.

26. 사자의 겸양한 태도를 칭송하다.

蘧伯玉[1]使人[2]於孔子. 孔子與之坐而問焉曰: "夫子[3]何爲?" 對曰: "夫子欲寡其過而未能也[4]." 使者出. 子曰: "使乎[5]! 使乎!" <憲問26>

거백옥이 공자에게 사람을 파견해 문안했다. 공자가 사자와 마주 앉자 (거백옥의 근황에 대해) 물었다. "부자[거백옥]께서는 요즈음 무엇을 하고 계시는가?" (사자가) 대답했다. "부자께서는 허물을 적게 하려고 노력하지만 아직 만족스러운 경지에 이르지는 못했습니다." 사자가 물러나자, 공자가 말했다. "훌륭한 사자로구나! 훌륭한 사자로구나!"

역자 해설

1. 거백옥蘧伯玉 : 위나라의 대부이다. 거蘧는 그의 성이고, 이름은 원瑗이다. 공자가 위나라에 있을 때 거백옥의 집에 거주했고, 거백옥을 섬겼다. 때문에 거백옥을 부자夫子라고 호칭한 것이다.
2. 사인使人 : 거백옥이 사람을 파견하여 공자에게 문안했다.
3. 부자夫子 : 여기서는 '거백옥'을 가리킨다.
4. 욕과기과이미능야欲寡其過而未能也 : 허물을 적게 하려고 노력하지만 잘 안되다. 즉 거백옥은 자신에게서 허물을 없애려고 노력을 하지만 아직 만족스러운 경지에 이르지 못했다.
5. 사호使乎 : 훌륭한 사자로다.

••• 이곳에서 공자는 두 차례나 사자를 칭송한다. 왜 그랬는가? 그것은 바로 앞의 '거백옥이 허물을 적게 하려고 노력하지만 아직 만족스러운 경지에 이르지 못했다'는 사자의 겸손한 말 때문이다. 허물을 없애려고 노력한다는 것은 거백옥이 자신을 성찰하면서 근신한다는 것이고, 아직 만족스러운 경지에 이르지 못했다는 것은 주인인 거백옥을 낮추면서 오히려 겸양의 태도로 거백옥의 훌륭함을 더욱 부각시켰기 때문이다.

27. 그 직위에 있지 않은 사람은 그 직위에 관한 정사를 논하지 않아야 한다.

子曰: "不在其位[1], 不謀其政[2]."

공자가 말했다. "(어떤 정치적) 직위에 있지 않다면 (그 직위에 해당한) 정무를 논하지 않아야 한다."

역자 해설

1. 부재기위不在其位 : '그 지위에 있지 않다.' 즉 어떤 정치적 지위를 갖고 있지 않다.
2. 불모기정不謀其政 : '모謀'는 '논의하다'이고, '정政'은 그 지위에서 논의해야 할 정무政務 혹은 정사政事이다. 즉 어떤 정치적 지위를 갖지 않은 사람은 그 지위에 해당하는 정무에 관해 논의하지 않아야 한다.

••• 이곳에서의 공자 말은 「태백」 14에 동일하게 출현한다.

28. 군자는 자신의 지위에 벗어난 일을 생각하지 않는다.

曾子曰: "君子思不出其位[1]."

증자가 말했다. "군자는 생각하는 것이 자신의 지위에 벗어나지 않아야 한다."

역자 해설

1. 불출기위不出其位 : 앞의 공자 말과 내용은 같다. 단지 말한 주체가 다를 뿐이다.

••• 자신이 선비이면 선비의 지위에 합당한 생각을 하고, 대부의 지위에 있으면 그 지위에 맞는 생각을 하면서 그 직과 합당한 의무를 다해야 한다. 이것도 공자가 말한 정명론正名論의 다른 표현이다.

29. 군자는 말이 행동보다 지나쳐서는 안 된다.

子曰: "君子恥其言[1]而過其行[2]."

공자가 말했다. "군자는 그 말이 행동보다 지나침을 부끄럽게 생각해야 한다."

역자 해설

1. 치기언恥其言 : 이 구절을 '그 말을 부끄럽게 생각한다'로 해석하면 안 된다. 주희는 '조심하다'로 해석했다. 그 뜻이 통하지 않는 것은 아니지만 적절하지는 않다. 마땅히 뒤 구절의 '과過'와 연계시켜 해석해야 한다. '과'는 지나침이기 때문에 그 말이 …보다 지나침에 대해 부끄럽게 생각해야 한다.
2. 과기행過其行 : 행동보다 지나치다. 즉 그 말이 행동보다 지나치다.

••• 군자는 말하기 전에 먼저 그것을 실천할 수 있는 지를 생각해야 한다. 또 행동하기 전에 평소 자신의 말과 부합하는지에 대해서도 반성해야 한다.

30. 공자 자신에 대한 평가.

子曰: "君子道者三[1], 我無能焉[2]. 仁者不憂[3], 知者不惑[4], 勇者不懼[5]." 子貢曰: "夫子自道[6]也."

공자가 말했다. "군자가 자신의 인격을 완성해가는 길은 세 가지가 있는데, 나는 그중에서 한 가지도 잘한 것이 없다. 어진 자는 근심하지 않고, 지혜로운 자는 미혹되지 않으며, 용기 있는 자는 두려워하지 않는다." 자공이 말했다. "이는 스승께서 자신을 말씀하신 것이다."

역자 해설

1. 군자도자삼君子道者三 : 군자가 자신의 덕을 완성해가는 길은 세 가지가 있다. '도道'는 방향 혹은 방법으로 해석 가능하다.
2. 아무능언我無能焉 : 나는 이 중에서 한 가지도 잘한 것이 없다. 이는 공자가 자신을 낮추어 표현한 것으로, '근신하고 조심하다'는 뜻이 포함되어 있다.
3. 인자불우仁者不憂 : 이 구절과 아래의 두 구절은 「자한」 28에 보인다. 단지 인자仁者와 지자知者의 순서만이 바뀌었을 뿐이다. 『논어』에서

공자는 자주 안회의 안빈낙도를 칭송하면서, 그것을 근거로 안회의 인함을 긍정한다. 주희는 "천리는 사욕을 충분히 극복할 수 있기 때문에 근심하지 않는다"고 했지만, 역자는 오히려 오로지 '인자만이 안회처럼 안빈낙도 할 수 있기 때문에 근심하지 않는다'로 해석한다.

4. 지자불혹知者不惑 : 주희에 의하면, 지혜의 밝음은 사물의 이치를 충분히 밝힐 수 있기 때문에 미혹되지 않는다. 대부분 미혹은 사물에 대한 이해 부족에서 비롯된다. 지혜로운 사람은 사물의 이치를 올바르게 이해하고 있기 때문에 외물에 미혹당하지 않는다.
5. 용자불구勇者不懼 : 주희는 '기운은 도의와 합치하기 때문에 두려워하지 않는다'고 한다. 주희의 이러한 해석은 맹자의 부동심不動心과 호연지기浩然之氣를 근거로 한 것이다.
6. 부자자도夫子自道 : '도道'는 '말하다'의 뜻이다. 즉 공자가 자신을 겸손하게 말한 것이다.

••• 공자가 비록 위의 세 가지 덕목 중에서 완전하게 실행한 것이 하나도 없다고 했지만, 이는 겸손의 표현이다. 또한 그렇게 말함으로서 자신에 대한 근신과 경계를 다짐하고 있다.

31. 자공의 태도를 힐난하다.

子貢方[1]人. 子曰: "賜[2]也賢乎[3]哉! 夫我則不暇[4]."

자공이 타인을 자신과 비교하면서 비평하자, 공자가 말했다. "사[자공]는 현명한 사람인가보다! 나는 (남과 비교하면서 그를 비평할만한) 겨를이 없다."

역자 해설

1. 방方 : '비방하다'의 '방謗'과 의미가 통한다. 혹은 '남과 자신을 비교하면서 비평하다'로 해석하기도 한다.
2. 사賜 : 자공의 이름.
3. 현호賢乎 : (자공은) 현명한 사람인가? 자공에 대한 회의와 비난 그리고 약간의 조롱도 포함되어 있다.
4. 가暇 : 한가하다.

••• 이곳에서 공자는 '나는 자신의 인격완성에도 시간이 부족한데 남들까지 비평할 수 있는 겨를이 있겠는가'라고 하면서 자공의 태도를 힐난한다. 공자는 다른 곳에서 군자는 자신의 과오에 대해서는 엄하게

질책하고, 타인의 잘못에 대해서는 아량을 베풀 것을 강조한다.

32. 먼저 자신의 무능에 대해 걱정하라.

子曰: "不患[1]人之不己知[2], 患其不能[3]也."

공자가 말했다. "남이 자신을 알아주지 못함을 걱정하지 말고 (먼저) 자신의 무능함을 걱정하라."

역자 해설

1. 불환不患 : 걱정하지 마라.
2. 불기지不己知 : 이는 '부지기不知己'의 도치 표현이다. 즉 자기를 알아주지 않는다.
3. 환기불능患其不能 : '불능不能'은 무능의 의미이다. 즉 자신의 무능함에 대해 먼저 걱정하라.

••• 「위령공」에서도 "군자는 자신의 무능함을 걱정할 뿐 남이 자신을 알아주지 않는 것을 걱정하지 않는다[君子病無能焉, 不病人之不己知

也]"라고 한다. 같은 말이다.

33. 미리 억측하지 말라.

子曰: "不逆[1]詐[2], 不億[3]不信. 抑[4]亦先覺[5]者, 是賢乎[6]!"

공자가 말했다. "남이 자기를 속일 것이라고 미리 짐작하지 말고, 남이 자신을 믿지 않을 것이라고 미리 생각하지 말아야 한다. 그러나 (설령 그렇다고 할지라도 타인 마음의 진실함과 거짓됨에 대해서) 미리 깨닫는 사람이라면, 현명한 사람이라고 할 수 있다."

역자 해설

1. 불역不逆 : 주희에 의하면, '역逆'은 '아직 이르지 않은 일을 짐작하는 것이다.' '불역'은 '남이 자기를 속일 것이라고 미리 짐작하지 않는다'는 뜻이다.
2. 사詐 : 속이다.
3. 불억不億 : 미리 생각하지 않는다.

4. 억抑 : 그러나.

5. 선각先覺 : 주희에 의하면, 비록 남이 자신을 속일 것이라고 미리 짐작하지도 않고, 자신을 믿지 않을 것이라고 미리 생각하지 않아도, 타인의 진실함과 거짓됨에 대해서는 당연히 미리 깨달아야 한다. 이것이 바로 '선각'의 의미이다.

6. 현호賢乎 : 현명한 사람이다.

••• 억측은 불필요한 일이지만 타인의 언행을 보고서 그 사람 마음의 진실성 여부를 판단하는 것은 현자로서 당연히 할 수 있는 일이다.

34. 나는 말재주를 파는 사람이 아니라 변통이 없는 사람을 싫어할 뿐이다.

微生畝[1]謂孔子曰: "丘何爲是栖栖[2]者與? 無乃[3]爲佞[4]乎?" 孔子曰: "非敢爲佞也, 疾[5]固[6]也."

미생무가 공자를 (비평하면서) 말했다. "구[공자]는 왜 이리 이곳저곳 정처 없이 떠돌아다니는가? 혹시 말재주로 (벼슬이나 구하려고 하는 것) 아닌가?" 공자가 말했다. "내 감히 말재주로 벼슬이나 구하려고 하는 것은 아니지만 (당신처럼) 답답하고 변통이 없는 사람은 싫어한다."

역자 해설

1. 미생무微生畝 : '미생微生'은 성이고, '무畝'가 이름이다. 이곳에서 미생무가 공자의 이름을 '구丘'로 칭하면서 공자와 대화를 하는 것을 보니 아마 공자보다 나이가 많은 도가류의 은자隱者인 것 같다. 『논어』에 출현하는 은자들은 대부분 공자의 이름을 불렀고, 조롱하는 언사를 자주 사용한다. 미생무 역시 마찬가지이다.
2. 서서栖栖 : 정처 없이 이곳저곳 사방으로 떠돌아다님을 말한다. 즉 공자가 열국列國을 주유함을 빈정거린 것이다.
3. 무내無乃 : '바로 … 아닌가?'
4. 위녕爲佞 : 주희는 '말로써 사람들을 기쁘게 한다'로 해석했지만, '말재주로 벼슬을 구하려고 한다'로 해석하는 것이 합리적이다.
5. 질疾 : 싫어하다, 혹은 미워하다.
6. 고固 : 한가지만을 고집하고서 변통하지 못하는 사람이다.

••• 『논어』에는 많은 은자들이 출현한다. 그들의 마음에는 오로지 '나'라는 의식만이 있고 공동체에 대한 의무 의식이 부재하다. 이곳에서 공자는 미생무와 같은 은자들의 처세를 답답하고 고루하다고 비난한다.

35. 사람들이 천리마를 칭찬하는 것은 말의 힘이 아니라 훈련된 모습 때문이다.

子曰: "驥[1]不稱[2]其力[3], 稱其德[4]也."

공자가 말했다. "기를 (천리마라고 칭찬하는 것은) 그 말의 (선천적인) 힘을 칭찬하는 것이 아니라 (후천적으로) 잘 조련된 그 말의 모습을 칭찬하는 것이다."

역자 해설

1. 기驥 : 천리마와 같은 좋은 말.
2. 불칭不稱 : 칭찬하지 않는다.
3. 기력其力 : 그 말의 힘. 그 말이 갖고 있는 능력이다.
4. 기덕其德 : 그 말의 훈련됨, 혹은 잘 훈련되어 있는 모습을 가리킨다.

••• '기력'이 말의 선천적 능력을 말한 것이라면, '기덕'은 후천적인 훈련을 말한 것이다. 사람으로 말하면, '기력'은 그 사람의 선천적인 능력이고, '기덕'은 후천적으로 꾸준히 성찰하고 근신하면서 덕성을 함양하는 것이다.

36. 공자가 말한 정직의 의미.

或曰: "以德報[1]怨[2]何如?" 子曰: "何以報德[3]? 以直[4]報怨, 以德報德[5]?"

혹자가 말했다. "은덕으로써 원한을 갚으면 어떻습니까?" 공자가 말했다. "(원한을 은덕으로 갚는다면) 은덕은 무엇으로써 갚을 것인가? (합리성을 내용으로 하는) 정직으로써 원한을 갚아야 하고, 은덕으로써 은덕을 갚아야 한다."

역자 해설

1. 보報 : '갚아주다' 혹은 '대하다'의 의미이다.
2. 원怨 : 원수, 혹은 원한.
3. 하이보덕何以報德 : '덕德'은 은혜의 의미이다. 즉 '은혜는 무엇으로 갚겠는가?'
4. 직直 : 일반적으로 '정직'으로 번역한다. 역자 역시 정직함으로 번역하지만, 공자가 말한 정직에는 '의義'라는 합리성의 의미가 포함되어 있다.
5. 이덕보덕以德報德 : 은혜는 반드시 은혜로 갚아야 한다.

••• 인류라는 공동체에서 서로 다른 윤리관이 적용될 수 있는 여지는 있다. 그러나 시공을 초월하여 공통적으로 적용되는 윤리관이 있다. 대표적인 것으로 '배은망덕背恩忘德'과 '망은부의忘恩負義'를 들 수 있다. 이 두 가지 유형의 행위에 대해 그 가치를 긍정하는 사람은 아무도 없다. 천하의 패악무도한 간신들도 자신은 수많은 은인들을 배신하지만 자신을 배신한 사람에 대해서는 배은망덕이라고 비난한다. 공자는 은혜에 대해서는 반드시 은혜로 갚아야 하지만, 원한에 대해서는 '직直'의 방식으로 갚아야 한다고 주장한다. 이때의 '직'은 곧 합리성을 의미한다. 자신에게 원한을 준 사람이 반성을 한다면 용서할 수 있지만, 끝까지 궤변으로 변명한다면 그에 상응하는 방식으로 되갚아주라는 것이다. 공자의 윤리관에 '원수까지 사랑하라'는 윤리관은 없다.

37. 나는 하늘을 원망하지도 않고, 사람들을 탓하지도 않는다.

子曰: "莫我知也夫[1]!" 子貢曰: "何爲其莫知子也[2]!" 子曰: "不怨天[3], 不尤人[4]. 下學而上達[5]. 知我者其天乎[6]!"

공자가 말했다. "나를 알아주는 이가 없구나!" (이에) 자공이 말했다. "왜 스승님을 알아주는 이가 없다고 하십니까?" 공자가 말했다. "(나는 나를 알아주는 사람이 없다고 해서) 하늘을 원망하지도 않고, 사람들을 탓하지도 않는다. 아래의 (인간사부터) 하나하나 배워나가 위로 (하늘의 이치를) 통달할 것이니, 아마 나를 알아주는 이는 하늘일 것이다."

역자 해설

1. 막아지야부莫我知也夫 : 이 구절은 '막지아야부莫知我也夫'의 도치문이다. '부夫'는 의문을 나타내는 어기사이다. 전체 구절의 의미는 '나를 알아주는 사람이 없다' 혹은 '아무도 나를 이해하지 못한다'는 것이다.
2. 하위기막지자야何爲其莫知子也 : '하위何爲'는 '위하爲何'의 도치문이고, '기其'는 의문을 나타내는 어기사이다. 이 구절의 의미는 '왜 스승님을 알아주는 사람이 없다고 하십니까'이다.
3. 불원천不怨天 : 하늘을 원망하지 않는다.
4. 불우인不尤人 : '우尤'는 '탓하다'의 뜻이다. 즉 다른 사람을 탓하거나 원망하지 않는다..
5. 하학이상달下學而上達 : 이곳에서 '하학下學'은 시서예악의 인문 지식을 포함한 인간사의 모든 법도와 원리 등에 대한 학습을 지칭한다. '상달上達'은 '원만지극한 하늘의 이치에 통달하다'의 뜻이다. 즉 인간사의 일부터 차근차근 배워나가 종국에는 천도를 깨닫는 지경에 이른다.
6. 지아자기천호知我者其天乎 : 이곳에서의 '기其' 역시 추측을 나타내는 어기사로서 '아마'의 뜻이다. 사람들은 나의 진정한 가치를 이해하

지 못하지만 하늘은 나를 알아줄 것이다.

••• 우리는 일이 뜻대로 진행되지 않으면 타인을 원망하거나 하늘을 원망하기도 한다. 하늘에 대한 가장 흔한 원망은 '하늘도 무심하시지'라는 표현일 것이다. 공자가 말한 '아래의 인간사부터 차근차근 배워나가 위로 하늘의 이치를 통달할 것이다'는 하늘과 타인에 대한 원망 대신에 모든 것을 자신에게 회귀시켜 스스로 책임을 진다는 의미가 내재되어 있다.

38. 운명에 대한 공자의 견해.

公伯寮[1]愬[2]子路於季孫. 子服景伯[3]以告[4] 曰: "夫子[5]固有惑志於公伯寮[6]. 吾力猶能肆諸市朝[7]." 子曰: "道之將行[8]也與, 命也. 道之將廢[9]也與, 命也. 公伯寮其如命何[10]!"

(계손씨의 가신인) 공백료가 자로를 계손씨에게 모함했다. 자복경백이 (이 사실을) 공자에게 아뢰었다. "계손씨는 확실히 공백료에게 속아 넘어가 마음이 흔들렸습니다. 나의 힘으로써도 (공백료 따위는) 참수하여 저자거리에 효수할 수도 있습니다." 공자가 말했다. "도가 장차 실행되려는 것도 운명이고, 도가 장

차 무너지려고 하는 것도 운명이다. 그런데 공백료 따위가 운명을 어찌할 수 있겠는가!"

역자 해설

1. 공백료公伯寮 : 공백公伯은 성이고, 료寮는 이름이다. 『사기』「중니제자열전仲尼弟子列傳」에는 공백료의 자는 자주子周이고, 노나라 사람이며, 자로와 동시기에 노나라 계손씨의 가신이었다고 기록되어 있다.
2. 소愬 : '알리다'의 '소訴'와 같은 의미이지만, 이곳에서는 '거짓말로 남을 참소하다'는 의미이다.
3. 자복경백子服景伯 : 노나라의 대부이다. 이름은 '하何'이다. 주희는 '자복子服'은 성씨이고, '경景'은 사후에 봉해진 호이며, '백伯'은 자라고 한다.
4. 이고以告 : '이지고공자以之告孔子'의 생략이다. 즉 공백료가 계손씨에게 자로를 모함한 사실을 공자에게 알리다.
5. 부자夫子 : 이곳의 부자는 계손씨를 지칭한다.
6. 고유혹지어공백료固有惑志於公伯寮 : '고固'는 '확실히'의 뜻이고, '혹지惑志'는 속아 넘어간 마음이다. '계손씨는 확실히 공백료의 참소에 속아 마음이 흔들렸다.'
7. 사저시조肆諸市朝 : '사肆'는 '범죄자를 주살하여 효수한다'는 의미이고, '저諸'는 '어디에'의 의미이며, '시조市朝'는 본래 시장과 조정을 가

리킨다. 고대에는 대부가 죄를 범하여 주살당하면 조정에 효수하고, 일반 지식인들이 죄를 범하여 주살할 경우에는 시장 거리에 효수한다. 그러나 이곳에서의 '시조'는 일반 공공장소 즉 군중들이 밀집한 저자거리를 가리킨다.

8. 도지장행道之將行 : 장차 도가 실행되려 한다.
9. 도지장폐道之將廢 : 장차 도가 무너지려 한다.
10. 공백료기여명하公伯寮其如命何 : 공백료 따위가 운명을 어찌 할 수 있겠는가?

••• 운명이라는 것은 개인의 주관적인 의지로써는 어찌할 수 없는 객관적인 제한이다. 이러한 운명을 자로에 대한 공백료의 참소 사건에 적용하면, 공백료의 참소로 계손씨가 자로를 내치는 것도 운명이라고 할 수 있을 것이다. 그러나 공자는 '공백료 따위가 운명을 어찌 할 수 있겠는가'라고 한다. 이는 곧 '공백료가 비록 자로를 계손씨에게 참소했지만 그 정도의 인물이 어찌 운명을 거역하면서 계손씨의 마음을 바꾸게 할 수 있겠는가'의 뜻이다.

39. 현명한 사람은 도가 없는 세상을 피한다.

子曰: "賢者[1]辟世[2], 其次[3]辟地[4], 其次辟色[5], 其次辟言[6]."

子曰: "作者[7]七人[8]矣."

공자가 말했다. "현명한 사람은 (도가 없는) 어지러운 세상을 피하고, 그 다음 (도가 실행되지 않는) 나라를 피하며, 그 다음 무례한 안색을 (드러내는 사람을) 피하고, 그 다음 나쁜 말을 (하는 사람을) 피한다." 공자가 (또 다시) 말했다. "이렇게 한 사람으로 일곱 사람이 있었다."

역자 해설

1. 현자賢者 : 현명한 사람.
2. 피세辟世 : 도가 없는 혼란한 세상을 피한다.
3. 기차其次 : 그 다음.
4. 피지辟地 : 도가 실행되지 않은 혼란한 나라를 피한다.
5. 피색辟色 : 주희는 '예모가 쇠하면 떠나다'고 했지만, 그것보다는 '무례한 안색을 나타내는 사람을 피하다'로 해석하는 것이 합리적이다.
6. 피언辟言 : 나쁜 말을 하는 사람을 피하다.
7. 작자作者 : 주희에 의하면, '일어나 은둔하려고 떠난 사람'이라고 하는데, 자연스럽지 못하다. 역자는 '그렇게 한 사람' 혹은 위의 네 가지 태도를 취한 사람으로 해석한다.
8. 칠인七人 : 공자가 말한 7인이 누구인지 여러 설이 있지만, '누구인지

알 수 없다'는 주희의 주장이 맞다. 억측은 오히려 불필요한 오해만을 초래할 뿐이다.

••• 도가 없는 어지러운 세상과 나라 그리고 무례한 태도를 보이는 사람과 험담을 하는 사람을 피한다는 것은 자칫 소극주의 태도로 보일 수도 있다. 그러나 공자는 당시 다른 처사들에 비해 누구보다도 공동체에 대한 의무를 강조한 사람이다. 따라서 소극적 회피보다는 불필요한 화를 초래하지 않으려는 근신의 태도로 보는 것이 적절하다.

40. 공자는 불가한 줄 알면서도 하는 사람이다.

子路宿於石門[1], 晨門[2]曰: "奚自[3]?" 子路曰: "自孔氏[4]." 曰: "是知其不可而爲之者[5]與?"

자로가 (성곽의 외문인) 석문에서 유숙하고, (새벽에 성으로 들어가려고 하자) 성문을 열어주는 문지기가 (자로에게) 물었다. "어디서 왔는가(누구의 제자인가)?" 자로가 말했다. "공씨에게서 왔다(공자의 제자이다)." (문지기가) 말했다. "아! 그 불가능한 줄을 알면서도 하는 사람 말인가?"

역자 해설

1. 석문石門 : 주희는 '석문'이 지명이라고 한다. 그렇다면 뒤의 '신문晨門'과 잘 연계되지 않는다. 역자는 '석문'을 지명이 아니라 성곽의 외문外門으로 해석한다.
2. 신문晨門 : 아침에 성문을 열어주는 사람이다. 이 사람의 이름을 알 수 없으니 아침에 문을 열어준 사람이라는 뜻으로 '신문'이라고 한 것이다. 도가철학의 선구자인 은자隱者일 것이다.
3. 해자奚自 : 문자의 의미는 '어디에서 왔는가'이지만, 실제 의미는 '누구의 제자인가'이다. 때문에 자로가 '자공씨自孔氏'라고 대답한 것이다.
4. 자공씨自孔氏 : 문자의 의미는 '공자로부터 왔다'이지만, '공자의 제자이다'가 실질 의미이다.
5. 시지기불가이위지자是知其不可而爲之者 : 불가능한줄 알면서도 하는 사람. 즉 답답한 사람이라는 뜻이다.

••• 신문은 공자를 인의의 도덕정치가 실현될 수 없음을 알고서도 미련하게 그러한 정치를 추구하는 사람이라고 조롱한다. 『논어』에는 공자를 조롱하는 은자들의 언사가 많이 출현한다. 그들은 정치에 종사하려는 공자를 비난하고, 예악의 가치를 부정하며, 도도하게 흐르는 공리주의 물결에 대한 무모한 도전을 하는 공자의 미련함을 조롱하기도 한다.

41. 세상사를 잊는 것을 과감하다고 할 수는 있지만, 그것은 그리 어려운 일이 아니다.

子擊磬[1]於衛, 有荷蕢[2]而過孔氏之門者, 曰: "有心哉[3], 擊磬乎!" 旣而[4]曰: "鄙哉[5]! 硜硜[6]乎! 莫己知也, 斯已而已矣[7]. 深則厲[8], 淺則揭[9]." 子曰: "果哉[10]! 末之難[11]矣."

공자가 위나라에서 경쇠를 치고 있는데, (어떤 사람이) 삼태기를 메고서 공자가 거주하고 있는 집 문 앞을 지나가면서 (공자의 경쇠 치는 소리를 듣고서) 말했다. "마음을 (천하에) 두고서 경쇠를 치는구나!" 조금 있다가 말했다. "비루하구나! (마음을 천하에 두고서 경쇠를 치니) 그저 땡땡 돌 때리는 소리만 나는구나! 자신을 알아주는 사람이 없으면 그만두어야지. (『시경』에서) '물이 깊으면 (어차피 바지가 물에 젖으니) 바지를 입고 건너야 하고, 물이 얕으면 바지를 걷어 올리고 건너야 한다'고 했다." (공자가 이 말을 듣고서) 말했다. "(세상의 일을 잊는 너의 태도는) 과감하다고 할 수 있지만, (그것은 내가 하려는 일에 비해) 어려울 것이 없다."

역자 해설

1. 격경擊磬 : '경磬'은 돌로 만든 타악기이다. 즉 경을 치다.
2. 하궤荷簣 : '하荷'는 '짊어지다' 혹은 '메다'이고, '궤簣'는 흙을 담는 삼태기이다. 즉 삼태기를 메다.
3. 유심재有心哉 : '마음을 천하의 일에 두고 있구나!'
4. 기이旣而 : 조금 지나서.
5. 비재鄙哉 : 비루하구나!
6. 갱갱硜硜 : 원래 '경'의 소리는 아름답게 들려야 하는데, 공자가 마음을 천하에 두고 있으니 경을 치는 소리가 그저 돌 때리는 소리처럼 들린다.
7. 막기지야莫己知也, 사이이의斯已而矣 : '막기지莫己知'는 '막지기莫知己'의 도치문이다. '자기를 알아주는 사람이 없다'는 뜻이다. '사이斯已'는 '그만두다'의 의미이다. 즉 '자기를 알아주는 사람이 없으면 그만두면 된다.'
8. 심즉려深則厲 : 이 구절과 '천즉게淺則揭'는 『시경』「패풍邶風. 포유고엽匏有苦葉」에 보인다. '천즉게'에 대한 해석은 거의 통일되어 있는데, '심즉려'에 대한 해설은 서로 다르다. 하나는 '물이 깊으면 옷을 벗고 건너다'이고, 다른 하나는 '물이 깊으면 옷을 입고 건너다'이다. 두 해석이 완전히 다르다. 역자는 후자를 택한다. 왜냐하면 물이 얕으면 당연히 바지를 약간 걷어 올리고 건너면 된다. 그러나 물이 허리 이상 깊으면 아무리 위로 걷어 올려도 바지는 젖게 된다. 따라서 아예 바지를 입고 건너는 것이다. 이는 상황에 따라서 응변해야 함을 말한

것이다. 공자를 조롱하는 사람에 의하면, 지금의 시대는 바지를 약간 올리고 물을 건너는 시기가 아니라 아예 바지를 입고 건너야 하는 시대이다. 이는 곧 정치에 관심을 두지 말고 은자들처럼 자연에 은거해야 함을 주장한 것이다.

9. 천즉게淺則揭 : 물이 얕으면 바지를 걷어 올리고 건너다.

10. 과재果哉 : 과감하구나! 이는 공자가 은자의 조롱에 대한 답변이다. 즉 세상사를 잊고서 자연과 함께 유유자적하는 너의 판단과 결정은 참으로 과감하다고 할 수 있구나!

11. 말지난末之難 : '말末'은 없다, 즉 '무無'와 같다. '말지난'은 너처럼 세상사를 잊고 자연에 묻혀 사는 것은 내가 하려는 일에 비해 어려울 것이 없다는 뜻이다.

••• 은자는 공자가 세상에 마음을 두고서 경쇠를 치니 아름다운 소리가 나지 않고 그저 땡땡 소리만 난다고 비난한다. 본래 음악은 마음과 악기 그리고 자연의 물상이 합일되어 하나의 소리로 나와야 한다. 그런데 마음을 천하의 일에 두고서 경을 치고 있으니 경의 소리와 마음 그리고 자연의 물상이 서로 따로 떨어져 있다는 것이다. 그러나 공자는 '세상의 일을 잊고 사는 당신들의 과감한 태도를 긍정할 수 있지만 그것은 자신이 하려는 일에 비해 쉬운 일이다'라고 한다. 공자다운 대답이다.

42. 고대 관리들의 3년 복상.

子張曰: "書[1]云 '高宗[2]諒陰[3]三年不言[4]', 何謂[5]也?" 子曰: "何必高宗? 古之人皆然. 君薨[6], 百官[7]總己[8], 以聽於冢宰[9]三年.

자장이 말했다. "『서경』에서 '고종은 묘막에서 복상하면서 3년 동안 말하지 않았다'고 하는데, 이는 무슨 뜻입니까?" 공자가 말했다. "어찌 고종만이 (3년 동안 복상하면서 말을 하지 않았겠는가?) 옛날 사람들은 모두 그랬다. 군주가 죽으면 모든 관리들은 자기가 맡은 직무를 총괄하여 수행하면서 3년 동안 재상의 명령에 따랐다."

역자 해설

1. 서書 : 『서경』이다. 고종에 관한 일은 『서경』「무일無逸」 편에 보임.
2. 고종高宗 : 고종은 은왕조 무정武丁이다. 은왕조를 부흥시킨 군왕이다.
3. 양음諒陰 : '양암梁闇'이라고 쓰기도 한다. 부모 사후 부모의 무덤 곁에 묘막을 지어놓고 그곳에서 복상하는 것이다.
4. 삼년불언三年不言 : 삼년 동안 말을 하지 않다.

5. 하위何謂 : 무슨 말입니까? 혹은 무슨 뜻입니까?
6. 훙薨 : 군주 혹은 제후가 죽는 것.
7. 백관百官 : 모든 관리들
8. 총기總己 : 군주가 복상 중인 3년 동안은 군주가 정무를 볼 수 없다. 이때는 모든 관리들이 자기의 직무를 총괄하여 재상의 명령에 따른다. 따라서 복상 중인 군주는 어떤 말을 하지 않아도 되는 것이다.
9. 총재冢宰 : 태재太宰라고 하기도 한다. 재상과 같은 직책이다.

••• 공자는 부모의 죽음에 3년 복상하는 것은 천하 모든 사람들이 긍정하는 통상通喪이라고 한다. 3년 복상의 근거로, 임신 1년, 수유기 1년, 걸음을 떼고 홀로 식사하는 배움의 시기 1년을 든다. 즉 최소한 3년 동안은 부모의 도움 없이 생존할 수 없다. 3년 복상은 3년의 은혜에 대한 최소한의 도리이다.

43. 군주가 예를 좋아하면 백성들이 잘 따른다.

子曰: "上[1]好禮[2]則民易使[3]也."

공자가 말했다. "윗사람이 예를 좋아하면 백성을 부리기가 쉽다."

역자 해설

1. 상上 : 대표자는 군주이지만, 범범하게 윗자리에 있는 사람으로 해석하는 것이 좋다.
2. 호례好禮 : 예를 좋아하다.
3. 이사易使 : 부리기 쉽다, 혹은 다스리기 쉽다.

••• 왜 예를 좋아하면 백성을 부리기 쉽게 되는가? 예는 합리성을 내용으로 하고, 의무와 권리의 분계를 정확하게 하는 것이다. 자신의 의무를 먼저 다하고, 타인의 권리를 침해하지 않는 것이 예이다. 그렇기 때문에 예는 모든 사람들에게 유효하게 적용되는 것이다.

44. 군자의 수양은 백성들의 삶을 안정시키는 일에까지 확장되어야 한다.

子路問君子. 子曰: "修己以敬[1]." 曰: "如斯而已乎[2]?" 曰: "修己以安人." 曰 : "如斯而已乎?" 曰: "修己以安百姓[3]. 修己以安百姓, 堯舜其猶病諸[4]!"

자로가 군자에 관하여 물었다. 공자가 말했다. "자신을 수양하여 공경하는 마음을 잘 간직해야 한다." (자로가 또) 말했다.

"그렇게만 하면 됩니까?" (공자가) 말했다. "자신을 수양하여 다른 사람들을 편안하게 해주어야 한다." (자로가 또) 말했다. "그렇게만 하면 됩니까?" (공자가) 말했다. "자신을 수양하여 백성들의 삶을 편안하게 해주어야 한다. 자신을 수양하여 백성들의 삶을 편안하게 해주는 일은 아마 요임금과 순임금도 실천하기 어려웠을 것이다."

역자 해설

1. 수기이경修己以敬 : '이以'는 '…로써'로 해석하면 안 되고, '이而'와 같은 접속사로 해석해야 한다. 즉 '공경으로써 자기를 수양하다'로 해석하는 것보다 '자기를 수양하여 공경하다'로 해석하는 것이 적절하다.
2. 여사이이호如斯而已乎 : 그렇게만 하면 됩니까?
3. 수기이안백성修己以安百姓 : 이때 '수기修己'의 주체는 군주를 비롯한 치자治者 계급이다.
4. 요순기유병저堯舜其猶病諸 : '기其'는 추측을 나타내는 어기사로서 '아마'의 뜻이다. '병저病諸'는 '그 일을 걱정하다' 혹은 '그 일을 어려워하다'의 뜻이다. 즉 요순도 자기를 수양하여 백성들의 삶을 편안하게 해주는 일을 어렵게 생각했다.

••• 이곳에서 공자는 유가철학의 기본 방향인 내성內聖과 외왕外王을 말

하고 있다. 자신을 수양하는 것이 내성이라면, 타인과 백성들의 삶을 안정되게 하는 것은 외왕에 관한 일이다.

45. 무례한 자신의 친구를 질책하다.

原壤[1]夷俟[2]. 子曰: "幼而不孫弟[3], 長而無述焉[4], 老而不死[5], 是爲賊[6]." 以杖[7]叩其脛[8].

(공자의 옛 친구인) 원양이 (무례하게) 걸터앉은 자세로 공자를 기다리고 있었다. 공자가 (이를 보고서) 말했다. "(원양 자네는) 어려서는 겸손하지도 않았고 형제들과 우애하지도 않았으며, 어른이 되어서는 (누구에게도) 칭송받는 일이 없었고, 늙어서 그저 죽지 않고 있을 뿐이니 자네야말로 해로운 존재이다"라고 하면서 (들고 있던) 지팡이로 (원양의) 정강이를 때렸다.

역자 해설

1. 원양原壤 : 주희에 의하면, 원양은 노나라 사람으로 공자의 옛 친구이다. 자기의 어머니가 죽었을 때 노래를 불렀다고 하는 것을 보면, 도

가류에 속한 은자 같다.

2. 이사夷俟 : '이夷'는 '준거蹲踞'의 뜻으로 걸터앉자 있는 모양이다. '사俟'는 '기다리다'는 뜻이다. 이는 곧 원양이 걸터앉은 상태로 공자를 맞이함을 말한 것이다. 고대의 예법에서는 걸터앉은 자세를 무례한 행동으로 간주한다. 때문에 공자가 그를 질책한 것이다.
3. 유이불손제幼而不孫弟 : '손孫'은 겸손의 '손遜'과 같고, '제弟'는 형제간에 우애하는 '제悌'와 같다. 즉 어려서는 겸손하지도 않고 형제들과 우애하지도 않았다.
4. 장이무술언長而無述焉 : 주희에 따르면, '술述'은 칭송과 같다. 즉 성장해서는 남에게 칭송받는 일이 없다.
5. 노이불사老而不死 : '늙어서 죽지 않고 있다.' 이는 그저 늙어서 목숨만 연명하고 있을 뿐 아무런 삶의 의미가 없다는 뜻이다.
6. 적賊 : 동사로는 '해치다'이지만, 명사로는 '해로운 사람'이다. 역자는 명사로 해석한다.
7. 장杖 : 공자가 끌고 다니는 지팡이다.
8. 고기경叩其脛 : '고叩'는 '두드리다' 혹은 '때리다'의 뜻이고, '경脛'은 정강이를 가리킨다. 즉 공자가 지팡이로 원양의 정강이를 때리다.

••• 공자의 친구인 원양이 어떤 인물인지 정확하게 고증할 수 없지만 은자인 것 같다. 은자의 특성을 하나로 규정할 수 없지만, 예의 없고 거침없는 행동, 즉 '방탄放誕'도 그중 한 가지에 속한다.

46. 아이의 행동을 보고서 사람됨을 평가하다.

闕黨[1]童子[2]將命[3], 或問之曰: "益者[4]與?" 子曰: "吾見其居於位[5]也, 見其與先生[6]並行[7]也. 非求益者也, 欲速成者[8]也."

(공자가 사는 마을) 궐당에 동자가 (공자의 시중을 들면서) 명령을 전달하는 일을 맡아보자, 어떤 사람이 (공자에게) 물었다. "(스스로 공부하여 학문을) 발전시키려고 하는 아이입니까?" 공자가 말했다. "나는 저 아이가 (손님을 모실 때 마땅히 모퉁이에 앉아야 하는데) 손윗사람인 손님과 같은 자리에 앉아 있는 것을 보았고, (손윗사람을 수행할 때는 마땅히 뒤에 가야하는데) 윗사람과 나란히 걸어가는 것을 보았다. 이를 보니 이 아이는 공부하여 학문을 발전시키려는 아이가 아니라 빠른 성취를 도모하는 아이 같다."

역자 해설

1. 궐당闕黨 : '당黨'은 당시 행정 조직의 단위이고, '궐闕'은 그 고을의 이름이다. 공자가 거주하던 마을이다. '궐리闕里'라고도 부른다.

2. 동자童子 : 아직 관례冠禮를 하지 않은 아이.

3. 장명將命 : 손님과 주인의 말을 전달하는 일. 즉 시중드는 일이다.

4. 익자益者 : '익益'은 '앞으로 나아가다[進益]'는 것으로, '익자'는 학문에 진보가 있을 사람을 의미한다.

5. 거어위居於位 : 손님과 같은 자리에 앉다. 예법에 따르면, 손윗사람을 모시는 동자는 모퉁이에 앉아야 한다.

6. 선생先生 : 자기보다 먼저 태어난 사람. 즉 손윗사람.

7. 병행幷行 : 손윗사람과 나란히 걷다. 예법에 따르면, 동자는 손윗사람 뒤에서 수행해야 한다.

8. 욕속성자欲速成者 : 일을 빨리 성취하려고 하는 사람.

••• 공자가 마을에서 한 아이에게 시중을 들게 하자, 어떤 사람이 공자가 그를 총애하는 것으로 잘못 생각하여 '그 아이는 공부하여 학문을 발전시키려고 하는 아이입니까'라고 물었다. 이에 대해 공자는 그 아이의 평소 행위를 보니 예법을 모르고 성급하게 빨리 성취하려고 하는 것 같아 그에게 시중드는 일을 맡겨 어른과 아이의 예법을 보게 하고, 공손과 사양의 원리를 알게 하려는 것일 뿐 그를 특별히 총애하는 것은 아니라고 말한다.

15편

「위령공衛靈公」

1. 곤궁한 처지에 놓일 때 군자와 소인의 차이.

衛靈公[1]問陳[2]於孔子, 孔子對曰: "俎豆之事[3], 則嘗聞之[4]矣. 軍旅之事[5], 未之學[6]也." 明日遂行[7]. 在陳絶量[8], 從者[9]病, 莫能興[10]. 子路慍[11]見曰: "君子亦有窮乎[12]." 子曰: "君子固窮. 小人窮斯濫[13]矣."

위나라 군주인 영공이 공자에게 (전쟁과 관련된) 진법을 묻자, 공자가 대답했다. "(제사를 지내는 일인) 조두에 관해서는 일찍이 들어서 알고 있지만, 군사에 관한 것은 배우지 못했습니다." (이렇게 대답하고서) 이튿날 곧 위나라를 떠나버렸다. (공자가) 진나라에 있을 때 양식이 떨어지자, (공자를) 수행하면서 따르던 제자들이 병이 들고 (기력이 없어) 일어나지 못했다. (이러한 사실에 분노한) 자로가 성난 얼굴로 (공자를 뵙고서) 말했다. "(천하에 도를 전하는) 군자도 이처럼 곤궁할 때가 있어야 합니까?" 공자가 말했다. "군자도 당연히 곤궁할 때가 있을 수 있다. (그러나) 소인은 곤궁한 상황에 놓이게 되면 방탕하여 하지 못함이 없다."

역자 해설

1. 위령공衛靈公 : 위나라 군주. 공자 시대에 무도한 군주의 대표적 인물이다. 부록 참조.
2. 진陳 : '진陣'과 동일하다. 즉 진법陣法 혹은 작전술
3. 조두지사俎豆之事 : '조俎'와 '두豆'는 모두 제사를 지낼 때 사용하는 제기이다. 이곳에서 '조두지사'는 제사에 관한 일이다.
4. 상문지嘗聞之 : 일찍이 들은 적이 있다.
5. 군여지사軍旅之事 : '군여軍旅'는 군대 혹은 군사이다. 본래 1군은 12,500명이고, 1려는 500명이다. '군여지사'는 군사에 관한 일이다.
6. 미지학未之學 : 배우지 못했다.
7. 수행遂行 : 곧 떠났다.
8. 절량絶量 : 먹을 양식이 떨어지다.
9. 종자從者 : 공자를 수행하면서 따르던 제자들.
10. 막능흥莫能興 : 일어날 수 없다. 먹을 양식이 떨어지자 공자를 따르던 제자들이 병이 들고 기력이 떨어져 더 이상 걸을 수 없게 되었다.
11. 온慍 : 원망하다 혹은 성내다.
12. 유궁有窮 : 곤궁한 처지에 놓일 때가 있다.
13. 람濫 : 방탕하여 하지 못함이 없다.

••• 이곳에서 공자는 곤궁한 상황에 임할 때 군자와 소인이 드러내는 태도를 말하고 있다. 소인들은 곤궁하게 되면 그것의 원인을 자신이 아닌 타인을 비롯한 외적인 것에서 찾는다. 즉 자신에게 주어진 상황에

대해 억울함을 표시하면서 함부로 행동한다. 정의로운 사회라면 도를 전하는 군자는 마땅히 궁핍한 상황에 처하지 않아야 한다. 그러나 이는 군자의 주관적 의지로써는 어찌할 수 없는 객관적 제한이다. 따라서 군자는 궁핍한 상황에 처하게 되더라도 불만 없이 이를 수용한다. 반면 소인은 궁핍한 상황을 견디지 못하고 이에 대한 분노를 밖으로 표출한다. 이것이 군자와 소인의 차이이다.

2. 경험 파학 지식파 성인 인품의 상관관계에 대한 공자의 견해.

子曰: “賜[1]也, 女[2]以予爲多學[3]而識[4]之者與?” 對曰: “然[5], 非與?” 曰: “非也, 予一以貫之[6].”

공자가 말했다. “자공아, 너는 내가 많은 것을 배우고 그것을 (머리에) 잘 기억하고 있는 사람이라고 생각하느냐?” (자공이) 대답했다. “그렇다고 생각했는데, 아닙니까?” (공자가) 말했다. “아니다. 나는 하나의 원리인 (인으로써 만사 만물에 대한 사람의 도리를) 관통했을 뿐이다.”

역자 해설

1. 사賜 : 공자의 제자인 자공의 이름. 부록 참조
2. 여女 : 2인칭 대명사인 '너'. 즉 '여汝'와 동일한 의미이다. 이곳에서는 자공을 지칭한다.
3. 다학多學 : 많이 배우다. 이곳에서 배움의 대상은 경험과학지식이다.
4. 식識 : 잘 기억하다, 혹은 잘 외우고 있다.
5. 연然 : 그렇다, 혹은 그렇다고 생각하다.
6. 일이관지一以貫之 : 하나의 원리로써 만사 만물의 도리를 관통하다.

••• 공자는 '하나의 원리로써 만물에 관한 것을 관통한다'고 하는데, 그 의미는 무엇인가? 혹자는 이러한 태도야말로 동양철학의 신비주의라고 할 수 있을 것이다. 그러나 결코 신비주의적 언설도 아니고, 태도도 아니다. 공자가 말한 '하나'는 '인仁'이다. 인의 의미에 대한 진실한 체득이 있으면 만물에 대한 인간의 행위원칙과 방법은 선의지인 인에 의해 올바르게 결정된다. 즉 만물에 대한 올바른 행위방식과 방향이 하나의 원칙인 인에 의해 결정된다는 것이다. 이는 만물에 관한 경험 과학 지식을 알 수 있다는 것이 아니라 단지 올바른 행위방향과 방식을 알 수 있다는 의미이다.

3. 덕의 진정한 가치를 깨달은 사람은 참으로 드물다.

子曰: "由[1]知德[2]者, 鮮[3]矣!"

공자가 말했다. "유[자로]야, 덕의 진정한 가치와 의미를 이해한 사람이 참으로 드물구나!"

역자 해설

1. 유由 : 공자의 제자인 자로. 이름은 중유仲由이다. 부록 참조.
2. 지덕知德 : 덕의 진정한 가치를 알다.
3. 선鮮 : '적다' 혹은 '드물다'.

••• '덕의 가치를 알기 어렵다'는 뜻보다는 공자 자신이 추구하는 덕의 세계와 가치에 관심을 보이는 사람이 적음에 대한 탄식으로 이해하는 것이 합리적이다.

4. 덕으로써 정치한 사람이 순임금이다.

子曰: "無爲[1]而治者, 其舜也與! 夫何爲哉[2]? 恭己[3]正南面[4]而已矣."

공자가 말했다. "(법과 힘이 아닌) 덕으로써 백성을 다스린 사람은 아마 순임금일 것이다. (순임금은) 어떻게 백성을 다스렸는가? 자기를 공손히 하고 남쪽을 바라보고서 올바르게 정치했을 뿐이다."

역자 해설

1. 무위無爲 : 이곳에서 무위는 도가식의 무위자연無爲自然이 아니라 '법과 힘이 아닌 덕치'라고 해야 한다.
2. 하위재何爲哉 : 어떻게 했겠는가?
3. 공기恭己 : 자기를 공손히 하다. 즉 근신하고 겸손하다.
4. 정남면正南面 : '남면南面'은 남쪽을 보고 정치하다. 즉 '왕노릇 하다'는 의미이다. 중국은 고대부터 북쪽에서 남쪽으로 진출했기 때문에 '남쪽을 보고서 왕노릇 하다[南面爲王]'는 말을 사용한다. '정남면'은 남쪽을 향하여 올바르게 정치하다는 뜻이다.

••• 공자가 말한 '무위'를 '작위 혹은 인위가 없다'는 식으로 해석하면 안 된다. 만일 노자식의 무위라면 뒤의 '자신을 공손히 하면서 남쪽을 바라보고서 올바르게 정치한다'는 말과 연결되지 않는다.

5. 다른 사람에게 통할 수 있게 하는 방법과 원칙.

子張問行[1]. 子曰: "言忠信[2], 行篤敬[3], 雖蠻貊之邦[4], 行[5]矣. 言不忠信, 行不篤敬, 雖州里[6], 行乎哉? 立則見其參[7]於前也, 在輿[8]則見其倚於衡[9]也, 夫然後行." 子張書諸紳[10].

자장이 (사람들에게 통할 수 있는 방법과 원칙에) 관해 물었다. 공자가 말했다. "말에 진실함과 믿음이 있고, 행동이 독실하고 공경하면, 비록 오랑캐의 나라에 가더라도 통할 것이다. 그러나 말에 진실함과 믿음이 없고, 행동이 독실하지도 않고 공경하지도 않으면 비록 중국 사람들이 사는 주리일지라도 통할 수 있겠는가? 서 있을 때에도 (진실하고 믿음이 있는 말과 독실하고 공경스러운 행동이) 눈앞에 나와 함께 하고 있음이 보여야 하고, 수레에 타고 있을 적에도 (진실하고 믿음이 있는 말과 독실하고 공경스러운 행동이) 수레의 멍에에 기대어 있음이 보여야만 비로소 (어디에서도 누구에게도) 통하게 될 것이다." 자장은 (이 말을) 자기의 예복 띠 자락에 새겨두었다.

역자 해설

1. 행行 : 주희에 의하면, '행'은 '달達', 즉 모든 사람에게 유효하게 적용되는 방법에 관한 질문이다. 앞의 「안연」 편에서도 자장은 "선비가 어떻게 되면 통달한 사람이라고 말할 수 있습니까[士何如斯可謂之達矣]"라고 질문한 적이 있다. 공자는 그 방법으로서 충신忠信과 독경篤敬을 제시한다.
2. 충신忠信 : 충忠은 복종의 의미가 아니라 마음이 어디에도 치우치지 않은 진실함이고, 신信은 신뢰, 즉 믿음이다.
3. 독경篤敬 : 행동의 독실함과 공경스러움.
4. 만맥지방蠻貊之邦 : '만蠻'은 남쪽의 이민족, '맥貊'은 북쪽의 이민족, '방邦'은 나라를 의미한다. 즉 문명이 아직 개화되지 않은 지역 사람이다. 일반적으로 오랑캐라고 칭한다.
5. 행行 : 통하게 되다. 즉 유효하게 적용되다.
6. 주리州里 : 본래 '주州'는 12,500호이고, '리里'는 20호이다. 즉 문화 민족들이 사는 곳.
7. 참參 : '참여하다'의 뜻이지만, 역자는 '함께하다'로 번역한다. 즉 '충신의 말'과 '독경의 행동'이 나와 떨어져 있지 않고 눈앞에 함께 하다.
8. 여輿 : 수레.

9. 의어형倚於衡 : '형衡'은 멍에이다. 즉 '충신의 말'과 '독경의 행동'이 수레의 멍에에 기대어 있다.

10. 서저신書諸紳 : '신紳'은 예복의 띠 자락이다. 자장이 공자의 말씀을 예복의 띠 자락에 적어두었다.

••• 공자는 서 있을 때나 마차에 타고 있을 때에도 항상 진실하고 믿음이 있는 말 그리고 독실하고 공경스러운 행동이 눈앞에서 자신과 함께하고 있어야 함을 강조한다. 이는 진실함과 독실한 태도를 견지해야만 타인의 신뢰를 얻을 수 있음을 말한 것이다.

6. 항상 화살처럼 올곧게 처신하면 위험할 수 있다.

子曰: "直哉[1]! 史魚[2]. 邦有道如矢[3], 邦無道如矢. 君子哉! 蘧伯玉[4]. 邦有道則仕[5], 邦無道則可卷[6]而懷之[7]."

공자가 말했다. "올곧구나! 사어여. 나라에 합리적인 질서가 행해지고 있을 때도 마치 화살처럼 올곧았고, 나라에 합리적인 질서가 행해지지 않아도 화살처럼 올곧았다. 군자답구나! 거백옥이여. 나라에 합리적인 질서가 행해지고 있으면 관직에 나아가 능력을 펼쳤으며, 나라에 합리적인 질서가 행해지지 않으면 그 뜻을 거두어 숨겼다."

역자 해설

1. 직재直哉 : 올곧다.
2. 사어史魚 : 위나라의 대부이다. 성은 사史이고, 이름은 추鰌이며, 자는 자어子魚이다.
3. 여시如矢 : 화살 같다. 화살처럼 정직하다.
4. 거백옥蘧伯玉 : 위나라 대부이다. 부록 참조
5. 방유도즉사邦有道則仕 : 나라에 합리적인 질서가 행해지고 있으면 조정에 나가 벼슬하다.
6. 권卷 : '권捲'과 같다. 자신의 능력을 발휘하지 않고 거두어들이다.
7. 회지懷之 : 숨다.

••• 공자는 사어를 '올곧다'고 칭송했고, 거백옥에 대해서는 '군자답구나'라고 칭송했다. 즉 사어에 대한 공자의 평은 약간 미진하다. 오직 올곧기만 하면 난세에 자신의 뜻을 거두어 숨길 수 없어 화를 면하기 어렵기 때문이다.

7. 지혜로운 사람은 사람을 잃지 않고 말도 잃지 않는다.

子曰: "可與言而不與之言[1], 失人[2]. 不可與言而與之言[3], 失言[4]. 知者[5]不失人, 亦不失言."

공자가 말했다. "(어떤 사람과) 더불어 (정치나 인의의 도덕 등을) 논의할 만한데도 그와 더불어 논의하지 않으면 좋은 사람을 잃게 되고, 더불어 (정치나 인의의 도덕 등을) 논의해서는 안 될 사람임에도 불구하고 그와 더불어 논의하면 말의 진정한 의미를 잃게 된다. 지혜로운 사람은 좋은 사람도 잃지 않고, 말의 진정한 의미도 잃지 않는다."

역자 해설

1. 가여언이불여지언可與言而不與之言 : 그 사람과 더불어 (정치나 인의의 도덕 등을) 논의할 만한데도 그와 더불어 논의하지 않으면.
2. 실인失人 : 좋은 사람을 잃게 된다.
3. 불가여언이여지언不可與言而與之言 : 더불어 (정치나 인의의 도덕 등을) 논의해서는 안 될 사람임에도 불구하고 그와 더불어 논의하면.
4. 실언失言 : 말의 진정한 참뜻을 잃게 된다.

5. 지자知者 : 지혜로운 사람.

••• '사람을 잃지 않는다'는 것은 인재를 알아보는 혜안이 있다는 것이고, '말의 진정한 의미를 잃지 않는다'는 것은 추구하는 도가 다른 사람과는 함께 일을 도모하지 않는다는 것이다.

8. 살신성인殺身成仁.

子曰: "志士仁人[1], 無求生而害仁[2], 有殺身而成仁[3]."

공자가 말했다. "(인의의 도덕 가치에) 뜻을 두고 있는 선비와 인한 사람은 자신의 사사로운 삶의 이익을 추구하기 위해 인의 가치를 훼손하지 않고, (때로는) 자신을 희생해서라도 인이라는 도덕 가치를 완성한다."

역자 해설

1. 지사인인志士仁人 : 인의의 도덕 가치에 뜻을 두고 있는 선비와 인한 사람.

2. 무구생이해인無求生而害仁 : 자신의 사사로운 삶의 이익을 추구하기 위해 인의 가치를 훼손하지 않는다.
3. 유살신이성인有殺身而成仁 : 때로는 자신을 희생해서라도 인이라는 도덕가치를 완성한다.

••• 맹자는 공자의 살신성인을 사생취의捨生取義로 표현한다. 즉 도덕생명[가치]과 육체생명의 갈등에서 도덕생명이 우선성을 갖는다는 것이 살신성인과 사생취의의 진정한 의미이다.

9. 좋은 목수는 항상 연장을 잘 손질해 놓는다.

子貢問爲仁. 子曰: "工[1]欲善其事, 必先利其器[2]. 居是邦[3]也, 事其大夫賢者[4], 友[5]其士之仁者."

자공이 인을 실천하는 방법에 관해 물었다. 공자가 말했다. "공인이 그가 맡은 일을 잘 하려면 반드시 먼저 그의 연장을 잘 정비해 놓아야 한다. 어느 나라에 살든지 그 나라의 대부 중에서 능력과 덕성이 가장 빼어난 대부를 섬겨야 하고, 그 나라의 선비 중에서 인한 사람과 교제해야 한다."

역자 해설

1. 공工 : 목수를 포함한 공인工人.
2. 리기기利其器 : '리利'는 날카롭다는 뜻이지만, 이곳에서는 '연장을 잘 손질해 놓다'는 뜻으로 사용된다. '기器'는 연장 혹은 공부를 뜻한다.
3. 거시방居是邦 : '이 나라에 살다'로 해석하는 것 보다는 '어느 나라에 살든지'라고 해야 한다.
4. 사기대부현자事其大夫賢者 : 대부 중에서 능력과 덕성이 빼어난 사람을 섬겨야 한다.
5. 우友 : 동사로서 '사귀다' 혹은 '교제하다'의 뜻이다.

••• 왜 공자는 이곳에서 '어느 나라에 살든지 그 나라의 대부 중에서 능력과 덕성이 가장 빼어난 대부를 섬겨야 하고, 그 나라의 선비 중에서 인한 사람과 교제해야 한다'고 하는가? 춘추전국 시대에 권력의 실세는 제후에서 대부로 옮겨간다. 전국 중말기 이후에는 대부로부터 권력이 다시 가신으로 이동한다. 공자 당시 제후국의 정치는 거의 대부에 의해 운영되었기 때문에 당시 처사들은 대부분 대부의 가신으로 일하면서 자신의 정치적 능력을 발휘했다.

10. 나라를 잘 다스리려면 음탕한 노래를 물리치고, 간사한 사람을 멀리해야 한다.

顔淵問爲邦[1]. 子曰: "行夏之時[2], 乘殷之輅[3], 服周之冕[4], 樂則韶舞[5]. 放鄭聲[6], 遠佞人[7]. 鄭聲淫[8], 佞人殆[9]."

안연이 나라를 잘 다스릴 수 있는 방법에 관해 물었다. 공자가 말했다. "역법은 하나라의 것을 사용해야 하고, 수레는 은나라의 것을 사용해야 하며, 제사를 지낼 때 쓰는 예관은 주나라의 것을 사용해야 하고, 음악은 (순임금의 음악인) 소와 (무왕의 음악인) 무를 사용해야 한다. (음란한) 정나라의 음악을 내쳐야 하고, 말만 잘하고 아첨을 좋아하는 사람을 멀리해야 한다. (왜냐하면) 정나라의 음악은 (지나치게) 음탕하고, 말만 잘하고 아첨을 좋아하는 사람은 위태롭기 때문이다."

역자 해설

1. 위방爲邦 : 나라를 다스리다, 혹은 나라를 다스리는 방법.
2. 하지시夏之時 : 하나라의 역법.
3. 은지로殷之輅 : '로輅'는 천자가 타던 수레이다.

4. 주지면周之冕 : 주나라의 예관禮冠.

5. 소무韶舞 : 순임금의 음악과 무왕의 음악.

6. 방정성放鄭聲 : '방放'은 내치다 혹은 몰아내다의 뜻이고, '성聲'은 노래이다. 『시경』에 비록 「정풍鄭風」이 있지만, 대부분 남녀지간의 애정을 말하는 음탕한 노래다.

7. 원영인遠佞人 : '원遠'은 '멀리하다'이고, 영인佞人은 말을 잘하고 표정을 잘 꾸미는 교언영색巧言令色하는 사람이다.

8. 음淫 : 음탕하다.

9. 태殆 : 위태롭다.

••• 공자는 왜 하나라의 역법과 은나라의 수레 그리고 주나라의 예관을 긍정하는가? 주나라의 역법[周曆]은 동짓달이 일 년의 첫 달이고, 하나라의 역법[夏曆]은 지금의 음력과 같다. 공자는 지금의 음력과 같은 하력夏曆이 사계절의 변화와 더욱 잘 부합한다고 생각한 것이다. 은나라 당시에는 비록 천자가 이용한 수레도 나무로 만든 소박한 수레였다고 한다. 후에 주나라 사람들은 금과 옥으로 화려하게 장식했기 때문에 공자는 소박한 은나라의 수레 사용을 강조한 것이다. 제사 지낼 때 예관을 쓰는 것은 오래 전부터 있었지만, 주나라에 이르러 다섯 등급으로 분류된다. 비록 예관에 문식의 꾸밈이 있었지만 공자는 주나라 예관의 꾸밈에 대해 지나치지 않다고 판단했다.

11. 장래에 대한 준비가 없으면 가까운 시기에 반드시 우환이 따른다.

子曰: "人無遠慮[1], 必有近憂[2]."

공자가 말했다. "사람이 먼 장래에 대한 깊은 생각이 없으면, 반드시 가까운 시일에 우환이 따르게 된다."

역자 해설

1. 원려遠慮 : 먼 장래에 대한 생각, 혹은 장기적인 계획.
2. 근우近憂 : 가까운 시일의 걱정.

••• 인생에 있어 부침浮沈과 성패成敗는 없을 수 없다. 그러나 먼 장래에 대한 계획과 준비를 한 사람은 부침과 성패에 대한 대비도 되어 있기 때문에 성공을 해도 자만하지 않고 실패해도 낙심하지 않는다. 그러나 장래에 대한 준비가 없는 사람은 성패와 득실에 대해 일희일비一喜一悲하기 때문에 항상 우환이 떠나지 않는다.

12. 아름다운 여인을 좋아하는 것처럼 덕을 좋아해야 한다.

子曰: "已矣乎[1]! 吾未見好德, 如好色者[2]也."

공자가 말했다. "이제 다 끝났구나! 나는 덕을 좋아하기를 마치 아름다운 여인을 좋아하는 것처럼 하는 사람을 보지 못했다."

역자 해설

1. 이의호已矣乎 : 다 끝났다, 혹은 이제 어쩔 수 없구나. 즉 절망의 표현이다.
2. 오미견호덕吾未見好德, 여호색자如好色者 : 호덕好德과 호색好色에서 '호好'는 동사로서 '좋아하다'의 뜻이다. 나는 덕을 좋아하기를 마치 아름다운 여인을 좋아하는 것처럼 하는 사람을 보지 못했다.

••• 고전에서 자주 덕에 대한 진실한 좋아함을 여색과 비교하여 표현한다. 이는 자연스러움을 강조하기 위함이다.

13. 능력 있는 현자를 발굴하지 못한 장문중을 도둑이라고 질책하다.

子曰: "臧文仲[1]其竊位者[2]與. 知柳下惠[3]之賢而不與立[4]也."

공자가 말했다. "장문중은 (대부로서 마땅히 해야 할 일을 하지 않았으니) 그 벼슬을 도둑질한 사람이다. 그는 유하혜가 (능력 있는) 현자임을 알면서도 (그를 천거하여) 그와 함께 조정에 서지 않았다."

역자 해설

1. 장문중臧文仲 :노나라 대부 장손신臧孫辰이다. 부록 참조.
2. 절위자竊位者 : 그 관직을 도둑질한 사람이다.
3. 유하혜柳下惠 : 노나라의 대부인 전획展獲이다. 자는 금禽이다. 유하柳下는 그의 식읍이고, 혜惠는 그의 시호이다.
4. 불여립不與立 : 함께 조정에 서지 않다. 즉 유하혜를 천거하여 함께 조정에서 정무를 보지 않았다.

••• 공자는 장문중이 대부의 직위에 있으면서 마땅히 해야 할 일을 하

지 않으니 벼슬을 도둑질한 사람이라고 비평한다. 대표적인 것이 바로 유하혜의 능력이 출중함을 알면서도 이를 은폐하고 등용하지 않은 죄이다.

14. 자신의 과오에 대해서는 엄하게 자책하고, 타인의 실수는 가볍게 책망하라.

子曰: "躬自[1]厚[2]而薄[3]責[4]於人, 則遠怨[5]矣."

공자가 말했다. "자신의 (잘못에 대해서는) 엄중하게 책망하고, 타인의 (잘못에 대해서는) 가볍게 질책하면 (자신에 대한 타인의) 원망이 멀어질 것이다."

역자 해설

1. 궁자躬自 : 자신.
2. 후厚 : '엄정하다'의 뜻이지만 이곳에서는 '자신의 과오와 실수에 대해 엄하게 질책하다'의 뜻이다.
3. 박薄 : '가볍다' 혹은 '경미하다'. 즉 타인의 과오에 대해서는 가볍게 책

망하면서 포용해주어야 한다.

4. 책責 : 책망하다.

5. 원원遠怨 : 자신에 대해 타인들이 원망하지 않을 것이다.

••• 공자는 이곳에서 과오에 대한 태도를 근거로 군자와 소인의 차이를 해설한다. 자신의 과실에 대해 엄격한 것은 과오를 범하지 않으려는 각오이고, 타인의 과실에 대해 관용의 태도를 취하는 것은 그의 처지와 기질의 열악함을 동정한 것이다.

15. 깊이 고민하지 않고 경박하게 행동하는 사람은 올바르게 인도하기 어렵다.

子曰: "不曰如之何[1], 如之何者, 吾末[2]如之何也已矣."

공자가 말했다. "어떻게 해야 하는가, 어떻게 해야 하는가라고 말하면서 (스스로 해결할 방법을 찾으려고 고민하지) 않은 사람은 나도 어찌할 수가 없다."

역자 해설

1. 여지하如之何 : 어떻게 할까? 올바른 방법을 찾기 위해 고민하면서 노력함을 형용한 말이다.
2. 말末 : '불능不能' 즉 '할 수 없다.'

••• 공자는 모든 사람에게 배움의 문을 열어두었지만, 진리에 대해 고민하고 노력하지 않은 사람에게는 교육의 문을 개방하지 않았다.

16. 공자가 지적한 희망이 없는 사람.

子曰: "群居[1]終日[2], 言不及義[3], 好行小慧[4], 難矣哉[5]!"

공자가 말했다. "여러 명이 함께 하루 종일 어울려 지내면서 논의하는 주제와 내용에 합리성과 정당성이 결여되어 있고, (개인의 이익이나 타인의 이목을 끄는) 사소한 지혜 뽐내기만을 좋아한다면, (그런 사람들의 인생은) 희망이 없다."

역자 해설

1. 군거群居 : 여러 명이 어울려 지내다.
2. 종일終日 : 아침부터 저녁까지. 하루 종일.
3. 언불급의言不及義 : 논의하는 주제와 내용에 합리성과 정당성이 결여되다.
4. 호행소혜好行小慧 : '소혜小慧'는 남의 이목을 끄는 사소한 총명함. '호행소혜'는 개인의 이익이나 타인의 이목을 끄는 일만을 좋아하다.
5. 난의재難矣哉 : 희망이 없다.

••• 이 말을 보니, 공자가 지금의 인터넷 시대를 예측한 것 같다는 느낌이 든다. 이곳에서 공자가 지적한 '개인의 이익이나 타인의 이목을 끄는 사소한 지혜 뽐내기만을 좋아한다'는 것은 바로 인터넷 실검 1위 혹은 타인의 관심을 자극하는 언설을 좋아하는 관종의 행태를 지적한 것 같다.

17. 군자의 행동 원칙과 과정 그리고 방법.

子曰: "君子義以爲質[1], 禮以行之[2], 孫以出之[3], 信以成之[4], 君子哉!"

공자가 말했다. "군자는 (정당성과 합리성을 내용으로 하는) 의를 바탕으로 삼고, (이성을 소유한 모든 사람에게 유효하게 적용되는 방식인) 예로써 의를 실행하며, 겸손한 언어로써 의를 표현하고, 믿음으로써 (의를) 완성한다."

역자 해설

1. 의이위질義以爲質 : 이것은 '이의위질以義爲質'의 도치문이다. 그 뒤의 '예이행지禮以行之'와 '손이출지孫以出之' 및 '신이성지信以成之'도 같은 용법이다. '질質'은 바탕을 가리킨다. 즉 군자는 정당성과 합리성을 내용으로 하는 의를 바탕으로 삼는다.
2. 예이행지禮以行之 : '지之'는 앞의 '의'를 가리킨다. 즉 모든 사람에게 유효하게 적용되는 방식인 '예'로써 '의'를 실행한다.
3. 손이출지孫以出之 : '손孫'은 '손遜', 즉 겸손이다. '출出'은 '말을 하다'는 의미이다. 겸손한 언어로써 '의'를 표현한다.
4. 신이성지信以成之 : '신信'은 믿음을 의미하고, '성成'은 '완성하다'의 의미이다. 즉 믿음으로써 '의'를 완성한다.

••• 공자철학에서 '의'의 속성은 정당성과 합리성이다. 공자는 군자 생명의 바탕인 '의'를 '예'와 겸손 그리고 믿음이라는 원칙과 방법을 통하여 구체적으로 완성해야 함 강조하고 있다. 즉 아무리 정당하고 합리적

인 것이라고 할지라도 상대방과 소통하기 어려운 태도와 방법이라면 소기의 목적을 달성할 수 없을 것이다. 예와 겸손 그리고 믿음이 바로 소통의 태도와 방법인 것이다.

18. 군자의 걱정거리.

子曰: "君子病[1]無能焉, 不病人之不己知[2]也."

공자가 말했다. "군자는 자신의 무능함을 걱정할 뿐 타인이 자기를 알아주지 않는 것에 대해서는 걱정하지 않는다."

역자 해설

1. 병病 : 걱정하다.
2. 불기지不己知 : '부지기不知己'의 도치문이다.

••• 이 구절과 유사한 말은 「학이」편과 「이인」편에도 보인다. 「학이」에서는 "다른 사람들이 자기를 알아주지 않는 것을 걱정하지 말고, 내가 다른 사람들의 (선악과 장단점을) 올바르게 알지 못할까를 걱정해야 한다

[不患人之不己知, 患不知人也]"라고 했고, 「이인」에서는 "타인이 자기를 알아주지 못함을 걱정하지 말고 자신을 알아줄 수 있도록 노력하라[不患莫己知, 求爲可知也]"고 했다. 유사한 구절이 많이 출현한다는 것은 곧 이러한 태도가 군자의 삶에서 중요하다는 것이고, 또 다른 측면에서 보면 이러한 자세를 사람들이 취하기 어렵다는 것을 반증하고 있다.

19. 군자라는 명성에 대한 군자의 자부심.

子曰: "君子疾[1]沒世[2]而名[3]不稱[4]焉."

공자가 말했다. "군자는 죽는 순간까지 (군자라는 자신의 명성에 해를 입어 후세의 사람들에 의해) 이름이 일컬어지지 않을까 노력하고 근신한다."

역자 해설

1. 질疾 : 걱정하다, 근심하다.
2. 몰세沒世 : 죽을 때까지, 혹은 죽은 후에도.
3. 명名 : '이름'.

4. 불칭不稱 : '불려지다', 혹은 '일컬어지다.'

••• 이곳에서는 이름[名]의 의미 파악이 중요하다. 하나는 장삼이사張三李四라는 개인의 이름이다. 다른 하나는 그 이름을 포함한 군자라는 이름이다. 장삼이사라는 개인의 이름은 가치론적인 명사가 아니다. 그러나 군자라는 이름은 도덕가치를 본질 속성으로 삼고 있다. 군자는 이 명칭에 손상이 입지 않도록 죽을 때까지 근신하고 노력한다. 만일 이렇게 해설하지 않고 장삼이사와 같은 이름이 알려지지 않을까 근심한다면 범인들과 무엇이 다른가? 예를 들어 우리가 안중근 의사와 유관순 의사라는 명칭을 갖고 있지 않는 것은 안중근과 유관순이라는 개체명이 없다는 것이 아니라 독립의사라는 내용, 즉 군자를 내용으로 하는 안중근과 유관순이라는 명칭을 갖고 있지 않다는 것이다.

20. 군자와 소인의 차이.

子曰: "君子求諸[1]己, 小人求諸人[2]."

공자가 말했다. "군자는 (일의 실패 원인을) 자기에게서 찾고, 소인은 (일의 실패 원인을) 남에게서 찾는다."

역자 해설

1. 저諸 : '저'로 읽어야 한다. 즉 '…에게서'의 의미이다.

2. 인人 : 다른 사람.

••• 이곳에서 군자와 소인의 차이에 대한 공자의 지적은 참으로 타당하다. 사람의 삶에 있어 성패成敗와 득실得失이 없을 수 없다. 그 원인은 자신의 능력 부족에도 있고, 필연의 운명에도 있으며, 우연의 상황에도 있다. 그러나 군자는 실패의 주요 원인을 자신에게서 찾고, 성공의 공은 타인에게 돌린다. 반면 소인은 실패의 주요 원인은 타인과 주변 상황에서 찾고, 성공의 공은 자신의 유능함으로 돌린다. 실패의 주요 원인을 타인과 주변 상황에서 찾으면 그 조건이 갖추어지기 전에는 성공을 기대할 수 없다. 그러나 그 원인을 자신에게서 찾으면 자신 아닌 어떤 것의 변화에 응대할 수 있는 능력을 배양할 수 있다. 따라서 첫 번째 실패는 있어도 두 번째 실패는 적게 된다.

21. 군자는 타인과 무리를 짓지만 편당을 가르지는 않는다.

子曰: "君子矜[1]而不爭, 群而不黨[2]."

공자가 말했다. "군자는 (자신에 대해) 자긍심을 갖지만 (남과)

다투지 않고, 남과 무리를 지어 어울리되 편당을 가르지는 않는다."

역자 해설

1. 긍矜 : 자신의 존재에 대해 자긍심을 갖는다.
2. 당黨 : 사사롭게 무리를 지어 편당을 가르다.

••• 공동체는 삶의 무대이기 때문에 타인과 무리를 짓지 않을 수 없다. 그러나 타인의 가치 판단 그리고 삶의 방식을 존중하기 때문에 비록 자신과 견해가 다르다고 할지라도 편을 나누어 대립하지 않는다. 이것이 바로 군자와 소인의 차이다.

22. 말과 외모 그리고 신분 등은 인재 등용의 중요 조건이 아니다.

子曰: "君子不以言擧人[1], 不以人廢言[2]."

공자가 말했다. "군자는 말을 잘하는 것을 근거로 관리를 등용하지 않고, 사람의 (신분과 외모 등의 외적인 조건)만을 근거로 그 사람의 말을 폐기하지 않는다."

역자 해설

1. 불이언거인不以言擧人 : 사람의 말만을 근거로 등용하지 않는다.
2. 불이인폐언不以人廢言 : 사람으로써 그 사람의 말을 폐기하지 않는다. 즉 그 사람의 신분과 행태 그리고 나이와 외모 등의 외적인 것만을 보고서 그 사람의 말을 무시하지 않는다.

••• 말을 유려하게 잘하는 것은 그 사람의 재능이지만, 재才와 덕德이 반드시 일치하는 것은 아니다. 따라서 말을 잘한다는 것은 관리 선발의 필요충분조건이 아니다. 신분과 외적인 모습 등도 마찬가지이다.

23. 서도恕道는 군자가 평생토록 지켜야 할 원칙이다.

子貢問曰: "有一言[1]而可以終身行之[2]者乎?" 子曰: "其恕[3]乎. 己所不欲, 勿施於人[4]."

자공이 (공자에게) 물었다. "한마디 말로써 평생토록 지키면서 실천할 만한 것이 있습니까?" 공자가 말했다. "아마 서일 것이다. 자신이 원하지 않는 일은 남에게 행하지 마라."

역자 해설

1. 일언一言 : 한마디 말. 즉 인생의 삶에서 지켜야 할 것 중에서 가장 중요한 것.
2. 종신행지終身行之 : 종신토록 바꾸지 않고 실행해야 할 원칙.
3. 서恕 : 공자의 도덕론에서 서는 두 방향으로 전개된다. 하나는 아래의 '기소불욕己所不欲, 물시어인勿施於人'이고, 다른 하나는 '기욕립이립인己欲立而立人, 기욕달이달인己欲達而達人'이다.
4. 기소불욕己所不欲, 물시어인勿施於人 : '자신이 원하지 않는 일은 남에게 행하지 마라.' 이것이 '서'의 기본 의미이다.

••• '서'는 타인에 대한 존중과 배려이다. 사람 마음에서 동일한 것이 여럿 있는데, 그중 하나가 바로 '좋아함과 싫어함'이다. 자신이 싫어하는 것을 타인에게 요청하면 타인이 불쾌하게 생각하는 것은 당연하다. 왜냐하면 싫어함과 좋아함에 대해서는 자신과 타인의 마음이 동일한 반응을 보이기 때문이다. '서'는 바로 타인과의 갈등을 극복하고 조화의 영역으로 들어갈 수 있는 행위 원칙이다. 또 자신이 좋아하는 것은 타인도 좋아한다. 자신이 무엇에 대해 통달하고 싶으면 타인 역시 그것에

대해 통달하고 싶을 것이다. 따라서 타인이 원하는 것을 이룰 수 있도록 도와주어야 한다. 그것이 바로 '자신이 서고 싶으면 남도 서게 해주고, 자신이 통달하고 싶으면 남도 통달하게 해준다[己欲立而立人, 己欲達而達人]'는 것이다. '서'에 관해서는 「이인」 편과 「안연」 편에도 나온다.

24. 사람을 칭찬하거나 비난할 때는 확실한 근거가 있어야 한다.

子曰: "吾之於人也, 誰毁[1]誰譽[2]? 如有所譽[3]者, 其有所試[4]矣. 斯民[5]也, 三代[6]之所以直道[7]而行也."

공자가 말했다. "내가 사람들에 대해 (아무런 근거 없이) 누구를 비난하거나 누구를 칭찬한 적이 있던가? 만일 내가 칭찬한 사람이 있다면, (과거에) 시험을 통해서 (칭찬할 만한 확실한 근거가 있었기 때문이다.) (왜냐하면) 지금 사람들은 삼대로부터 내려온 (문화 전통을 통하여) 올바른 도로써 실행해온 사람들이기 때문에 (내가 아무런 근거 없이 함부로 비난하거나 칭찬할 수 없다.)"

역자 해설

1. 수훼誰毁 : 누구를 비난하는가?
2. 수예誰譽 : 누구를 칭송하는가?
3. 여유소예如有所譽 : 만일 칭찬한 사람이 있다면.
4. 유소시有所試 : 시험한 바가 있다. 즉 칭찬할 만한 확실한 근거를 갖고 있다.
5. 사민斯民 : 지금 시대의 사람. 즉 삼대의 합리적 문화 전통에 익숙한 사람들.
6. 삼대三代 : 하은주夏殷周.
7. 직도直道 : 올바른 도. 즉 정당하고 합리적인 예의와 정치의 도리이다.

••• 이곳에서 공자는 당시 사람들은 하·은·주 삼대로부터 내려온 예악과 정도의 가르침을 받은 백성들이어서 아무런 원칙 없이 누구를 칭송하거나 비난하는 것이 그들에게 적용되지 않음을 말하고 있다.

25. 사관史官의 정직함과 세상의 미풍이 사라져가는 것에 대한 안타까움.

子曰: "吾猶及[1]史之闕文[2]也, 有馬者借人乘之[3], 今亡[4]矣夫."

공자가 말했다. "나는 (역사적 사실을 기록으로 남기는) 사관이 (의심나는 일은) 빼놓고 적은 글, 또 말을 가지고 있는 사람이 남에게 빌려주어 타게 하던 일을 볼 수 있었는데, 지금은 그러한 일이 없다."

역자 해설

1. 오유급吾猶及 : '이를 수 있었다'로 해석하지만, 실제 의미는 '나는 볼 수 있었다'는 것이다.
2. 사지궐문史之闕文 : '사史'는 사관이다. 사관은 개인의 주관적 사심을 최대한 제거하고서 객관적으로 역사적 사실을 기술해야 한다. 따라서 조금이라도 의심나는 점이 있으면 빼놓고 적지 않는다. 즉 '사관은 의심나는 곳이 있으면 빼놓는다'는 의미이다. 이는 사관의 정직함에 대한 공자의 칭찬이면서, 동시에 지금의 사관에게서는 그러한 정직함을 볼 수 없다는 것에 대한 아쉬움이기도 하다.
3. 유마자차인승지有馬者借人乘之 : 말을 가지고 있는 사람이 남에게 말을 빌려 주어 타게 하다. 즉 이웃에게 바쁘고 위중한 일이 생기면 말을 빌려 준다는 의미이다. 이는 옛날 세상 풍속의 아름다움을 칭송하면서 지금은 그러한 미풍양속이 사라진 것에 대한 아쉬움이다.
4. 망亡 : '없다'의 '무無'와 같다.

••• '조금이라도 의심나는 점이 있으면 빼놓고 적지 않는다'는 사관의 정직함, 그리고 급한 일이 있는 사람에게 자신의 말을 빌려 주는 배려심 등이 사라진 것에 대한 공자의 아쉬움 표현이다.

26. 큰일을 도모하기 위해서는 작은 분노를 참아야 한다.

子曰: "巧言[1]亂德, 小不忍[2]則亂大謀[3]."

공자가 말했다. "간교한 말은 덕을 그르치게 하고, 작은 분노를 참지 못하면 큰 사업 계획을 그르치게 된다."

역자 해설

1. 교언巧言 : 시비를 혼란시키는 간교한 말.
2. 소불인小不忍 : 작은 분노를 참지 못하다.
3. 난대모亂大謀 : '난亂'은 '어지럽히다'의 뜻이지만, 이곳에서는 '그르치다'로 해석한다.

••• 큰 사업이 구체적인 결실을 맺기 위해서는 수많은 난관을 극복해

야 한다. 만일 어려운 일에 봉착할 때마나 남과 대립하거나 분노를 표출하면 대사를 그르치기 쉽다.

27. 부화뇌동해서는 안 된다.

子曰: "衆惡之[1], 必察焉[2], 衆好之[3], 必察焉."

공자가 말했다. "대중들이 싫어한다고 하더라도 (왜 싫어하는지 자신의 인심仁心을 근거로) 살펴야 하고, 대중들이 좋아한다고 할지라도 (왜 좋아하는지 자신의 인심을 근거로) 살펴야 한다.

역자 해설

1. 중오지衆惡之 : 대중들이 싫어하다.
2. 필찰언必察焉 : 왜 그런지 그 원인을 분석해야 한다.
3. 중호지衆好之 : 대중들이 좋아하다.

••• 「자로」 편에도 이와 유사한 말이 나온다. 자공이 "마을 사람들이 그

를 모두 좋아한다면 어떻습니까"라고 묻자 공자가 "그것만으로는 부족하다"고 대답한다. 그러자 자공이 다시 "마을 사람들이 모두 그를 싫어한다면 어떻습니까"라고 묻자, 공자가 "그것만으로는 부족하다. 마을 사람들 중에 선한 사람은 그를 좋아하고, 마을 사람들 중에 선하지 않은 사람은 그를 싫어하는 것만 못하다[子貢問曰 : '鄕人皆好之, 何如?' 子曰 : '未可也.' '鄕人皆惡之, 何如?' 子曰 : '未可也. 不如鄕人之善者好之, 其不善者惡之']"라고 대답한다. 공자가 비록 '선한 사람은 그를 좋아하고, 선하지 않은 사람은 그를 싫어하는 것만 못하다'고 했지만, 그것이 곧 가장 완전한 표준은 아니다. 그렇다면 가장 정확한 근거와 표준은 무엇인가? 당연히 자신의 도덕심인 인이다. 인이라는 도덕적 양심이 그것을 수용하면 좋은 것이고, 수용하지 못하면 그것의 가치를 부정하는 것이다.

28. 도는 사람에 의해 자각되고 결정되며 실현된다.

子曰: "人能弘道[1], 非道弘人[2]."

사람이 도를 밝혀 드러낼 수 있는 것이지, 도가 사람을 밝혀 드러내는 것이 아니다.

역자 해설

1. 인능홍도人能弘道 : '홍弘'은 '넓혀 크게 하다' 혹은 '발양광대發揚廣大'하다는 뜻이다. 도와 사람 사이에서 주체는 사람이지 도가 아니라는 것이다.
2. 비도홍인非道弘人 : 도가 사람을 넓히는 것이 아니다.

••• 공자의 도덕론에 의하면, 도는 사람의 도덕의지에 의해 자각되고 결정되며 실현 역시 사람의 몫이다. 반면 기독교를 비롯한 대부분의 종교에서는 사람이 진리를 결정하는 것이 아니라 절대자[神]에 의해 결정된 도를 인간이 준수할 뿐이다. 때문에 종교에서는 '도가 사람을 넓힌다'고 할 수 있다.

29. 진정한 과실은 무엇인가?

子曰: "過而不改[1], 是謂過[2]矣."

공자가 말했다. "과실을 범하고서 이를 교정하지 않는 것을 진짜 과실이라고 한다".

역자 해설

1. 개改 : 교정하다, 즉 개과천선改過遷善하다.

2. 시위과是謂過 : 그것을 진짜 과실이라고 한다.

••• 사람의 삶에서 과실이 없을 수 없다. 중요한 것은 동일한 과실을 반복적으로 범하지 않는 것이다.[不貳過] 이것이 군자와 소인의 차이이다.

30. 주관적인 사색과 경험적인 학습을 함께 겸해야 한다.

子曰: "吾嘗[1]終日[2]不食, 終夜[3]不寢以思[4], 無益[5]. 不如學[6]也."

공자가 말했다. "나는 일찍이 하루 종일 먹지도 않고, 밤새도록 자지도 않으면서 사유했지만 (진리를 터득함에 있어) 아무런 도움이 되지 않았다. 차라리 (경전을 독서하고 경험을 통해서) 배우는 것만 못하다."

역자 해설

1. 상嘗 : 일찍이
2. 종일終日 : 하루 내내.
3. 종야終夜 : 밤새도록.
4. 사思 : '생각하다'는 뜻이지만, 이곳에서는 '객관적인 경험이 배제된 주관적인 사유'를 의미한다.
5. 무익無益 : 도움이 없다. 즉 진정한 지식을 얻음에 별 도움이 되지 않는다.
6. 불여학不如學 : '배우는 것만 못하다'로 해석하지만, 실질 의미는 독서나 경험을 통해 배우는 것만 못하다는 뜻이다.

••• 공자는 「위정」 편에서 "오로지 배우기만 할 뿐 사유를 통하여 (하나의 원리로 꿰뚫지 않으면) 헛된 지식이 되고, 주관적 사유만을 할 뿐 학습을 통하여 검증하지 않으면 (그 지식은) 독단에 빠질 위험이 있다[學而不思則罔, 思而不學則殆]"고 했다. 따라서 "배우는 것만 못하다"는 '학學'이 '사思'보다 중요하다는 것이 아니라 양자를 겸중兼重해야 함을 강조한 것이다.

31. 군자는 도를 터득하지 못할까 걱정할 뿐 가난을 걱정하지 않는다.

子曰: "君子謀道[1], 不謀食. 耕[2]也, 餒在其中[3]矣, 學也, 祿在其中[4]矣. 君子憂道不憂貧[5]."

공자가 말했다. "군자는 도를 추구할 뿐 밥을 추구하지 않는다. 농사를 (열심히 지어도 때로는) 굶주릴 수도 있지만, 학문에 종사하면 봉록이 수반된다. (그렇기 때문에) 군자는 도를 터득하지 못할까 걱정할 뿐 가난에 대해서는 걱정하지 않는다."

역자 해설

1. 모도謀道 : 도를 추구하다.
2. 경耕 : '밭 갈다'는 뜻이지만, 실제 의미는 '농사'를 가리킨다.
3. 뇌재기중餒在其中 : '굶주림이 그 안에 있다'고 해석하면 안 된다. 농사를 짓는데 어찌 굶주림이 그 안에 있을 수 있겠는가? 이는 농사를 열심히 지어도 때로 홍수나 가뭄 때문에 굶주릴 수도 있음을 말한 것에 불과하다. 즉 공자는 농사와 배부름의 필연성을 부정한 것이다.
4. 학야學也, 녹재기중祿在其中 : '배움에 종사하면 봉록이 그 가운데

있다.'

4. 우도불우빈憂道不憂貧 : 도를 터득하지 못할까 걱정할 뿐 가난에 대해서는 걱정하지 않는다.

••• 공자는 배움에 종사하면 봉록을 얻을 수 있다고 하였는데, 과연 그런가? 도를 추구하는 학문과 봉록의 관계는 필연인가? 현실을 냉철하게 보라. 과연 학문과 풍요로움이 필연의 관계인가? 결코 그렇지 않다. 이는 단지 공자의 희망사항이고, 학문에 종사할 것을 권면한 말일 뿐이다.

32. 지혜와 인 그리고 장중함과 예가 어우러져야 정치가 잘 이루어진다.

子曰: "知及之[1], 仁不能守之[2], 雖得之, 必失之. 知及之, 仁能守之, 不莊以涖[3]之, 則民不敬. 知及之, 仁能守之, 莊以涖之, 動之不以禮[4], 未善[5]也."

공자가 말했다. "지혜가 (정치를 함에 있어) 충분하지만 인으로써 그것을 (올바르게) 지키지 못하면, 비록 (잠시 동안 백성들의 마음을) 얻었다고 할지라도 반드시 잃게 될 것이다. 지혜가 충분하고 인으로써 그것을 잘 간직했다고 할지라도 장중한 태도로써 (백성들에) 임하지 않으면 백성들이 (그 정치가를) 공경하지 않을 것이다. 지혜가 충분하고, 인으로써 그것을 잘 간직했으며, 장중한 태도로써 (백성들에) 임했다고 할지라도 백성들을 움직이게 함에 있어 합리적인 예로써 하지 않으면 잘 되지 않을 것이다."

역자 해설

1. 지급지知及之 : '지之'는 정치를 가리킨다. 즉 정치를 충분히 잘 할 수 있는 지혜를 갖추고 있다.
2. 인불능수지仁不能守之 : 인이라는 선의지로써 그것을 잘 지키지 못하다.
3. 부장이리不莊以涖 : '장莊'은 장중한 태도, 혹은 위엄이 있는 태도를 의미하고, '리涖'는 '임하다'의 뜻이다. 즉 장중한 태도로써 백성들에 임하지 못하면.
4. 동지불이례動之不以禮 : '동지動之'는 백성들을 움직이게 하다는 뜻이다. 즉 백성을 움직이게 함에 있어 합리적인 예로써 하지 않다.
5. 미선未善 : '선하지 못하다'라고 해석하는 것보다는 '정치가 잘 되지 못할 것이다'라고 해석하는 것이 전체 문맥에 부합한다.

••• 정치를 함에 있어 지혜와 인 그리고 장중함과 예 중 어느 한 가지만 결여되어도 현실 정치는 원만하게 시행되지 않을 수 있다. 그중 지혜는 능력에 해당하고, 인은 민중에 대한 사랑의 마음이며, 장중함은 외적인 정제엄숙整齊嚴肅이고, 예는 합리적 태도를 의미한다.

33. 군자와 소인의 차이.

子曰: "君子不可小知[1], 而可大受[2]也, 小人不可大受[3], 而可小知[4]也."

공자가 말했다. "군자는 (기능적인 방면에는 별 재능이 없어) 작고 세세한 일을 잘 하지 못할 수는 있지만 대임의 중책을 맡을 수 있고, 소인은 (그릇이 작아) 대임의 중책을 맡지 못하지만 (기능적인 측면에는 재능이 있어) 작고 세세한 일을 잘 처리할 수는 있다.

역자 해설

1. 군자불가소지君子不可小知 : 군자는 작은 일로 사람들에게 알려져서는 안 된다. 즉 군자는 작고 세세한 일을 잘 하지 못하기 때문에 그러한

일로써 세상에 이름을 알리지 않는다.

2. 가대수可大受 : 대임大任의 중책을 맡을 수는 있다.

3. 소인불가대수小人不可大受 : 소인은 대임의 중책을 맡을 수 없다.

4. 가소지可小知 : (소인은) 작고 세세한 일을 잘할 수 있다.

••• 이장에서는 군자와 소인의 차이를 매우 적절하게 해설하고 있다. 군자는 작고 세세한 기능적 측면에서는 별다른 재주가 없지만, 큰 임무를 수행할 수 있고, 소인은 그릇이 작아 대임은 수행하기 어려워도 작고 세세한 방면에 특장기가 있을 수 있다. 즉 소인이라고 할지라도 장점이 전혀 없는 것은 아니다.

34. 인을 실천하다가 죽은 사람을 보지 못했다.

子曰: "民之於仁[1]也, 甚於水火[2]. 水火, 吾見蹈而死者矣, 未見蹈[3]仁而死者也."

공자가 말했다. "백성들의 삶에 있어 인의 필요성은 물과 불보다도 더하다. 나는 물과 불 때문에 죽는 사람을 보았지만, 인을 실천하다가 죽은 사람을 보지 못했다."

역자 해설

1. 민지어인民之於仁 : 민중들에 있어 인의 필요성.
2. 심어수화甚於水火 : (그 필요성이) 물과 불보다도 더하다.
3. 도蹈 : 이곳에서는 두 차례 '도' 자가 출현하는데, 해석을 달리해야 할 것 같다. 앞의 '도'는 '물과 불 때문에'라고 해야 하고, 뒤의 '도'는 '실천하다'로 해석해야 한다. 즉 물에 빠지고 불에 타서 죽을 수는 있지만, 인을 실천하다 죽는 경우는 없다.

••• 공자는 인을 실천하다가 죽는 사람을 보지 못했다고 하는데, 살신성인殺身成仁과 충돌되는 말 같다. 인류 역사를 보면, 정의라는 도덕 가치를 실현하면서 죽임을 당한 사람은 부지기수이다. 또 도덕 가치를 실현하기 위해 목숨을 초개와 같이 버린 사람도 있다. 그런데 공자는 왜 이렇게 말하는가? 아마 물과 불보다 그 필요성을 강조하기 위해 한 말인 것 같다.

35. 인은 누구에게도 양보하지 않아야 한다.

子曰: "當仁[1], 不讓[2]於師."

공자가 말했다. "인을 실천함에 있어서는 자신의 스승에게도 양보하지 않아야 한다."

역자 해설

1. 당인當仁 : 주희는 '인의 실천을 자신의 책무로 삼다'로 해석한다. 역자는 범범하게 '인을 실천함에 있어'로 해석한다.
2. 양讓 : 양보하다.

••• 인을 실천함에 있어 그 누구에게도 양보하지 않고 자신이 먼저 실천해야 한다. 인은 타인에게 양보해야 하고, 배려해야 할 대상이 아니다. 공자에 있어 인은 곧 도덕생명의 본질인 것이다.

36. 군자의 올곧음과 소인의 고집.

子曰: "君子貞[1]而不諒[2]."

공자가 말했다. "군자는 정도를 굳게 지키지만 (일시적이고 고집적인) 신념에는 얽매이지 않는다."

역자 해설

1. 정貞 : 정도를 굳게 지키는 신념.

2. 량諒 : 한 가지 신념에 고집하거나 자신의 주관적인 가치관에 집착하다.

••• 군자의 '정貞'은 주관적인 신념이 아니라 객관적인 정당과 합리를 내용으로 하는 올곧음이다. 따라서 누구에게나 유효하게 적용될 수 있지만, 소인의 '량諒'은 자신과 유사한 가치관을 소유한 사람 이외에는 적용되기 어렵다.

37. 자신의 임무를 다한 후에 봉록을 받는다.

子曰: "事君敬其事[1]而後其食[2]"

공자가 말했다. "군주를 섬김에 있어 자신의 임무를 공경스럽게 다한 후에야 그 녹을 받는다."

역자 해설

1. 경기사敬其事 : 이곳에서 '경敬'을 '공경하다'로 번역하기보다는 '맡은바

책무를 다하다'로 번역하는 것이 합리적이다.

2. 후기식後其食 : 그런 후에 녹을 받는다.

••• 군주를 섬김에 있어 군주에게 부여받은 임무를 성실하게 처리하는 것보다 중요한 것은 없다. 봉록은 자신의 의무를 다한 후에 받아야 한다.

38. 배움에 뜻을 두고 있는 사람에게는 모두 평등하게 교육의 기회를 주어야 한다.

子曰: "有教無類[1]."

공자가 말했다. "가르침에는 (신분 등의) 차별을 두지 않는다."

역자 해설

1. 무류無類 : 신분이나 재능 그리고 재력 등에 따른 차별을 두지 않고 베푼다.

••• 누구에게나 교육 기회를 평등하게 제공한다. 공자의 제자 중에 당연히 귀족의 자제들도 있지만, 중궁같은 천민도 있었다. 그럼에도 불구하고 공자는 그들에게 교육의 문호를 개방했다. 그러나 공자는 향학열을 보이지 않는 사람, 즉 스스로 노력하지 않는 사람에게는 가르침을 베풀지 않았다.

39. 이상 그리고 가치관이 동일하지 않은 사람과는 사업을 도모하지 않는다.

子曰: "道不同[1], 不相爲謀[2]."

공자가 말했다. "추구하는 이상과 가치관이 같지 않으면 서로 도모하지 말아야 한다."

역자 해설

1. 도부동道不同 : 서로 간에 지향성과 이상이 다르다.
2. 모謀 : '도모하다' 혹은 '꾸미다'.

••• 공자 당시에 많은 처사들이 있었지만, 공자는 자신이 추구하는 예의 합리성, 그리고 도덕의지인 인에 의하여 예의 합리성과 정당성을 결정하는 도덕세계관을 긍정하는 사람과 인정仁政의 정치 사업을 추구했다.

40. 말은 꾸밈보다는 의미를 잘 전달하면 된다.

子曰: "辭達[1]而已矣."

공자가 말했다. "말의 뜻을 (온전하게) 전달하면 된다."

역자 해설

1. 사달辭達 : 사달은 '말은 뜻을 온전하게 전달하거나 표현해야 한다'는 뜻이다. 즉 화려한 꾸밈을 훌륭한 것으로 삼지 않는다.

••• 이곳에서 공자는 꾸밈보다는 내용과 뜻을 중시하지만, 춘추전국시대 제자백가와 비교할 때 꾸밈에 대한 공자의 태도는 다른 누구보다도 상대적으로 강조한 편이다.

41. 장님인 악사를 주도면밀하게 돕다.

師冕[1]見, 及階[2]子曰"階也", 及席[3]子曰: "席也", 皆坐子告之曰: "某在斯[4], 某在斯." 師冕出, 子張問曰: "與師言之道[5]與?" 曰: "然. 固相[6]師之道也."

(장님인) 악사 면이 공자를 보러왔을 때, 그가 섬돌에 이르자 공자가 '섬돌입니다'라고 알려주었고, 자리에 이르자 공자가 '자리입니다'라고 알려주었으며, (그곳에 있는 사람들이) 모두 다 앉자 '이쪽에 있는 사람은 누구이고, 저쪽에 있는 사람은 누구이다'라고 (면에게) 알려 주었다. 악사 면이 (연주를 다 마치고) 나가자, 자장이 (공자에게) 물었다. "이것이 장님인 악사와 더불어 말할 때의 방법입니까?" (공자가) 말했다. "그렇다. 이것이 장님인 악사를 돕는 방법이다."

역자 해설

1. 사면師冕 : '사師'는 악사이고, '면冕'은 그의 이름이다.
2. 급계及階 : '급及'은 '이르다'이고, '계階'는 섬돌이다. 즉 '섬돌에 이르렀다.' 장님인 면이 섬돌에 이르자 섬돌에 도착했다고 면에게 알려주

는 것이다.

3. 급석及席 : 자리에 이르다.
4. 모재사某在斯 : 여기에 앉아 있는 사람은 누구이다.
5. 여사언지도與師言之道 : 장님인 악사와 말하는 방법이다. 역자는 '도道'를 도리라고 번역하지 않고 방법으로 번역한다.
6. 상相 : 돕다.

••• 고대에 악사는 거의 대부분 장님이었다. 뒤에 나오는 공자의 말은 모두 장님인 악사 면을 인도하면서 그를 돕는 말이지만, 어느 누구에게도 예를 다하지 않음이 없는 공자의 태도이다.

16 편

「계씨季氏」

1. 계로[자로]와 염유의 무능을 꾸짖다.

季氏將伐顓臾[1], 冉有季路見於孔子曰, "季氏將有事[2]於顓臾." 孔子曰: "求[3]無乃爾是過與[4]? 夫顓臾昔者, 先王以爲東蒙主[5], 且在邦域之中[6]矣, 是社稷之臣[7]也, 何以伐爲?" 冉有曰: "夫子[8]欲之, 吾二臣[9]者, 皆不欲也." 孔子曰: "求! 周任[10]有言曰 '陳力就列, 不能者止[11].' 危而不持[12], 顚而不扶[13], 則將焉用彼相矣[14]. 且爾言過[15]矣. 虎兕出於柙[16], 龜玉毁於櫝中[17], 是誰之過與?" 冉有曰: "今夫顓臾, 固而近於費[18]. 今不取後世必爲子孫憂[19]." 孔子曰: "求! 君子疾夫舍曰欲之, 而必爲之辭[20]. 丘也聞有國有家者, 不患寡而患不均[21], 不患貧而患不安[22]. 蓋均無貧[23], 和無寡[24], 安無傾[25]. 夫如是故, 遠人不服, 則修文德以來之[26], 旣來之, 則安之. 今由與求也, 相夫子[27], 遠人不服, 而不能來也. 邦分崩離析, 而不能守也[28], 而謀動干戈於邦內[29], 吾恐季孫之憂, 不在顓臾而在蕭墻之內[30]也."

(노나라의 권신인) 계강자가 (노나라의 부속국인) 전유를 치려고 하자, 염유와 계로[자로]가 공자를 뵙고 말했다. "계강자가 전유를 치려고 합니다." 공자가 말했다. "구[염유]야! 이러한 일이 (발생하게 된 것은) 너의 잘못으로부터 비롯된 것이 아니냐?

전유는 옛적에 선왕께서 동몽산의 제주로 삼았을 뿐만 아니라 또한 우리 노나라 안에 있는 (나라이며), 노나라 사직을 섬기는 중신인데, 그런데 어째서 그런 나라를 정벌한다는 말인가?" 염유가 말했다. "(전유를 치려는 것은) 계강자가 하려는 것일 뿐 저희 두 사람은 그것을 원하지 않습니다." 공자가 말했다. "구야! (주나라 사관인) 주임이 '자신의 능력을 펼쳐 관직에 나가되, 그 일을 감당할 수 없으면 그만두어야 한다'고 했다. (노나라가) 위태로운데도 돕지 못하고, (노나라가) 넘어지려고 하는데도 부축하지 못하니 (계강자를) 돕는 (너희 두 사람같은 신하를) 어디에 쓰겠는가? 또 네가 말한 것에도 문제가 있다. 호랑이와 외뿔소가 우리에서 튀어 나오고, 신비한 귀옥이 넣어둔 그릇 안에서 깨졌다면 그것이 누구의 잘못이라는 말인가?" 염유가 말했다. "지금 전유의 성곽은 견고하고, 비읍에 가까운 곳에 있으니, 지금 공격하여 취하지 않으면 후세에 반드시 자손들의 우환이 될 것입니다." 공자가 말했다. "구야! 군자는 자기가 하고 싶다고 말하지 않고 굳이 변명하는 것을 싫어한다. 내가 듣건대 나라나 집안을 다스리는 사람은 백성이 적음을 걱정하지 않고 (양식이) 고르지 않음을 걱정하며, 가난함을 걱정하지 않고 편안하지 않음을 걱정한다고 했다. 백성들의 (양식이) 고르면 가난함이 없고, 백성들이 화락하면 백성이 적지 않게 되며, 백성이 편안하면 (나라가) 기우는 일이 없을 것이다. 그렇기 때문에 먼 곳에 있는 (전유의) 백성들이 복종하지 않으면 문화와 덕을 닦아 그들을 따라오게 해야 하고, 그들이 따라왔으면 그들을 편안하게 해주어야 한다. 지금 유[계로-자로]와 구[염유] 두 사람은 계강자를 돕고 있으면서도 먼 곳에 있는 (전유의) 백성들이 복종하지 않고 있으며, 그들이 따라오게 하지 못하고 있다. 나라가 조각이 나고 분열되려고 하는데도 나라를 지키지 못하며, 오히려 나라 안에서 무력을 동원하려는 일이나 도모하고 있으니, 내 생각으로는 아마 계손의 진짜 걱정거리는 (저 멀리 있는) 전유에 있지 않고 (계로와 염유같은 무능한 가신을 둔) 집안에 있는 것 같다."

역자 해설

1. 계씨장벌전유季氏將伐顓臾 : 이때의 계씨는 계강자를 가리킨다. 부록 참조. '전유顓臾'의 성은 풍風이고 복희씨의 후손이라고 한다. '전유'는 나라 이름으로, 노나라의 부속국가였다. 따라서 노나라 사직을 모신다.
2. 유사有事 : 일을 만들다. 즉 사단을 일으키다, 혹은 전쟁을 일으키다.
3. 구求 : 염유의 이름이다.
4. 무내이시과여無乃爾是過與 : 이는 염유 너의 잘못이 아니더냐? 염유는 계씨 집안의 가신으로 있으면서, 계씨를 위해 세금 거둬들이는 일을 담당했고, 이에 대해 공자가 염유를 심히 질책했기 때문에 '이러한

일이 발생하게 된 것은 너의 잘못으로부터 비롯된 것이 아니냐'라고 나무란 것이다.

5. 동몽주東蒙主 : 동몽산의 제주로 삼다. 동몽산은 몽산蒙山이라고도 부른다.
6. 재방역지중在邦域之中 : '방邦'은 노나라를 가리킨다. 즉 전유는 노나라의 영역 안에 있는 나라이다. 전유가 노나라의 부속국이기 때문에 이렇게 말한 것이다.
7. 사직지신社稷之臣 : 사직을 섬기는 신하. 노나라 종묘의 사직을 섬기는 신하라는 말은 곧 그가 노나라의 중신重臣임을 의미한다.
8. 부자夫子 : 이곳에서 부자는 계씨, 즉 계강자를 의미한다.
9. 오이신吾二臣 : 우리 두 가신[염유와 계로].
10. 주임周任 : 주周나라 사관의 이름.
11. 진력취열陳力就列, 불능자지不能者止 : '진陳'은 '펼치다[布]'이고, '열列'은 '서다[位]'의 뜻이다. 즉 '능력을 다 발휘하여 관직에 나가되 그 일을 감당할 수 없으면 그만두어야 한다.' 이는 염유와 계로 두 사람이 계강자의 가신으로 재직하면서 자신의 능력을 충분히 발휘하여 계강자의 무도한 일을 막되, 그것이 불가능하면 그만둘 것을 말한 것이다.
12. 위이부지危而不持 : 위태로운 상황임에도 그것을 붙잡지 못하다. 즉 위태로운 나라에 도움이 되지 않는다.
13. 전이불부顚而不扶 : 넘어지려고 하는데도 부축하지 못하다.
14. 장언용피상의將焉用彼相矣 : '언용焉用'은 어찌 하겠는가? 즉 어디에 쓰

겠는가? '상相'은 돕다는 뜻이다. 즉 계강자를 계로와 염유가 돕다. 이 구절은 '장차 계강자를 도와주는 염유와 계로 두 사람을 어디에 쓰겠는가'의 의미이다.

15. 차이언과且爾言過 : 또 너의 말도 잘못이 있다.

16. 호시출어합虎兕出於柙 : '호虎'는 호랑이이고, '시兕'는 외뿔소이며, '합柙'은 짐승의 우리이다. 즉 호랑이와 외뿔소가 우리에서 탈출하다.

17. 귀옥훼어독중龜玉毁於櫝中 : '귀옥龜玉'에서 '귀龜'는 고대에 점을 칠 때 사용하는 큰 거북 껍질이고, '옥玉'은 옥으로 만든 그릇[玉器]이다. '훼毁'는 '망가지다'의 뜻이고, '독櫝'은 귀옥을 넣어둔 함이다. 즉 넣어둔 함에서 귀옥이 망가지다.

18. 고이근어비固而近於費 : '고固'는 견고하다. '비費'는 노나라의 비읍을 지칭한다. 즉 전유의 성곽은 견고하고 비읍에서 가깝다.

19. 금불취후세필위자손우今不取後世必爲子孫憂 : 지금 전유를 공격하여 취하지 않으면 후세에 반드시 자손들의 우환이 될 것이다.

20. 군자질부사왈욕지君子疾夫舍曰欲之, 이필위지사而必爲之辭 : '질疾'은 싫어하다, 혹 미워하다의 뜻이고, '사舍'는 '버리다'의 '사捨'와 같다. '사왈욕지舍曰欲之'는 '하고 싶다고 말하지 않다'의 뜻이다. '사辭'는 핑계를 대는 것이다. 이 구절의 전체 의미는 '군자는 자기가 하고 싶다고 말하지 않고 굳이 변명하는 것을 싫어하다'는 것이다. 즉 염유 자신도 전유를 정벌하고 싶은 마음이 있음에도 불구하고 이를 속이면서 변명으로 일관함을 질책한 것이다.

21. 불환과이환불균不患寡而患不均 : 이 구절은 두 가지 해석이 가능하다.

하나는 '백성이 적음을 걱정하지 않고 양식이 고르지 않음을 걱정하다'이고, 다른 하나는 '양식이 적음을 걱정하지 않고 양식이 고르지 않음을 걱정하다'이다. 그러나 뒤 구절에 '가난함을 걱정하지 않고 편안하지 않음을 걱정하다'는 구절이 나오고, 또 양식에 대해서는 '부족하다'는 표현을 사용하지 '과寡' 자는 잘 사용하지 않기 때문에 첫 번째 해석을 취한다.

22. 불환빈이환불안不患貧而患不安 : 가난함을 걱정하지 않고 편안하지 않음을 걱정하다.
23. 개균무빈蓋均無貧 : 양식이 고르면 가난함이 없다.
24. 화이과和無寡 : 화락하면 백성이 적지 않게 되다.
25. 안이경安無傾 : 백성이 편안하면 기울지 않는다. 즉 나라가 망하지 않는다.
26. 원인불복遠人不服, 즉수문덕이래지則修文德以來之 : 먼 곳에 있는 사람들이 복종하지 않으면 문화와 덕을 닦아 그들이 따라오게 하다. 이곳에서 먼 곳 사람은 곧 전유의 백성이다. 즉 무력으로 정벌하지 말고 문화와 덕으로 그들을 감복시켜야 함을 말한 것이다.
27. 상부자相夫子 : 계강자를 돕다. '상相'은 돕다는 뜻이다.
28. 방분붕리석邦分崩離析, 이불능수야而不能守也 : '방邦'은 나라이고, '분붕리석分崩離析'은 나라가 조각이 나고 분열되는 것을 말한다. 즉 '나라가 조각이 나서 분열되려고 하는데도 나라를 지키지 못하다.
29. 모동간과어방내謀動干戈於邦內 : '모謀'는 '도모하다'이고, '동動'은 '움직이다'이며, 간과干戈는 창과 방패로서, 무력을 의미한다. 즉 나라 안

에서 무력을 동원하려는 일을 도모하다.

30. 공계손지우恐季孫之憂, 부재전유이재소장지내不在顓臾而在蕭墻之內 : '소장蕭墻'은 문 앞을 가리는 작은 담이다. 따라서 '소장지내'는 자기[계씨] 집안을 가리킨다. '아마 계손의 걱정거리는 저 멀리 있는 전유에 있지 않고 자기 집안에 있을 것이다.'

••• 이곳에서 공자는 계강자의 무도함을 비난함과 동시에 그를 보필하고 있는 자로와 염유의 잘못을 함께 질책한다. 공자가 비유로 든 '호시출어합虎兕出於柙'에서 '호시'와 '귀옥훼어구독중龜玉毁於櫝中'에서 '귀옥'은 계강자를 비유하고, 그것을 관리하지 못하여 호시가 밖으로 튀어나오고, 귀옥이 망가진 것은 계로와 염유가 계강자를 잘못 보좌하고 있음을 말한 것이다. 또 '계손씨의 진짜 걱정거리는 전유를 정복하지 못함에 있는 것이 아니라 계로와 염유같은 무능한 가신에 있다'고 함으로서 계강자의 악행에는 계로와 염유의 책임이 없을 수 없다고 강하게 질책하고 있다.

2. 예악과 정벌은 마땅히 천자에 의해 결정되어야 한다.

孔子曰: "天下有道則禮樂征伐[1], 自[2]天子出. 天下無道則禮樂征伐, 自諸侯出. 自諸侯出, 蓋[3]十世希[4]不失矣. 自大

夫出, 五世希不失矣. 陪臣[5]執國命[6], 三世希不失矣. 天下有道, 則政不在大夫. 天下有道, 則庶人不議[7]." <季氏2>

공자가 말했다. "천하에 올바른 질서가 유지되고 있으면, (천하 사람들이) 지키는 예와 부르는 음악 그리고 (무도한 무리를 정벌하는) 군사 행동이 천자에 의해 결정된다. 천하에 올바른 질서가 유지되고 있지 않으면 예악과 군사 행동의 결정권이 제후로부터 나온다. (이런 중요한 사항들의 결정권이) 제후로부터 나오면 대개 10대 이내에 망하지 않는 경우가 드물다. (이러한 중요한 사항들이) 대부들에 의해 결정되면 5대 이내에 망하지 않는 경우가 드물다. 대부의 가신이 국가의 명령을 집행하면 3대 이내에 망하지 않는 경우가 드물다. 천하에 도가 시행되고 있으면 정치가 대부들에 의해서 결정되지 않고, 천하에 도가 시행되고 있으면 일반 백성들이 국정에 대해 이렇다 저렇다 비난하지 않는다.

역자 해설

1. 예악정벌禮樂征伐 : 예의법도를 정하고 육례와 음악을 지으며, 군대를 동원하여 무도한 세력을 정벌하다.
2. 자自 : '…로부터' 혹은 '…의해'.

3. 개蓋 : 대략 혹은 대개.

4. 십세희불실의十世希不失矣 : '희希'는 '적다'의 뜻이다. 전체 구절의 의미는 '10대 후까지 지속되는 경우가 아주 적다.'

5. 배신陪臣 : 대부는 제후의 신하이다. 대부의 가신은 제후의 입장에서 보면 신하의 신하이기 때문에 배신이라고 칭한다.

6. 집국명執國命 : 국가의 정권과 명령권을 장악하다.

7. 천하유도天下有道, 즉서인불의則庶人不議 : 주희는 "윗사람들이 실정하지 않으면 아랫사람들은 사사롭게 비난하지 않는다[上無失政, 則下無私議]"고 주석했다. 즉 정부의 정책 결정과 시행이 올바른 궤도를 유지하고 있으면 일반 군중들이 정치에 대해서 왈가왈부하지 않는다.

••• 공자의 말을 보면, 천하 권력의 중심이 천자에서 제후로, 다시 대부로, 다시 가신들로 전이되고 있음을 알 수 있다. 이는 공자 당시에 천자 중심의 봉건제도 틀이 점차 무너져 가고 있음을 말한 것이다. 공자는 천자 중심의 정치가 가장 이상적임을 밝히고 있지만, 이는 혈연과 씨족중심, 가족 공동체 중심의 공자 정치관일 뿐이다. 그러나 비교적 봉건제도가 올바르게 유지되던 서주西周에서 춘추전국의 동주東周 시대로 전이된 이후 전쟁 발생 수가 급격하게 증가한 것을 보면 공자의 주장은 사실과 일정 부분 부합하고 있음도 알 수 있다.

3. 노나라의 권력이 제후에서 대부로, 다시 가신에게로 전이되다.

孔子曰: "祿[1]之去公室[2], 五世[3]矣, 政逮[4]於大夫, 四世矣. 故夫三桓之子孫[5]微[6]矣."

공자가 말했다. "(관리를 임명하면서 주는) 작록의 권한이 (노나라) 공실을 떠난 지 이미 5대가 되었고, 정권이 대부의 손으로 들어간 지 4대가 되었다. 그러니 삼환의 자손들도 이처럼 힘을 잃어가는 것이다."

역자 해설

1. 녹祿 : 벼슬과 봉록을 결정하는 권한. 즉 관리의 임명권을 의미한다.
2. 공실公室 : 노나라의 조정이다.
3. 오세五世 : 노나라의 문공文公이 죽자 공자公子 수遂가 세자인 자적子赤을 죽이고 선공宣公을 내세운 후로 노나라 군주의 권한은 상실되었다. 선공에서 다시 성공成公, 양공襄公, 소공昭公, 정공定公까지가 바로 5대이다. 노나라 조정이 권력을 상실하고 삼환의 대부에게 전이된 시기를 말한다.
4. 체逮 : '미치다' 혹은 '이르다'의 뜻이다. 실제 의미는 '정권이 대부의

손에 들어가다'는 것이다. 당시 정권은 삼환이 장악했지만 그중에서도 계손씨 집안이 가장 강성했다. 계문자季文子, 계무자季武子, 계평자季平子, 계환자季桓子 4대까지 노나라 조정의 권력을 장악했다.

5. 삼환지자손三桓之子孫 : 맹손과 숙손 그리고 계손을 삼환이라고 칭하는데, 이들은 모두 노환공魯桓公의 후손이다. 때문에 '삼환三桓'이라고 부른 것이다.
6. 미微 : 힘을 잃어가다.

••• 계환자 시기에 이르러 노나라에서는 환자의 가신인 양호陽虎가 득세하기 시작한다. 양호는 삼환의 적자들을 죽이고 환자桓子를 내세웠고, 다시 환자까지 죽이려고 했지만 실패하고 타국으로 망명했다. 권력이 천자에서 제후로, 다시 대부로, 또다시 대부의 가신으로 전이되는 것은 서주西周와 동주東周의 춘추전국 시기 권력 이동의 역사적 사실이다. 이를 보면『논어』가 공자와 그 제자들의 언행록이면서, 동시에 역사적 실록임을 알 수 있다. 공자는 조정의 권력이 제후에서 대부로, 다시 대부에서 가신으로 흘러가는 것을 '미微'로 표현했다.

4. 유익한 벗과 해가 되는 벗.

孔子曰: "益者[1]三友, 損者[2]三友. 友直[3], 友諒[4], 友多聞[5], 益

矣. 友便僻[6], 友善柔[7], 友便佞[8], 損矣."

공자가 말했다. "자신에게 유익한 세 가지 친구가 있고, 자신에게 해가 되는 세 가지 친구가 있다. 올곧고 정직한 사람과 벗하고, 믿음이 굳건한 사람과 벗하며, 견문 지식이 풍부한 사람과 벗하면 자신에게 유익하다. 겉으로 위엄만을 갖추고 있을 뿐 한쪽으로 치우친 사람과 벗하고, 부드러운 태도로 아첨을 잘하는 사람과 벗하며, 말을 교묘하게 잘 둘러대는 사람과 벗하면 자신에게 해가 된다."

역자 해설

1. 익자益者 : 자신에게 도움이 되는 사람.
2. 손자損者 : 자신에게 해가 되는 사람.
3. 우직友直 : '우友'는 동사로서 '벗하다' 혹은 '교제하다'의 뜻이고, '직直'은 '올곧다' 혹은 '정직하다'의 뜻이다. 즉 올곧고 정직한 사람과 벗하다.
4. 량諒 : 믿음이 굳건하다. 혹은 신의가 있다.
5. 다문多聞 : 견문이 넓다. 지식이 풍부하다는 뜻이다.
6. 편벽便僻 : 겉으로는 위엄이 있어 보여 그럴싸하지만 실제로는 한쪽으로 치우쳐 있고 막혀있다.

7. 선유善柔 : 겉으로 부드럽고 교태를 잘 부리면서 아첨하다.

8. 편녕便佞 : 교묘하게 말을 둘러대다.

••• 이곳에서 공자는 친구를 교제하는 원칙을 말하고 있다. 자기에게 도움이 되는 친구로서 올곧고 정직한 사람과 믿음이 굳건한 사람 및 지식이 풍부한 사람이 있고, 해로움이 되는 친구로서 한쪽으로 치우친 사람과 아첨을 잘하는 사람 및 말을 교묘하게 잘 둘러대는 사람이 있다.

5. 유익한 습관과 해가 되는 습관.

孔子曰: "益者三樂[1], 損者三樂. 樂節禮樂[2], 樂道[3]人之善, 樂多賢友[4], 益矣. 樂驕樂[5], 樂佚遊[6], 樂宴樂[7], 損矣."

공자가 말했다. "(자신에게) 도움이 되는 세 가지 습관이 있고, (자신에게) 해가 되는 세 가지 습관이 있다. 예악을 절도 있게 하면서 (몸가짐을 바르게 하고), 타인의 좋은 점을 (사람들에게) 말하는 것을 좋아하며, 덕과 재능이 있는 친구를 많이 사귀기를 좋아하면 (자신에게) 유익하다. 교만한 태도로 즐기고, 방탕하게 놀기를 좋아하며, (술 그리고 여자와 어울리면서) 향락을 즐기는 습관이 있으면 자신에게 해가 된다."

역자 해설

1. 삼요三樂 : '삼요' 혹은 '삼락' 모두 독음으로 가능하다. 우리에게는 하나의 문자가 여러 독음讀音을 갖는 파음자破音字와 다음자多音字가 너무나 많다. 역자가 보기에 삼락이라고 읽어도 무방하다. 즉 자신이 좋아하는 세 가지 습관.
2. 절예악節禮樂 : '절節'은 '행동을 절도 있게 하다'는 뜻이다. 즉 예악을 절도 있게 하면서 몸가짐을 바르게 하다.
3. 도道 : 말하다.
4. 다현우多賢友 : 덕과 재능이 있는 친구를 많이 사귀다.
5. 교락驕樂 : 교만한 태도로 즐기다.
6. 일유佚遊 : 방탕하게 놀다.
7. 연락宴樂 : 술, 여자와 향락에 빠지면서 즐기는 것.

••• 앞의 구절과 형식은 동일하다. 단지 자신에게 도움이 되는 습관과 해가 되는 습관 세 가지 차이만이 있을 뿐이다.

6. 군자를 모실 때 저지르는 세 가지 대표적 허물.

孔子曰: "侍於君子有三愆[1]. 言未及之而言[2], 謂之躁[3]. 言及之而不言[4], 謂之隱[5]. 未見顔色而言[6], 謂之瞽[7]."

공자가 말했다. "군자를 모실 때 (자주) 저지르는 세 가지 (대표적) 허물이 있다. (하나는) 자기가 말할 계제가 되지 않았음에도 불구하고 말을 하는 것인데, 이를 일러 조급함이라고 한다. (다른 하나는) 마땅히 말할 계제가 되었음에도 불구하고 말을 하지 않는 것인데, 이를 일러 속마음을 숨기는 (음흉함)이라고 한다. (마지막으로) 상대방의 얼굴빛을 보지도 않고 말하는 것인데, 이를 일러 장님과 같은 (눈치 없는 사람)이라고 한다.

역자 해설

1. 삼건三愆 : '건愆'은 허물의 의미이다. 세 가지 대표적 허물.
2. 언미급지이언言未及之而言 : 자기가 말할 계제가 아님에도 불구하고 말을 하다. 이러한 상황은 여러 가지가 있을 수 있다. 자기 차례가 아님에도 불구하고 불쑥 나서는 것, 나이가 많은 사람들과 말할 때 함부로 나서는 것, 그 분야에 특별한 지식이 없음에도 불구하고 아

는 체하면서 끼어드는 행위 등이 이에 해당할 것이다.

3. 조躁 : 조급하다는 뜻이지만, 경망스럽다고 해석하는 것이 적절하다.
4. 언급지이불언言及之而不言 : 말할 계제가 되었음에도 불구하고 말을 하지 않다. 이는 자기의 속마음을 숨기는 행위이다.
5. 은隱 : '속마음을 숨기다'는 것이지만, 실제로는 음흉함을 뜻한다.
6. 미견안색이언未見顔色而言 : 상대방의 얼굴빛을 보지도 않고 말하는 것. 상대방의 마음 상태는 얼굴로 드러난다. 따라서 대화를 할 때는 상대방의 얼굴빛을 살피면서 대화의 내용과 어조의 강약을 조절해야 한다.
7. 고瞽 : 장님이지만, 눈치 없는 사람을 가리킨다.

••• 역자는 이 구절을 보고서 요즈음 젊은이들 사이에서 유행하는 '낄끼빠빠'가 생각난다. 자신이 마땅히 나서야 할 때 나서고, 빠져야 할 때는 나서지 않는 것이 예의에 맞는 행동이다. 그런데 자신이 말할 계제가 되지 않았음에도 불구하고 불쑥 나서 말을 하고, 마땅히 말할 계제가 되었음에도 불구하고 자기의 의견을 밝히지 않는다. 전자는 경망스러움이고, 후자는 속마음을 숨기는 음흉함이다. 속세 말로 하면 빠져야 할 때 끼고, 낄 때 빠지는 '빠낄낄빠'가 이에 해당한다.

7. 군자가 경계해야 할 세 가지 사항.

孔子曰: "君子有三戒[1]. 少之時, 血氣未定[2], 戒之在色[3]. 及其壯也, 血氣方剛[4], 戒之在鬪[5]. 及其老也, 血氣旣衰[6], 戒之在得[7]."

공자가 말했다. "군자가 경계해야 할 것으로 세 가지가 있다. 젊었을 적에는 혈기가 아직 안정된 상태가 아니기 때문에 여색을 경계해야 한다. 장년이 되면 혈기가 가장 강성한 상태이기 때문에 싸움을 경계해야 한다. 노년이 되면 혈기가 쇠잔해지기 때문에 물욕을 경계해야 한다."

역자 해설

1. 삼계三戒 : 세 가지 경계로 삼아야 할 것.
2. 혈기미정血氣未定 : 혈기가 아직 안정된 상태가 아니다.
3. 색色 : 여색을 의미한다.
4. 혈기방강血氣方剛 : 혈기가 가장 강성하다.
5. 투鬪 : 싸움.
6. 혈기기쇠血氣旣衰 : 혈기가 쇠잔해지다.

7. 득得 : 이득 혹은 물욕.

••• 비록 공자가 경계해야 할 것으로 세 가지를 들었지만, 이 세 가지가 가장 경계해야 할 것인지에 대해서는 이견이 있을 것이다. 단지 대표적인 예를 들었을 뿐이다.

8. 군자의 세 가지 두려움.

孔子曰: "君子有三畏[1]. 畏天命[2], 畏大人[3], 畏聖人之言[4]. 小人不知天命而不畏[5]也. 狎[6]大人, 侮[7]聖人之言."

공자가 말했다. "군자에게는 세 가지 두려움이 있다. 천명의 (위대한 원리와 가치에 대해) 경외심을 갖고, 대인의 (위대한 인품에 대해) 경외심을 갖으며, 성인의 말씀과 (그것이 기록된 경전에 대해) 존중의 마음을 갖는다. (그러나) 소인은 천명의 (위대한 원리와 가치에 대한) 인식이 부재하기 때문에 (천명을) 두려워하지 않는다. 대인에게 함부로 대하며, 성인의 말씀을 업신여긴다."

역자 해설

1. 외畏 : 단순한 두려움이 아니라 가치론적 의미가 포함된 경외 혹은 존중을 뜻한다.
2. 외천명畏天命 : 천도와 천리에 대한 무한 경외의식.
3. 외대인畏大人 : 덕성을 완비한 군자의 인격에 대해 경외심을 갖는다.
4. 외성인지언畏聖人之言 : 성인의 말씀 그리고 그것이 기록된 경전에 대해 경외심을 갖는다.
5. 소인부지천명이불외小人不知天命而不畏 : 소인은 근본적으로 천도와 천리에 대한 인식이 없기 때문에 두려움을 갖지 않는다.
6. 압狎 : 함부로 하다.
7. 모侮 : '우습게 알다' 혹은 '업신여기다'.

••• 군자와 소인의 차이를 극명하게 해설하고 있다. 군자의 두려움에 대한 공자의 해설도 적절하지만, 소인의 특성에 대한 공자의 해설은 사실과 한 치의 오차도 없이 일치한다. 천명에 대해 두려워하지 않는 것, 대인과 성인의 말씀을 함부로 업신여기는 것은 모두 천명과 인생의 가치 그리고 도리에 대한 무지에서 비롯된 것이다.

9. 부족함이 있음에도 불구하고 노력하지 않는 자가 가장 하급의 사람이다.

孔子曰: "生而知之者上也[1], 學而知之者次也[2], 困而學之又其次也[3]. 困而不學[4], 民斯爲下矣[5]."

공자가 말했다. "(후천적인 노력을 통하지 않고) 태어나면서 (갖추고 있는 지혜로운 기품을) 통해 (도를) 아는 사람이 상등이고, 후천적인 학습을 통하여 (도를) 아는 사람이 그 다음이며, 지혜는 부족하지만 (남보다 더욱 노력하여) 배우려는 사람은 또 그 다음이다. 지혜가 부족함에도 불구하고 배움에 종사하지 않으면 (그런 사람이) 사람들 중에서 하급이다."

역자 해설

1. 생이지지자상야生而知之者上也 : 태어나면서부터 도리에 밝은 사람이 상급이다.
2. 학이지지자차야學而知之者次也 : 후천적 배움을 통하여 도리를 아는 사람이 그 다음이다.
3. 곤이학지우기차야困而學之又其次也 : '곤困'을 곤경으로 해석하지만, 곤

경의 가장 대표적 사례는 근기根機의 열악함이다. 즉 지혜가 부족한 사람을 의미한다. 지혜가 부족하더라도 (남보다 더욱 노력하여) 배움에 종사하는 사람이 그 다음의 다음이다.

4. 곤이불학困而不學 : 지혜가 부족함에도 불구하고 배움에 종사하지 않는 사람.

5. 민사위하의民斯爲下矣 : 사람들 중에서 가장 하급이다.

••• 유가철학 연구에 종사하면서 역자가 가장 거북스럽게 느껴지는 구절이 바로 '후천적으로 노력하지 않고서도 태어나면서 갖추고 있는 지혜로운 기품을 통해 도를 아는 사람이 상등이다'는 말이다. 즉 유가철학에 대해 비우호적 시각을 갖는 사람들이 유학을 비평할 때 가장 많이 인용하면서 조롱하는 구절이 바로 '생이지지자生而知之者'이다. 역자는 이 구절을 지식에 대한 '생득生得'으로 이해하지 않고 기품氣稟의 상근자上根者를 표현한 것에 불과하다고 생각한다.

10. 아홉 가지 일에 대한 군자의 생각.

孔子曰: "君子有九思. 視思明[1], 聽思聰[2], 色思溫[3], 貌思恭[4], 言思忠[5], 事思敬[6], 疑思問[7], 忿思難[8], 見得思義[9]."

공자가 말했다. "군자는 아홉 가지 생각함이 있다. (무엇을) 볼 때는 (그 일의 시비선악에 대해) 분명하게 보아야 함을 생각하고, (무엇을) 들을 때는 (그 말의 선악에 대해) 똑똑하게 들어야 함을 생각하며, 얼굴색을 드러낼 때는 온화해야 함을 생각하고, 외모를 표현할 때는 공손해야 함을 생각하며, 말할 때는 진실해야 함을 생각하고, 일할 때는 공경해야 함을 생각하며, (어떤 일에) 의문이 들면 분명하게 물어야 함을 생각하고, 화가 날 때는 (이것으로 말미암아 이후에) 어려움이 닥칠 수 있음을 생각하며, 이익을 얻게 되면 그것이 정당한 것인지를 생각한다."

역자 해설

1. 시사명視思明 : '볼 때는 분명하게 보아야 함을 생각하다.' 이곳에서 생각하다의 '사思'는 고민하다, 주의하다, 집중하다 등의 의미이다.
2. 청사총聽思聰 : '들을 때는 똑똑하게 들어야 함을 생각하다.'
3. 색사온色思溫 : '안색은 온화하게 드러내야 함을 생각하다.'
4. 모사공貌思恭 : '외모는 공손하게 해야 함을 생각하다.'
5. 언사충言思忠 : '말할 때는 진실해야 함을 생각하다.'
6. 사사경事思敬 : '일할 때는 공경해야 함을 생각하다.'
7. 의사문疑思問 : '의문이 들면 분명하게 물어야 함을 생각하다.'
8. 분사난忿思難 : '화가 날 때는 이것으로 말미암아 이후에 어려움이

닥칠 수 있음을 생각하다.'

9. 견득사의見得思義 : '이익을 얻게 되면 그것이 정당한 것인지를 생각하다.'

••• 무엇을 분명하게 보아야 하는가? 어떤 일의 시비선악에 대한 분명한 관찰이 있어야 한다. 무엇을 분명하게 들어야 하는가? 아첨하는 소리인지, 충언인지를 똑똑하게 들어 분별해야 한다. 이것 외에 7가지를 더 열거한다. 그중에서 조심해서 살펴야 할 것은 '견득사의見得思義'이다. 공자는 이익을 반대하지 않았다. 단지 정당하지 않는 이익을 반대했을 뿐이다.

11. 선하지 않은 것을 보면 마치 끓는 물에서 손을 빼는 것처럼 해야 한다.

孔子曰: "'見善如不及[1], 見不善如探湯[2].' 吾見其人矣, 吾聞其語[3]矣. '隱居以求其志[4], 行義以達其道[5].' 吾聞其語矣, 未見其人也."

공자가 말했다. "'선함을 보면 마치 그것을 따라 잡을 수 없는 것처럼 (열심히 좇아야 하고), 선하지 않음을 보면 끓는 물에 손이 닿으면 (뜨거워) 재빨리 손을 빼는 것처럼 피해야 한다'고 했는데, 나는 그렇게 한 사람을 보았고, 그러한 말을 들었다. '은거하면서도 자기의 뜻을 추구하고, 의로움을 실천하면서 자신이 추구하는 도를 달성한다'고 했는데, 나는 그러한 말을 듣기는 했지만, 그렇게 한 사람을 직접 보지는 못했다."

역자 해설

1. 견선여불급見善如不及 : 선함을 보면 마치 그것을 따라 잡을 수 없는 것처럼 열심히 좇아야 한다.
2. 견불선여탐탕見不善如探湯 : 선하지 않는 것을 보면 끓는 물에 손이 닿으면 뜨거워 재빨리 손을 빼는 것처럼 피해야 한다.
3. 오견기인吾見其人, 오문기어吾聞其語 : '나는 그렇게 한 사람을 보았고, 그러한 말을 들었다.'
4. 은거이구기지隱居以求其志 : 은거하면서도 자기의 뜻을 추구하다.
5. 행의이달기도行義以達其道 : 의로움을 실천하면서 자신이 추구하는 도를 달성하다.

••• 공자는 '선함을 보면 마치 그것을 따라 잡을 수 없는 것처럼 열심히 좇는 사람', '선하지 않는 것을 보면 끓는 물에 손이 닿으면 재빨리 손을 빼는 사람'을 보았다고 한다. 주희에 의하면, 안연과 증자 그리

고 염백우와 민자건 등이 이런 사람에 해당한다. 그러나 '은거하면서도 자기의 뜻을 추구하는 사람'과 '의로움을 실천하면서 자신이 추구하는 도를 달성하는 사람'은 보지 못했다고 한다. 주희에 의하면, '은거하면서도 자기의 뜻을 추구하다'는 것은 자신의 도를 지키는 것이고, '의로움을 실천하면서 자신이 추구하는 도를 달성하다'는 것은 자신이 추구하는 도를 실행한다는 것이다. 오로지 이윤伊尹과 강태공姜太公 등이 이에 해당할 것이다.

12. 제나라 경공은 말 4천 필을 소유한 부자였지만 그를 칭송한 사람이 없다.

齊景公[1]有馬千駟[2], 死之日, 民無德而稱焉. 伯夷叔齊[3], 餓于首陽之下[4], 民到于今稱之[5]. 其斯之謂與[6]?

제나라 경공은 말 4천 필을 소유했었지만, 그가 죽는 날 백성들 중에서 그가 덕이 있는 사람이었다고 칭송한 사람은 한 명도 없었다. 그러나 백이숙제는 비록 수양산 아래에서 굶주리면서 살았지만, 백성들은 지금까지도 그를 칭송한다. 그것은 바로 이것을 두고 한 말인가?

역자 해설

1. 제경공齊景公 : 춘추시대 제나라의 제26대 제후이다. 성은 강姜이고, 휘는 저구杵臼이며, 전대 장공莊公의 이복동생이다. 장공이 최저崔杼에게 시해당한 뒤, 최저에 의해 제나라 군주로 옹립되었다. 경공 자신은 향락을 즐기는 혼군이었지만 명재상 안영의 간언에는 귀를 기울였기 때문에 경공 시절에 제나라가 중흥을 누렸다.
2. 천사千駟 : '사駟'는 네 마리 말이다. 따라서 '천사'는 말 4천 마리이다.
3. 백이숙제伯夷叔齊 : 부록 참조
4. 아어수양지하餓于首陽之下 : 수양산 아래에서 굶주렸다.
5. 민도어금칭지民到于今稱之 : 백성들이 지금까지도 칭송하다.
6. 기사지위여其斯之謂與 : '그것은 바로 이것을 두고 한 말인가?'

••• 이 단락의 특이점은 '공자왈孔子曰'이 없다는 것이다. 때문에 후에 이 단락에 빠진 글이 있다거나 혹은 독립된 단락이 아니라는 등의 여러 주장이 출현했다. 그리고 '그것은 바로 이것을 두고 한 말인가'라고 번역했지만, '그것'이 무엇을 지칭하는지 알기 어렵다. 오히려 이 구절이 없으면 문장의 연결이 더욱 자연스럽다.

13. 군자는 제 자식을 멀리한다.

陳亢[1]問於伯魚[2]曰: "子亦有異聞乎[3]?" 對曰: "未也[4]. 嘗獨立[5], 鯉[6]趨而過庭[7], 曰 '學詩乎?' 對曰 '未也', '不學詩無以言[8]'. 鯉退而學詩. 他日, 又獨立, 鯉趨而過庭, 曰 '學禮乎?' 對曰 '未也'. 不學禮無以立[9]. 鯉退而學禮. 聞斯二者." 陳亢退而喜曰 : "問一得三[10]. 聞[11]詩, 聞禮, 又聞君子之遠其子[12]也."

진항[자금]이 (공자의 아들인) 백어에게 물었다. "그대는 (부친인 선생님으로부터) 특별한 가르침을 들은 적이 있는가?" (백어가) 대답했다. "없었습니다. 일찍이 (아버지께서) 혼자 (정원에) 계실 때 제가 종종걸음으로 마당을 지나가는데, 『시경』을 배웠느냐'라고 물으시기에 '배우지 못했습니다'라고 대답했더니 『시경』을 배우지 않으면 남과 (세련된) 대화를 할 수 없다'고 하셨습니다. (그래서) 저는 물러나와 『시경』을 배웠습니다. 다른 날 또 (아버지께서) 혼자 (정원에) 계실 때 제가 종종걸음으로 마당을 지나가는데, '예를 배웠느냐'고 물으시기에 '배우지 못했습니다'라고 대답했더니 '예를 배우지 않으면 남 앞에 (올바르게) 처신할 수 없다'고 하셨습니다. (그래서) 저는 물러나와 예를 배웠습니다. 제가 들은 것은 이 두 가지뿐입니다." 진항이 물러나와 기쁜 얼굴로 말했다. "(나는 오늘 백어에게) 한 가지를 물었는데 세 가지 가르침을 얻었다. 『시경』에 대해 알았고, 예를 알았으며, 또 '군자는 제 자식을 멀리 한다'라는 뜻도 알았다."

역자 해설

1. 진항陳亢 : 공자의 제자인 자금子禽이다. 부록 참조
2. 백어伯魚 : 공자의 아들이다. 이름은 리鯉이다. 백어는 그의 자이다. 공자보다 먼저 죽었다.
3. 자역유이문호子亦有異聞乎 : '이문異聞'은 특별한 교육을 들은 것.
4. 미야未也 : 없었다.
5. 독립獨立 : 혼자 서 있다.
6. 리鯉 : 백어의 이름이다.
7. 추이과정趨而過庭 : 종종걸음으로 정원을 지나가다.
8. 불학시무이언不學詩無以言 : 『시경』을 배우지 않으면 남과 (세련된) 대화를 할 수 없다.
9. 불학례무이립不學禮無以立 : 예를 배우지 않으면 남 앞에 (올바르게) 처신할 수 없다.
10. 문일득삼問一得三 : 한 가지를 물었는데, 세 가지 가르침을 얻었다.
11. 문聞 : 깨우치다, 혹은 이해하다.

12. 군자지원기자君子之遠其子 : '군자는 제 자식을 멀리한다'라는 뜻이지만, 이곳의 실제 의미는 '군자는 제 아들이라고 해서 특별한 가르침을 베풀지 않다'로 이해해야 한다.

••• 진항은 백어가 공자의 아들이니, '아들에게는 어떤 특별한 가르침이 있었을 것이다'라고 생각하고서 '그대는 (선생님께) 특별한 가르침을 받은 적이 있는가'라고 물었다. 그런데 진항은 한 가지를 물었는데, 세 가지 도리를 깨우쳤다고 한다. 하나는 『시경』을 배우지 않으면 남과 세련된 대화를 할 수 없다'는 것이고, 다른 하나는 '예를 배우지 않으면 남 앞에 올바르게 처신할 수 없다'는 것이며, 마지막으로 '군자는 제 아들이라고 해서 특별한 가르침을 베풀지 않는다'는 것이다. 백어의 대답도 아름답지만 그것을 듣고서 지혜를 터득하는 진항의 태도가 더욱 뛰어나다.

14. 임금의 아내를 부르는 여러 호칭.

邦君之妻[1], 君稱之曰 '夫人', 夫人自稱曰 '小童[2]', 邦人[3]稱之曰 '君夫人', 稱諸異邦[4]曰 '寡小君[5]', 異邦人稱之亦曰 '君夫人'.

자기 나라 군주의 부인에 대해, 군주는 '부인'이라고 칭하고, 부인이 자신을 칭할 때는 '소동'이라고 칭하며, 나라 사람들이 (군주의 부인을) 부를 때는 '군부인'이라고 칭하고, 다른 나라 사람들 앞에서 (자기 나라 군주의 부인을 부를 때는) '과소군'이라고 칭하며, 다른 나라 사람들이 (우리나라 군주의 부인을 부를 때는) '군부인'이라고 칭한다.

역자 해설

1. 방군지처邦君之妻 : '방군邦君'은 나라의 군주, 즉 제후를 지칭함.
2. 소동小童 : 군주의 부인이 자기를 낮추어 말하는 것.
3. 방인邦人 : 나라 사람.
4. 칭저이방稱諸異邦 : '칭稱'은 '부르다'이고, '이방異邦'은 다른 나라 혹은 다른 나라 사람이다.
5. 과소군寡小君 : 자기 나라 군주를 겸손하게 과군寡君이라고 칭하고, 자기 나라 군주의 부인은 더욱 겸손하게 '과소군'이라고 칭한다.

••• 역자는 왜 이 구절이 『논어』에 수록되어 있는지 잘 모르겠다. 당연히 공자의 말이겠지만, '공자왈'이라는 표기도 없고, 또 군주의 부인에 대한 호칭이 그리 중요한 사항도 아니기 때문이다.

17 편

「양화陽貨」

1. 노나라 권력자인 양화의 출사 요구를 완곡하게 거절하다.

陽貨[1]欲見孔子, 孔子不見, 歸[2]孔子豚[3]. 孔子時其亡[4]而往拜之[5], 遇諸途[6]. 謂孔子曰: "來[7]. 予與爾言[8]." 曰: "懷其寶而迷其邦[9], 可謂仁乎?" 曰: "不可." "好從事[10]而亟失時[11], 可謂知乎?" 曰: "不可." "日月逝矣, 歲不我與[12]." 孔子曰: "諾[13], 吾將仕[14]矣."

(노나라의 권신인) 양화[양호]가 공자를 만나고자 했으나, 공자가 만나주지 않자, (양화는) 공자에게 삶은 돼지를 선물로 보냈다. (예법에 따르면, 선물을 받은 공자가 양화를 찾아가 사례를 해야 하지만, 양화를 만나고 싶은 마음이 없어) 공자는 (양화가) 없는 틈을 타 사례하러 가다가 길에서 우연히 (양화를) 만났다. (양화가) 공자에게 말했다. "어서 오십시오. 나는 그대와 할 말이 있습니다." (양화가) 말했다. "(국정을 잘 다스릴 수 있는) 보배와 같은 훌륭한 능력을 갖고 있으면서도 자기 나라가 어지럽게 되어도 버려두는 것을 인이라고 할 수 있습니까?" (공자가) 말했다. "(인이라고) 할 수 없습니다." (양화가) 말했다. "(정치에) 종사하는 것을 좋아하면서도 자주 때를 놓치는 것을 지혜롭다고 할 수 있습니까?" (공자가) 말했다. "(지혜롭다고) 할 수 없습니다." (양화가 말했다). "해와 달은 흘러가고, 세월

은 나를 위하여 기다려 주지 않습니다." 공자가 말했다. "알았습니다, 내 장차 관직에 나가겠습니다."

역자 해설

1. 양화陽貨 : '양호陽虎'라는 이름으로 불리기도 한다. 계씨의 가신이었으나 제 4대 계환자季桓子 집정 시기에 계환자를 가두고서 노나라 국정을 장악했다. 즉 가신이 대부를 가두고 전권을 장악한 것이다.
2. 귀歸 : 선물하다.
3. 돈豚 : 돼지인데, 이곳에서는 '삶은 돼지'이다.
4. 시기망時其亡 : '망亡'은 '없다'의 '무無'와 같다. '시기망'은 '양호가 없을 때'의 뜻이다.
5. 왕배지往拜之 : (삶은 돼지고기를 선물로 받았으니) 선물한 사람 집에 가서 사례하는 예를 말한다.
6. 우저도遇諸途 : (가는) 도중에 (양화를) 만나다.
7. 래來 : 어서 오십시오.
8. 여여이언予與爾言 : '여予'는 양화이고, '이爾'는 공자를 가리킨다. '나는 당신과 할 말이 있습니다.'
9. 회기보이미기방懷其寶而迷其邦 : '보寶'는 보배이지만, 이곳에서는 나라를 훌륭하게 다스릴 수 있는 능력을 의미한다. 즉 나라를 다스릴 수 있는 훌륭한 능력을 갖추고 있으면서도 자기 나라를 어지럽게

버려두다.

10. 호종사好從事 : 일하기를 좋아하다. 즉 국정에 참여하기를 좋아하다. 공자는 비록 긴 기간은 아니지만 노나라 국정에 대부로서 참여했고, 다른 나라를 주유하면서도 국정에 참여하려는 뜻을 강하게 보였기 때문에 양화가 '일하기를 좋아하다'라고 한 것이다.
11. 기실시亟失時 : '기亟'는 '자주' 혹은 '번번이'의 뜻이고, '실시失時'는 '국정에 참여할 수 있는 때를 놓치다'의 뜻이다.
12. 일월서의日月逝矣, 세불아여歲不我與 : 시간은 흘러갈 뿐 나를 위하여 기다려 주지 않는다.
13. 낙諾 : 좋다, 혹은 알았다.
14. 오장사吾將仕 : 나는 장차 관직에 나갈 것이다. 이 말을 보면, 공자가 양화의 요구를 승낙한 것 같다. 그러나 실제로 공자는 양화가 정권을 장악했을 때 관직에 나가지 않았다. 그렇다면 공자는 왜 '나는 장차 관직에 나갈 것이다'라고 했는가? 이는 양화와의 대화 논리에 따라 답을 그렇게 했을 뿐이다. 즉 나는 관직에 나갈 것이지만, 당신이 정권을 장악하고 있는 시기에는 참여하지 않는다.

••• 양화는 공자를 만나고자 했으나 공자가 만나주지 않자 당시의 예법을 이용하여 공자를 만나고자 한다. 고대 예법에 의하면, 대부가 사士에게 선물을 했으나, 사士가 집에 없어 직접 받지 못했으면, 사士는 후에 대부의 집으로 찾아가 사례해야 한다. 비록 양화의 권력은 대부를 초월한 상태였고, 공자는 비록 대부의 신분이었지만 당시는 관직

에 있지 않았기 때문에 그 예법이 공자와 양화 사이에 적절한지는 알 수 없다. 그러나 양화는 이 예법을 이용하여 공자를 만나려고 시도했다. 그는 공자가 집에 없다는 것을 미리 알고서 삶은 돼지를 선물했고, 공자 역시 예법에 따라 양화를 찾아가 답례해야 하지만, 양화를 피하고 싶어 양화가 집에 없을 때 찾아가다가 오히려 도중에 만나게 된 것이다.

2. 사람의 본래 성품은 유사하지만, 후천적인 습관 때문에 차이가 나게 된다.

子曰: "性[1]相近[2]也, 習[3]相遠[4]也."

공자가 말했다. "사람의 본성은 본래 서로 비슷하여 (차이가 없지만), (후천적인) 습성으로 말미암아 서로 (차이가) 커지게 된다."

역자 해설

1. 성性 : 사람의 본성.
2. 상근相近 : 서로 비슷하다.

3. 습習 : 후천적인 습성.

4. 상원相遠 : 서로 멀어지다.

••• 주희에 따르면, 이곳의 '성'은 기질지성이다. 그러나 역자는 이곳의 성을 맹자가 말한 성선의 성으로 이해한다. 주희의 구분법에 따르면, 본연지성本然之性, 혹 천지지성天地之性이 맹자가 말한 성선의 성에 해당한다. 주희철학에서 본연지성은 사람과 동물 그리고 사물에 차이가 없다. 즉 상동相同이다. 반면 기질지성은 사람과 동물 그리고 사물 사이에는 확연한 차이가 있지만, 사람 사이에는 비록 서로 같지는 않지만 그 차이가 크지 않다. 따라서 상근相近이라고 할 수 있다. 그러나 이는 주희의 철학 사유일 뿐 공자의 사유가 아니다. 만일 주희에 따라서 '성'을 기질지성으로 본다면, 이곳에서도 차이가 있는데, 왜 또 후천적인 습관에서도 차이를 말하는가? 고대인들의 언어 사용은 그리 엄격하지 않다. 공자는 '성'으로 사람과 사람 사이의 동일성을 설명하고, '습習'을 근거로 서로의 차이를 말한 것이라고 보는 것이 합리적이다.

3. 가장 지혜로운 사람과 우매한 사람의 같은 점.

子曰: "唯上知[1]與下愚[2], 不移[3]."

공자가 말했다. “오로지 가장 지혜로운 (성인)과 가장 어리석은 사람이야말로 변화시키기 어려운 사람이다.”

역자 해설

1. 상지上知 : 가장 지혜로운 사람. 즉 성인을 가리킨다.
2. 하우下愚 : 어리석은 사람. 기질로 말미암아 어리석을 수도 있지만, 물욕으로 말미암아 어리석게 되는 경우가 더욱 많다. 이러한 ‘하우’의 사람은 도를 경시하고 오로지 물욕만을 좇는 경향이 너무 강하기 때문에 후천적인 교육을 통해서 쉽게 변화시킬 수 없다.
3. 불이不移 : 변화되지 않는다.

••• 주희는 앞 장과 연계시켜 지혜와 우매함을 기질로 설명하지만, 역자는 공자철학에서 기질의 차이는 그리 큰 요소로 작용하지 않는다고 생각한다. 공자에 의하면, 가장 지혜로운 성인은 이미 천도와 천리 그리고 인사의 도리를 터득하고 그것을 잘 유지할 수 있기 때문에 아래로 추락하지 않는다. 공자가 말한 ‘변화시킬 수가 없다’는 것을 ‘상지’의 성인에 적용하면 ‘추락하지 않는다’로 이해해야 한다.

4. 작은 고을이라도 마땅히 예악으로 다스려야 한다.

子之[1]武城[2], 聞弦歌之聲[3]. 夫子莞爾[4]而笑曰: "割鷄焉用牛刀[5]?" 子游對曰: "昔者[6], 偃[7]也聞諸夫子 曰: '君子學道則愛人, 小人[8]學道則易使也.'" 子曰: "二三子, 偃之言是也, 前言戲[9]之耳!"

공자가 무성에 갔을 때, 거문고와 비파 소리에 맞춰 노래 부르는 소리를 들었다. 선생께서 빙그레 웃으면서 말했다. "닭을 잡는데 어찌 소 잡는 칼을 쓰는가?" 자유가 대답했다. "옛날에 저는 선생님께 '군자가 도를 배우면 사람을 사랑하고, (다스리는) 백성이 도를 배우면 다스리기 쉽다'고 하는 말을 들었습니다." 공자가 말했다. "제자들아, 언[자유]의 말이 옳다. 방금 내가 한 말은 농담이다."

역자 해설

1. 지之 : 가다. 공자가 무성에 가다.
2. 무성武城 : 노나라에 속한 읍邑이다. 당시 자유는 무성읍의 읍재邑宰였다.

3. 현가지성弦歌之聲 : 거문고와 비파 소리에 맞춰 노래 부르는 소리.

4. 완이莞爾 : 미소 짓는 모습. 즉 빙그레 웃는 모습이다.

5. 할계언용우도割鷄焉用牛刀 : 닭을 잡는데 어찌 소 잡는 칼을 사용하는가? 즉 조그마한 고을을 다스리는데 어찌 예악을 사용할 필요가 있는가?

6. 석자昔者 : 옛적에 혹은 예전에.

7. 언偃 : 자유의 이름이다. 부록 참조.

8. 소인小人 : 자유가 다스리는 읍의 평민.

9. 희戲 : 농담.

••• 공자가 작은 마을에서 무슨 예악이 필요한가라고 가볍게 말하자, 자유가 정색하고서 이전에 공자에게 들은 가르침으로 대답한다. '제자들아, 자유의 말이 옳다. 방금 내가 한 말은 농담이다'라고 자인하는 공자의 태도가 아름답다.

5. 나를 등용해주면 나는 그곳을 동쪽의 주나라로 만들 것이다.

公山弗擾[1]以費畔[2]召[3], 子欲往. 子路不說[4]曰: "末之[5]也已. 何必公山氏之之[6]也?" 子曰: "夫召我者而豈徒[7]哉? 如有用我者, 吾其爲東周[8]乎!"

공산불요가 (자신이 읍재로 있던) 비라는 곳에서 반란을 일으키고서 (공자를) 초청하자, 공자가 (공산불요의 초청에 응해) 그곳에 가려고 했다. (이 모습을 보고서) 자로가 불쾌한 얼굴로 말했다. "갈 곳이 없으면 그만이지 왜 하필이면 공산씨에게 가시려고 합니까?" 공자가 말했다. "나를 초청하는 사람이 어찌 아무 까닭 없이 부르겠는가? 만일 나를 써 주는 사람이 있다면 나는 그곳을 동쪽의 주나라로 만들 것이다."

역자 해설

1. 공산불요公山弗擾 : 성은 공산公山이고, 이름이 불요弗擾이다. 혹자는 불뉴弗狃로 쓰기도 한다. 원래는 계씨 집안이 소유한 비費의 읍재였는데, 양화[양호]와 함께 당시 계씨 집안의 후계자인 계환자를 구금했을 뿐만 아니라 자신이 읍재로 있던 비에서 반란을 일으켰다.
2. 반畔 : '반叛'과 뜻이 통한다. 즉 반란을 일으키다.
3. 소召 : '부르다'의 뜻이지만, 이곳에서는 '초청하다'로 해석해야 한다. 왜냐하면 공산불요가 공자를 함부로 부를 수 있는 위치에 있지 않기 때문이다.
4. 불열不說 : 기뻐하지 않다.
5. 말지末之 : '말末'은 '무無'와 같은 의미이고, '지之'는 가다의 뜻이다. 뒤의 '야이也已'와 함께 '갈 곳이 없으면 그만이지'의 뜻이다.

6. 하필공산씨지지何必公山氏之之 : 이 문장은 '하필지공산씨지何必之公山氏之'라고 해야 한다. 왜 하필이면 공산씨에게 가야만 하는가?

7. 도徒 : 부질없다 혹은 괜히.

8. 동주東周 : 공자는 주의 문물제도를 존숭하는 사람이다. 이곳의 동주는 서주西周와 구분되는 시기가 아니다. 공자는 봉건제도가 원활하게 시행되던 서주의 시기를 가장 이상적인 시대로 인식하였다. 동주 시기에는 봉건제도가 붕괴되고, 권력이 천자에서 제후로, 다시 대부로, 또 다시 가신으로 전이되었기 때문에 공자는 동주를 무도의 시대로 규정한다. 이곳의 동주는 동쪽의 주나라, 즉 노나라가 동쪽에 있기 때문에 동쪽에 있는 이상적인 국가라는 의미이다. 즉 동주라는 말에는 자신이 다스리는 곳을 예의와 질서의 도가 행해지는 나라로 만들겠다는 뜻이 담겨 있다.

••• 공자가 말한 '동주東周'라는 말에는 단순한 시대적 의미만이 아니라 봉건제도라는 정치 질서 그리고 예악이 시행되던 바람직한 사회상의 의미까지 포함되어 있다.

6. 공손함, 관대함, 믿음, 민첩함, 은혜로움을 실천하면 '인'하다고 할 수 있다.

子張問仁於孔子. 孔子曰 : "能行五者於天下, 爲仁矣." 請問之, 曰 : "恭[1]、寬[2]、信[3]、敏[4]、惠[5]. 恭則不侮[6], 寬則得衆[7], 信則人任[8]焉, 敏則有功[9], 惠則足以使人[10]."

자장이 공자에게 인에 관해 물었다. 공자가 말했다. "천하에서 다섯 가지 일을 (온전하게) 실천할 수 있다면 인하다고 할 수 있을 것이다." (자장이 그 다섯 가지가 무엇인지) 여쭈었다. (공자가) 말했다. "공손함 · 관대함 · 신뢰 · (사고와 판단 그리고 행동의) 민첩함 · 은혜로움이 바로 그것이다. 공손하면 (사람들에게) 업신여김을 당하지 않고, 관대하면 사람들의 마음을 얻을 수 있으며, 믿음이 있으면 사람들의 신임을 얻게 되고, (사고와 판단 그리고 행동이) 민첩하면 공적이 있게 되며, 은혜로우면 사람들을 다스릴 수 있다."

역자 해설

1. 공恭 : 공손함.

2. 관寬 : 너그럽고 관대함.

3. 신信 : 믿음.

4. 민敏 : 민첩함. 행동의 민첩함뿐만 아니라 생각과 판단의 영민함까지 포함하고 있다.

5. 혜惠 : 은혜로움.

6. 불모不侮 : 업신여기지 않다.

7. 득중得衆 : 사람들로부터 인심을 얻다.

8. 인임人任 : 사람들이 신임하다.

9. 유공有功 : 공적이 있다. 혹은 성공하다.

10. 사인使人 : 사람을 부리다. 혹은 사람을 다스리다. '부리다'라는 말은 현대의 민주정체에 어울리는 표현이 아니다. '다스리다'로 번역한다.

••• 공자가 비록 인을 다섯 가지로 해설했지만, 공자철학에서 인은 중덕衆德의 근원이다. 따라서 엄격하게 말하면, 다섯 가지의 덕목은 인의 일부분일 뿐이다.

7. 공자는 변화시킬 수 없는 사람이 없다고 생각했다.

佛肹[1]召, 子欲往. 子路曰: "昔者, 由也聞諸夫子, 曰 '親於

其身[2], 爲不善者, 君子不入也.' 佛肸以中牟[3]畔[4], 子之往也, 如之何?" 子曰: "然. 有是言[5]也. 不曰堅乎? 磨而不磷[6]. 不曰白乎? 涅而不緇[7]. 吾豈匏瓜也哉[8]? 焉能繫而不食[9]?

필힐이 (진나라에서 조간자와 힘을 합쳐 중모에서 군대를 일으킨 후에) 공자를 초청하자, 공자가 이에 응해 가려고 했다. (이에 대해) 자로가 (우려하면서) 말했다. "옛적에 저는 선생님으로부터 '직접 자신에게 선하지 못한 일을 하는 사람들 무리에 군자는 가지 않는다'는 말을 들었습니다. 필힐은 (조간자를 도와) 중모에서 반란을 일으켰는데, 선생님께서 (그런 사람의 초청에 응해) 가시려고 하니, 어찌 된 일입니까?" 공자가 말했다. "그렇다. 그런 말을 한 적이 있다. 아무리 갈아도 얇아지지 않으니 참으로 단단한 것이 아니겠는가? 아무리 물들여도 검어지지 않으니 참으로 흰 것이 아니겠는가? 내가 어찌 조롱박이라는 말인가? 어찌 (조롱박처럼) 매달려 있기만 하고 남에게 먹여주지 않을 수 있겠는가?"

역자 해설

1. 필힐佛肸 : 주희에 의하면, 필힐은 진晉나라 대부인 조간자趙簡子의

중모中牟 읍재이다. 그러나 본래는 진나라 대부인 범중항范中行의 식읍인 중모의 읍재였다. 후에 조간자가 범중항을 공격하자 필힐은 조간자를 따라 중모를 거점으로 군사를 일으켜 조간자에 협력했다.

2. 친어기신親於其身 : 직접 자신에 대해.
3. 중모中牟 : 진나라 범중항의 식읍.
4. 반畔 : 반란을 일으키다.
5. 유시언有是言 : 그런 말을 한 적이 있다.
6. 불왈견호不曰堅乎? 마이불린磨而不磷 : 이 구절과 아래 구절은 앞뒤 구절을 서로 바꾸어 해석하는 것이 좋다. 즉 '아무리 갈아도 얇아지지 않으니 참으로 단단한 것이 아니겠는가?'
7. 불왈백호不曰白乎? 날이불치涅而不緇 : 아무리 물들여도 검어지지 않는다면 참으로 흰 것이 아니겠는가?
8. 오기포과야재吾豈匏瓜也哉 : 내 어찌 (매달려 있는) 조롱박이라는 말인가?
9. 언능계이불식焉能繫而不食 : 어찌 (조롱박처럼) 매달려 있기만 하고 남에게 먹여주지 않을 수 있겠는가?

••• 앞에서 공자가 말한 '아무리 갈아도 얇아지지 않으니 참으로 단단한 것이 아니겠는가'와 '아무리 물들여도 검어지지 않는다면 참으로 흰 것이 아니겠는가'라는 말은 비록 필힐이 나를 초청하여 내가 그곳으로 간다고 할지라도 내가 결코 그런 사람에게 포섭당하지 않는다는 것을 비유로써 설명한 것이다. 또 공자는 '내 어찌 조롱박이라는 말인

가? (조롱박처럼) 매달려 있기만 하고 남에게 먹여주지 않을 수 있겠는가'라고 했다. 조롱박은 어떤 사람이 와서 그것을 사용해야만 용도를 발휘할 수 있다. 그러나 공자는 조롱박처럼 수동적으로 자신을 써 줄 사람을 기다리지 않고 자신을 필요로 하는 곳에 직접 가서 자신의 능력을 발휘하고자 했다. 앞 장에서도 공자는 공산불요의 초청에 응하려고 했고, 이 장에서도 필힐의 초청에 가려고 했다. 그러나 실제로 공자는 두 사람의 초청에 응하지 않았다. 이러한 공자의 언설과 태도는 두 가지 의미를 갖고 있다. 공자가 그들의 초청에 응하려고 한 것은 천하에 변화시킬 수 없는 사람은 없다는 자신감이고, 실제로 그들의 초청에 가지 않은 것은 그들은 변화되지 않을 사람임을 정확하게 파악했기 때문이다.

8. 여섯 가지 아름다운 덕과 그 덕에 따를 수 있는 여섯 가지 폐단.

子曰: "由也! 女[1]聞六言[2]六蔽[3]矣乎?" 對曰: "未[4]也." "居[5]! 吾語女. 好仁不好學[6], 其蔽也愚[7]. 好知不好學[8], 其蔽也蕩[9]. 好信不好學[10], 其蔽也賊[11]. 好直不好學[12], 其蔽也絞[13]. 好勇不好學[14], 其蔽也亂[15]. 好剛不好學[16], 其蔽也狂[17]."

공자가 말했다. "유야[자로]. 너는 여섯 가지 (아름다운 덕에 관한) 말과 그에 따르는 여섯 가지 폐단에 대하여 들은 적이 있느냐?" (자로가) 대답했다. "없습니다." (공자가 말했다.) "(자로야 거기에) 앉아라. 내가 너에게 (그것에 관해) 말해 주겠다. 자애로움을 좋아하면서도 학문에 힘쓰지 않으면, 사리를 (정확하게) 알지 못하여 어리석게 된다. 지혜로움을 좋아하면서도 학문에 힘쓰지 않으면, 사리를 알지 못하여 방종하게 된다. 믿음을 좋아하면서도 학문에 힘쓰지 않으면, 진리를 얻음에 해가 될 수 있다. 정직함을 좋아하면서도 학문에 힘쓰지 않으면, 박절하게 될 수 있다. 용기를 좋아하면서도 학문에 힘쓰지 않으면, 난폭하게 될 수 있다. 굳셈을 좋아하면서도 학문에 힘쓰지 않으면, 과단하지만 (타인의 동의를 얻기 어려울 수도 있다.)"

역자 해설

1. 여女 : 2인칭인 '너'. 이곳에서는 자로[由]를 가리킨다.
2. 육언六言 : 여섯 가지 말이지만, 이곳에서는 여섯 가지 아름다운 덕을 가리킨다. 인자함[仁], 지혜[知], 믿음[信], 정직[直], 용기[勇], 굳셈[剛]이 이에 해당한다.
3. 육폐六蔽 : 여섯 가지 폐단. 어리석음[愚], 방종[蕩], 해침[賊], 각박함[絞], 난폭함[亂], 과단[狂]이 바로 그것이다.
4. 미未 : 없다. 즉 육언六言과 육폐六蔽에 대해 듣지 못하다.

5. 거居 : 앉아라. 고대에는 스승 앞에 서 있는데, 스승의 가르침에 소요되는 시간이 길 것 같으면 앉도록 명한다.

6. 호인불호학好仁不好學 : 자애로움을 좋아하면서 학문에 힘쓰지 않는다.

7. 우愚 : 사리를 알지 못하여 어리석게 되다. 마땅히 인자함을 베풀지 않아야 함에도 불구하고 인자함을 베푸는 우를 범할 수 있다.

8. 호지불호학好知不好學 : 지혜로움을 좋아하면서 학문에 힘쓰지 않는다.

9. 탕蕩 : 사리를 알지 못하여 방종하게 된다. 자신의 지혜에 대한 지나친 확신은 주관적 독선과 독단에 빠지기 쉽다.

10. 호신불호학好信不好學 : 믿음을 좋아하면서 학문에 힘쓰지 않는다.

11. 적賊 : 이 구절에 대한 해석이 분분하다. 왜 믿음을 좋아하면서 학문에 힘쓰지 않으면 해가 될 수 있다고 하는가? 우리는 어떤 사물의 실상에 대해 들어서 알기도 하고, 물어서 알기도 하며, 보고서 알기도 한다. 그러나 이러한 것들에 대해 객관적 검증과 비판적 성찰을 하지 않으면 잘못된 지식에 빠질 수 있다. 따라서 '믿음을 좋아하면서 학문에 힘쓰지 않으면, 진리 혹은 지식을 해칠 수 있다.'

12. 호직이호학好直不好學 : 정직함을 좋아하면서 학문에 힘쓰지 않는다.

13. 교絞 : 박절하다. 공자철학에서 '직直'의 내용은 정당성과 합리성이다. 그러나 우리의 삶에 오로지 정당성과 합리성만을 추구하고

나머지를 모두 배격한다면 인생은 삭막하게 될 것이다. 인생에는 때로 합리도 중요하지만 인간의 정情에 부합하는 합정合情도 중요하다.

14. 호용불호학好勇不好學 : 용기를 좋아하면서 학문에 힘쓰지 않는다.
15. 란亂 : 난폭함. 자로의 경우가 대표적이다. 용기는 정의를 실현하는 대표적인 덕목이지만, 학문을 통한 성찰이 부재하면 난폭함에 귀결될 수 있다.
16. 호강불호학好剛不好學 : 굳셈을 좋아하면서 학문에 힘쓰지 않는다.
17. 광狂 : 과단하다. 주희는 경솔하고 조급함으로 해석했다. 어딘지 자연스럽지 않은 것 같다. 역자는 과단함 혹은 과격함으로 해석한다. 굳센 성정은 타인과의 타협을 좋아하지 않기 때문에 때로는 과단함에 치우쳐 타인의 동의를 얻기 어려울 수도 있다.

••• 이곳에서 '인'은 선의지 혹은 전덕全德의 인이 아닌 자애로움 혹은 인자함이라는 단일 덕목으로 해석해야 한다. 즉 자애로움을 좋아하면서 학문에 힘쓰지 않는다. '호학好學'은 경전과 서적 그리고 객관적인 경험을 통해 자신의 신념을 반성하고 검증하는 활동이다. 따라서 비록 인자함[仁], 지혜[知], 믿음[信], 정직[直], 용기[勇], 굳셈[剛]을 좋아한다고 하지만, 이에 대해 객관적인 경험을 통해 성찰하고 검증하는 활동이 부재하다면 어리석음[愚], 방종[蕩], 해침[賊], 각박함[絞], 난폭함[亂], 과격함[狂] 등의 폐단이 수반될 수 있다.

9.『시경』을 배워야 하는 이유.

子曰: "小子[1]何莫學夫詩[2]? 詩可以興[3], 可以觀[4], 可以群[5], 可以怨[6]. 邇之[7]事父, 遠[8]之事君, 多識[9]於鳥獸草木之名."

공자가 말했다. "애들아! 너희들은 어찌『시경』을 공부하지 않느냐? 시는 사람의 의지를 홍발시킬 수 있고, (시를 공부하면 마음을 고요히 하게 하여) 사물을 올바르게 관찰할 수 있으며, 다른 사람과 조화롭게 무리를 지어 어울릴 수 있고, 누구를 원망할 수도 있다. 가까이는 부모를 잘 섬길 수가 있고, 멀리는 군주를 잘 보필할 수가 있으며, 새 짐승 그리고 풀과 나무의 이름도 많이 알게 될 것이다."

역자 해설

1. 소자小子 : 애들아. 제자들을 가볍게 부르는 호칭.
2. 시詩 :『시경』.
3. 가이홍可以興 : 감홍을 일으키다. 즉 자신의 의지를 홍발시킬 수 있다. 이는 개인의 도덕의지 고양과 관계된 말이다.
4. 가이관可以觀 : 사물을 올바르게 보다. 이는 정치를 포함한 문화의

전반적 현상을 잘 살필 수 있다는 것이다.

5. 가이군可以群 : 사람들과 무리를 지을 수 있다. 사람들과 무리를 지을 수 있지만 부화뇌동하지는 않는다.
6. 가이원可以怨 : 원망할 수 있다. 혹은 정치가의 잘못을 비판할 수 있다.
7. 이邇 : 가까이.
8. 원遠 : 멀리.
9. 다식多識 : 많이 알다.

••• '의지를 홍발시킨다'는 것은 개인의 도덕의지 고양과 관계된 것이고, '마음을 고요히 하여 사물을 올바르게 관찰할 수 있다'는 것은 문화의 전반적 현상을 살필 수 있다는 것이며, '다른 사람과 조화롭게 무리를 지어 어울릴 수 있다'는 것은 시를 통하여 좋은 친구[尙友-맹자의 말]와 교류할 수 있다는 것이고, '누구를 원망할 수도 있다'는 것은 시를 통하여 위정자를 비평할 수 있다는 의미이다.

10. 『시경』을 배우지 않으면 꽉 막힌 사람과 다를 바 없다.

子謂伯魚[1]曰: "女[2]爲[3]周南召南[4]矣乎? 人而不爲周南召南, 其猶正牆面而立[5]也與."

공자가 (자신의 아들인) 백어에게 말했다. "너는 (『시경』「국풍」)의 주남과 소남의 시를 공부했느냐? 사람이면서 주남과 소남의 시를 배우지 않으면, (꽉 막힌) 담을 정면으로 마주 대하고 서 있는 것과 같을 것이다."

역자 해설

1. 백어伯魚 : 공자의 아들. 이름은 리鯉이다.
2. 여女 : '여汝' 즉 '너'의 뜻이다.
3. 위爲 : 이곳에서는 '배우다'의 '학學'과 같다.
4. 주남소남周南召南 : 『시경』「국풍國風」의 첫머리 두 편. 주요 내용은 수신修身과 제가齊家에 관한 것이다.
5. 정장면이립正牆面而立 : '정장면正牆面'은 '정면장正面牆'의 도치문이다. 담을 정면으로 바라보고 있는 것. 꽉 막힌 상황 혹은 꽉 막힌 사람을 표현한 것이다.

••• 공자의 인생관은 이성과 정감이 적절하게 혼용되어 있다. 이성은 삶의 올바른 방향에 대한 인식과 결정 작용이고, 정감은 삶을 윤택하게 하는 작용이다. 정감 활동의 대표적 문헌이 바로 『시경』이다.

11. 예악은 형식보다 공경과 화락한 마음을 갖는 것이 더 중요하다.

子曰: "禮云[1]禮云, 玉帛[2]云乎哉? 樂云樂云, 鐘鼓[3]云乎哉?"

공자가 말했다. "예에 대해 이렇다 저렇다고 말하지만, 설마 그것이 옥이나 비단을 말하는 것이겠는가? 음악에 대해 이렇다 저렇다고 말하지만, 설마 종과 북을 말하는 것이겠는가?"

역자 해설

1. 예운禮云 : 예에 대해 이렇다 저렇다 말하다.
2. 옥백玉帛 : 고대에 제후들이 외교의식을 할 때 주고받는 물건이다. '옥玉'은 예기禮器이고, '백帛'은 비단으로서 예물禮物이다.
3. 종고鐘鼓 : 종과 북.

••• 공자는 예악을 강조했지만, 공자가 강조한 것은 예악의 형식이 아니라 그 내용이다. 이곳에서 '옥백'과 '종고'는 예악의 형식을 말한 것이다. 그렇다면 예악의 내용은 무엇인가? 옥백을 교환하면서 서로 공경하는 마음이 없으면 그것은 진정한 예가 아니다. 종과 북을 치면

서 조화의 화락한 마음이 없으면 진정한 음악이 아니다. 따라서 이곳에서 말하는 예악의 실질 의미는 서로 공경하는 마음과 조화의 마음이다.

12. 담대한 마음이 없는 위엄은 군자의 이름을 도용한 도적의 태도일 뿐이다.

子曰: "色厲[1]而內荏[2], 譬諸小人, 其猶穿窬之盜[3]也與."

공자가 말했다. "얼굴빛은 위엄이 있게 보이지만 속으로 유약하고 겁이 많은 사람을 일반 사람들에 비유하면, 남의 집 벽을 뚫고 담을 넘는 도둑과 같은 사람이다.

역자 해설

1. 색려色厲 : 얼굴빛은 엄하고 사납다.
2. 내임內荏 : 속은 유약하고 겁이 많다.
3. 천유지도穿窬之盜 : '천穿'은 벽을 뚫는 것이고, '유窬'는 담장에 구멍을 내는 것이다. '천유지도'는 벽을 뚫고 담을 넘는 도둑이다.

••• 외모는 위엄이 있어 군자처럼 보이지만, 속마음은 담대하지 못하고 겁이 많다면, 이런 사람은 실질 내용 없이 군자라는 이름만을 도용한 향원鄕愿과 같은 이중인격자에 불과하다.

13. 공자는 왜 이중인격자인 향원을 그토록 비난하는가?

子曰: "鄕原[1], 德之賊[2]也."

공자가 말했다. "(고을에서 겉으로는 중후한 모습 때문에 군자처럼 보이지만 실제로는 세속에 영합하는) 향원이야말로 덕을 해치는 적이다."

역자 해설

1. 향원鄕原 : '원原'은 '원愿'과 같다. '鄕原'과 '鄕愿'을 혼용하여 쓰기도 한다.
2. 덕지적德之賊 : 덕을 해치는 적이다.

••• 주희에 의하면, '향원은 시골 사람 중에서 겉모습이 중후한 사람

이다. 세속과 함께하고 더러움에 영합하여 살지만 처세에 능통하기 때문에 시골 사람들 중에서 중후한 사람[愿]이라고 칭송 받는 것이다.' 향원을 가장 정확하게 표현하면 이중인격의 소유자이다. 공자가 이러한 유형의 향원을 비난한 이후 유가철학에서는 향원에 대한 비판이 지속적으로 이루어졌다. 그렇다면 왜 공자를 시작으로 모든 유학자들이 향원을 이토록 비난하는가? 역자가 보기에 향원은 실제로는 이중인격자이지만 겉모습만 보면 성인보다도 더욱 성인처럼 보이기 때문이다. 우리 주변에는 향원의 속성을 가진 집단이 많다. 정치인은 속물에 가깝지만 향원처럼 이중성을 보이지는 않는다. 역자가 속한 교육계와 종교계 등에 오히려 향원의 부류가 넘치고도 넘친다.

14. 마음으로 성찰하지 않고 함부로 내뱉는 말은 덕을 버리는 것과 같다.

子曰: "道聽而塗説[1], 德之棄[2]也."

공자가 말했다. "길을 가다가 지나가는 말을 듣고 (마음으로 성찰하지 않고) 그대로 말하는 것은 덕을 버리는 것이다.

역자 해설

1. 도청이도설道聽而塗說 : '도道'와 '도塗'는 모두 길을 의미한다. '도塗'는 '도途'와 같다. '도청이도설'은 길을 가다가 지나가는 말을 듣고 그것에 대해 성찰과 반성을 통해 검증하지 않고 그대로 다른 사람에게 전하는 것이다.
2. 덕지기德之棄 : 덕을 버리다.

••• '도청도설'은 사실을 부풀려 왜곡시키기 때문에 아무런 의미가 없을 뿐만 아니라 오히려 덕을 해치게 된다. 아무리 좋은 말이라고 할지라도 자신의 마음에서 그것에 대한 반성과 성찰을 거치지 않는다면, 이는 덕을 폐기하는 것과 같다.

15. 부귀를 잃을까 전전긍긍하는 사람은 못하는 짓이 없다.

子曰: "鄙夫[1]可與事君也與哉[2]? 其未得之也, 患得之[3], 旣得之, 患失之[4]. 苟患失之, 無所不至矣[5]."

공자가 말했다. "비열한 사람과 함께 군주를 섬길 수 있겠는가? (비열한 사람은 부귀와 명예 그리고 지위 등)을 얻기 전에는 (어떻게) 얻을까만을 걱정하고, 그것을 얻은 후에는 그것을 잃을까봐 걱정한다. 오로지 잃을 것만을 걱정하는 사람이라면 못하는 짓이 없다."

역자 해설

1. 비부鄙夫 : 비열한 사람, 혹은 비루한 사람.
2. 가여사군야여재可與事君也與哉 : (비열한 사람)과 함께 군주를 섬길 수 있을까? 뒤의 내용을 보면, 비열한 사람은 오로지 재물과 명예 그리고 권력 등과 같은 것에 대한 득실得失만을 고려한다.
3. 기미득지야其未得之也, 환득지患得之 : (부귀와 명예 그리고 권력 등을) 얻기 전에 어떻게 얻을까를 걱정하다.
4. 기득지既得之, 환실지患失之 : 이미 (부귀와 명예 그리고 권력 등을) 얻은 후에는 그것을 잃을까봐 걱정하다.
5. 구환실지苟患失之, 무소부지의無所不至矣 : 오로지 잃을 것만을 걱정하는 사람이라면 못하는 짓이 없다. 심지어 자신이 섬기는 군주도 해칠 수 있다.

••• 자신의 이익과 명예만을 고려하는 비열한 사람은 자신의 이익에 부합되지 않으면 군주마저도 버릴 수 있고, 심하면 군주를 죽이기도 한다. 때문에 공자는 '비열한 사람과 함께 군주를 섬길 수 있을까'라는 의문을 표시한 것이다.

16. 옛날 사람들의 병폐와 지금 사람들의 병폐.

子曰: "古者, 民有三疾[1], 今也或是之[2]亡[3]也. 古之狂也肆[4], 今之狂也蕩[5]. 古之矜也廉[6], 今之矜也忿戾[7]. 古之愚也直[8], 今之愚也詐[9]而已矣."

공자가 말했다. "옛날 백성들에게는 세 가지 폐단이 있었는데, 지금은 그 폐단마저도 없는 것 같다. 옛날의 광자는 (자신이 옳다고 생각한 것을 실천하려는 의지가 강했기 때문에) 작은 예절 등에 구애받지 않았는데, 지금의 광자는 그저 방탕할 뿐이다. 옛날에 자긍심과 자부심이 높은 사람은 엄하고 행동에 모가 났었는데, 지금 자긍심이 있다고 하는 사람은 타인들과 충돌하고 화내기만을 좋아할 뿐이다. 옛날에 우매한 사람들은 정직했지만, 지금 우매한 사람은 사람들을 속이려고만 한다."

역자 해설

1. 삼질三疾 : 세 가지 폐단, 혹은 병폐.
2. 지之 : 앞에서 말한 '옛날 사람의 세 가지 폐단.'
3. 망亡 : 없다.

4. 광야사狂也肆 : '광자는 작은 예절 등에 구애받지 않는다.' 이곳에서 말한 '광狂'은 공자가 긍정한 '광견狂狷'의 '광'이다.
5. 광야탕狂也蕩 : '지금의 광자는 방탕하다.'
6. 긍야렴矜也廉 : 옛날에 자긍심과 자부심이 높은 사람은 엄하고 행동에 모가 났다.
7. 긍야분려矜也忿戾 : '분려忿戾'는 화내기를 좋아하고 남과 부딪치기를 좋아하는 사람이다. 즉 지금 자긍심이 있다고 하는 사람은 타인들과 충돌하고 화내기를 좋아할 뿐이다.
8. 우야직愚也直 : 옛날에 우매한 사람들은 비록 우둔했지만 정직했다.
9. 우야사愚也詐 : 지금 우매한 사람들은 우둔하면서도 사람들을 속이려고 한다.

••• 광자는 자신이 옳다고 생각한 것에 대해서는 이것저것 고려하지 않고 실행하려는 의지를 가진 사람이다. 이러한 사람들은 때로 예절 등에 구애받지 않는다. 때문에 '사肆'라고 한 것이다. 지금의 광자는 옛날의 광자처럼 강한 의지의 소유자가 아니라 그저 나쁜 일을 제멋대로 하는 방탕한 사람에 불과하다. 옛날에 자긍심과 자부심이 높은 사람은 단지 조화에 문제가 있었지만, 엄한 기상을 소유한 사람이었다. 그러나 지금 자긍심이 있다고 하는 사람은 엄한 기상도 없고 단지 타인과 충돌만을 좋아할 뿐이다. 우매함도 마찬가지이다. 옛날 우매한 사람은 정직했다. 그러나 지금의 우매한 사람은 우매하면서도 오히려 그것을 이용하여 남을 속이려고 한다.

17. 인자仁者는 교언영색하지 않는다.

子曰: "巧言[1]令色[2], 鮮矣仁."

공자가 말했다. "말을 잘 꾸며 (남에게) 듣기 좋은 말을 잘하고, 얼굴색을 잘 꾸며 (남에게) 잘 보이려고 하는 사람들 중에 '인' 한 사람은 드물다."

역자 해설

1. 교언巧言 : '교巧'는 '아름답다'는 뜻이다. '교언'은 말을 잘 꾸며 상대방이 듣기 좋게 하다는 것으로, 남의 비위를 맞추기 위한 아부의 말이다.
2. 영색令色 : '영令'은 '잘하다'의 의미이다. '영색'은 얼굴빛을 잘 꾸며 상대방 환심을 산다는 뜻이다. 물론 이중성과 관계없이 그 사람 기질생명이 본래 그럴 수도 있다. 때문에 '드물다'라고 표현할 뿐 '없다'라고 하지 않은 것이다.

••• 『논어』에서 '인'을 '어질다'로 번역해서는 안 된다. 공자철학의 제1 개념은 바로 '인'이다. 기타 중덕衆德은 인으로부터 파생된 2차적 개념

이다. '어질다' 의미는 '인' 속에 포함된 수많은 도덕 덕목 중의 하나일 뿐이다. 또『논어』에서 인자仁者는 군자君子 · 대인大人 · 성인聖人과 동일한 인격 완성자이다. 따라서 "인한 사람은 드물다"는 실제로 도덕적인 사람이 아님을 의미한다. 이 구절은「학이」편에 동일하게 출현한다.

18. 간색間色이 정색正色을 훔치는 것을 싫어하다.

子曰: "惡[1]紫[2]之奪朱[3]也, 惡鄭聲[4]之亂雅樂[5]也, 惡利口[6]之覆邦家[7]者."

공자가 말했다. "(간색인) 자주색이 (정색인) 빨간색을 탈취하는 것을 미워하고, (음탕한) 정나라 음악이 (우아한) 아악을 어지럽히는 것을 미워하며, 예리한 입놀림으로 나라를 망하게 하는 것을 미워한다."

역자 해설

1. 오惡 : 미워하다, 혹 싫어하다.
2. 자紫 : 자주색. 자주색은 간색이다. 적색, 황색, 청색, 백색, 흑색 등

이 정색인데, 이 중에서 두 가지 이상을 합한 색이 간색이다.

3. 탈주奪朱 : 정색인 빨간색을 빼앗다. 즉 간색과 정색을 합하면 간색이 된다.
4. 정성鄭聲 : 정나라 노래는 대부분 음란했다고 한다. 심지어『시경』의 「정풍鄭風」도 음란한 노래가 많다고 한다.
5. 난아악亂雅樂 : 우아한 아악을 어지럽히다.
6. 리구利口 : 예리한 입놀림. 즉 말만 민첩하게 잘하는 것이다.
7. 복방가覆邦家 : '복覆'은 '뒤엎다'는 것이고, '방가邦家'는 나라를 의미한다. 즉 나라를 뒤엎다.

••• 자주색을 비롯한 간색과 정나라 음악 그리고 예리한 입놀림 등은 정도를 벗어난 것이고, 빨간색을 비롯한 정색과 아악은 정도에 부합한 것들이다. 공자는 정도에 벗어난 것들이 당시에 횡행하고 있는 현실을 색깔과 음악을 예로 들어 해설한 것이다.

19. 나도 하늘처럼 말없이 소임을 다하고자 한다.

子曰: "予欲無言[1]." 子貢曰: "子如不言, 則小子[2]何述[3]焉?" 子曰: "天何言[4]哉? 四時[5]行焉, 百物[6]生焉, 天何言哉?"

공자가 말했다. "(이제부터) 나는 말을 안 하고자 한다." 자공이 말했다. "만약 선생님께서 아무 말도 하지 않으면 저희들은 어떻게 (선생님의) 도를 따르고 전술합니까?" 공자가 말했다. "하늘이 (언제 뭐라고) 하더냐? 사계절이 순환하고, 만물이 소생하고 있지만, 하늘이 언제 무슨 말을 하더냐?"

역자 해설

1. 무언無言 : 말하지 않겠다.
2. 소자小子 : 스승이 제자에게, 혹은 제자가 자신을 가볍게 칭하는 말이다.
3. 하술何述 : '따르고 전하다'의 의미이다. 즉 선생님께서 도를 말하지 않으면 우리는 어떻게 선생님의 도를 전술합니까?
4. 천하언天何言 : 하늘이 무엇을 말하더냐.
5. 사시四時 : 춘하추동.
6. 백물百物 : 천지만물.

••• 공자는 열국을 주유하면서 여러 군주에게 '인정仁政'을 설파했지만, 어떤 군주도 공자의 정치적 이념에 귀를 기울이지 않았다. 이 구절은 이에 대한 실망감의 표현인 것 같다. 이 말은 공자가 자신의 뜻을 하늘에 비유하면서 어떤 평가와 관계없이 묵묵하게 인도仁道와 인

정을 추구하겠다는 다짐이다.

20. 만나고 싶지 않은 사람의 만남 요청을 거절하는 공자의 태도.

孺悲[1]欲見孔子, 孔子辭以疾[2]. 將命者[3]出户, 取瑟而歌[4], 使之聞之[5].

유비가 공자를 뵙고자 (사람을 파견하여 뜻을 전달했는데), 공자가 병을 핑계로 거절했다. (유비의 뜻을) 전달한 사람이 문을 나가자마자 거문고를 타고 노래를 부르면서 (유비의 명을) 전달한 사람으로 하여금 듣게 했다.

역자 해설

1. 유비孺悲 : 노나라 사람으로 공자에게 사상례士喪禮를 배웠다고 한다.
2. 사이질辭以疾 : 병을 핑계로 거절하다.
3. 장명자將命者 : 유비의 말을 공자에게 전달한 사람.
4. 취슬이가取瑟而歌 : 거문고를 타면서 노래를 부르다.
5. 사지문지使之聞之 : 유비의 말을 전한 사람으로 하여금 (노래 소리

를) 듣게 하다.

••• 이곳에서 공자가 유비를 거절한 것을 보면, 유비가 공자에게 잘못을 저지른 것 같다. 그 상세한 내막은 알 수 없다.

21. 삼년상의 당위성을 말하다.

宰我[1]問三年之喪: "期[2]已久矣. 君子三年不爲禮, 禮必壞[3], 三年不爲樂, 樂必崩[4]. 舊穀旣沒[5], 新穀旣升[6], 鑽燧改火[7], 期[8]可已矣." 子曰: "食夫稻[9], 衣夫錦[10], 於女安乎[11]?" 曰: "安." "女安則爲之. 夫君子之居喪, 食旨不甘[12], 聞樂不樂[13], 居處不安[14], 故不爲也. 今女安, 則爲之." 宰我出. 子曰: "予之不仁[15]也, 子生三年然後免於父母之懷[16]. 夫三年之喪, 天下之通喪[17]也. 予也有三年之愛於其父母乎[18]!"

재아가 3년 상에 대해 물었다. "3년의 기간은 너무 깁니다. 군자가 3년 동안 예를 행하지 아니하면 예의 법도는 반드시 문란해질 것이고, 3년 동안 음악을 즐기지 아니하면 아름다운 음악의 조화는 반드시 황폐해질 것입니다. (작년에 생산한) 묵은 곡식은 벌써 다 없어지고, 새로운 곡식이 등장했으며, 불도 나무를 바꾸어 지폈으니 1주년만 하면 될 것 같습니다." 공자가 말했다. "(부모님께서 돌아가신 후에 맛있는) 쌀밥을 먹고 (아름다운) 비단옷을 입는 것이 네 마음에 편안하게 느껴지는가?" (재아가) 말했다. "편안할 것입니다." (공자가 말했다.) "네 마음이 편안하다면 그렇게 하라. 군자는 상중에 있을 때 맛있는 음식을 먹어도 맛있게 느껴지지 아니하고, 아름다운 음악을 들어도 즐겁게 느껴지지 않으며, 평상시 거처하는 곳에 있더라도 편안하게 느껴지지 않기 때문에 그렇게 하지 않는 것이다. 지금 너는 편안하게 느껴진다니 그렇게 하라." 재아가 밖으로 나가자, 공자가 말했다. "재아는 인하지 못한 사람이다. 자식은 태어나서 3년이 된 후에야 비로소 부모의 품속을 벗어나게 된다. (때문에) 3년 상은 누구나 할 것 없이 천하에 공통된 거상 기간이다. 재아도 삼년 동안은 부모에게 사랑을 받았겠지?"

역자 해설

1. 재아宰我 : 공자의 제자. 부록 참조.
2. 기期 : 이곳의 '기期'는 3년의 기간을 의미한다.
3. 불위례不爲禮, 예필괴禮必壞 : '위爲'는 동사이다. 재아의 입장에서 예와 악은 예의 조목과 음악을 가리킨다. '괴壞'는 '문란해지다'의 뜻이다. 즉 (3년 동안) 예를 하지 않으면 예는 틀림없이 문란해질 것이다.

4. 불위악不爲樂, 악필붕樂必崩 : '붕崩'은 '황폐해지다'의 뜻이다. 예와 마찬가지로 (3년 동안) 음악을 하지 않으면 음악은 틀림없이 황폐해질 것이다.
5. 구곡기몰舊穀旣沒 : '구곡舊穀'은 지난날 수확한 곡식이고, '기몰旣沒'은 '이미 다 먹었다'는 뜻이다.
6. 신곡기승新穀旣升 : '신곡新穀'은 금년에 수확한 곡식이고, '기승旣升'은 '이미 등장했다', 즉 새 곡식이 나오기 시작했다. 이는 1년의 시간이 지났다는 의미이다.
7. 찬수개화鑽燧改火 : '찬鑽'은 고대에 불을 지필 때 나무를 마찰시키는 것이고, '수燧'는 불을 지필 때 사용하는 나무이다. '찬수鑽燧'는 나무를 마찰시켜 불을 지핀다는 뜻이다. 고대에는 나무를 사용하여 불을 지폈으며, 이때 사용하는 나무들이 계절마다 달랐다. 봄에는 느릅나무와 버드나무, 여름에는 살구나무와 대추나무, 늦여름에는 산뽕나무와 뽕나무, 가을에는 갈참나무, 겨울에는 느티나무와 박달나무를 사용했다. 1년이 지난 후에 다시 그 나무를 사용하기 때문에 '불을 바꾸다[改火]'라고 한 것이다. 찬수개화 역시 1년이 되었다는 뜻이다.
8. 기期 : 이곳의 '기'는 1주년을 의미한다.
9. 식부도食夫稻 : '부夫'는 지칭사로서 '이' 혹은 '저'의 의미이고, '식食'은 동사로서 '먹다'의 뜻이며, '도稻'는 쌀밥이다. 고대 북방에서는 기장[黍稷]이 주식이었고, 쌀은 귀한 진품이었다. 즉 맛있는 밥을 먹다.
10. 의부금衣夫錦 : '의衣' 역시 동사로서 '입다'의 의미이다. '금錦'은 평

상복과 상대되는 아름다운 옷이다. 즉 아름다운 옷을 입다.

11. 어여안호於女安乎 : '여女'는 2인칭 대명사인 '여汝'와 같다. 너의 마음이 편안한가?

12. 식지불감食旨不甘 : '지旨'는 맛있는 음식을 가리키며, '불감不甘'은 '맛있게 느껴지지 않는다'는 의미이다. 즉 맛있는 음식을 먹어도 맛있게 느껴지지 않는다.

13. 문악불락聞樂不樂 : 앞의 '악樂'은 '음악'을 가리키고, 뒤의 '락樂'은 '즐겁다'는 의미이다. 즉 즐거운 음악을 들어도 즐겁지 않다.

14. 거처불안居處不安 : '거처居處'는 평상시에 주거하는 생활을 가리키며, '불안不安'은 편안하지 않다는 의미이다. 즉 평상시 거처하는 곳에 있어도 마음이 편치 않다.

15. 여지불인予之不仁 : 재아의 이름이 '여予'이다. 재아는 인하지 않는 사람이다.

16. 자생삼년연후면어부모지회子生三年然後免於父母之懷 : '회懷'는 부모의 품이고, '면免'은 '벗어나다'의 의미이다. 즉 자식은 생명이 탄생한 이후 3년이 된 후에야 부모의 품을 벗어날 수 있다.

17. 통상通喪 : 천하의 모든 사람에게 통행되는 상례이다. 3년 상은 천자에서부터 일반사람에까지 모두 동일하게 적용되었다.

18. 여야유삼년지애어기부모호予也有三年之愛於其父母乎 : 재아도 삼년 동안은 부모에게 사랑을 받았겠지!

••• 이곳에서 공자는 3년상의 당위성을 제시하고 있다. 왜 3년인가?

1년은 부모의 임신기간이고, 1년은 젖 먹는 시기이며, 나머지 1년은 최소한의 밥을 먹는 방법을 배우는 기간이다. 이는 사실에 관한 것이다. 군자가 상중에 있을 때 맛있는 음식을 먹어도 맛있게 느껴지지 아니하고, 아름다운 음악을 들어도 즐겁게 느껴지지 않으며, 평상시 거처하는 곳에 있더라도 편안하게 느껴지지 않는다는 것은 인심仁心의 작용을 말한 것이다. 또 공자는 재아를 '불인不仁'하다고 했지만, 재아는 부모 사후 거상 기간이 불필요하다고 주장하지 않았다. 단지 3년은 너무 길기 때문에 1년으로 하자고 했을 뿐이다. 때문에 재아에 대한 '불인이다'는 공자의 평가는 지나치다.

22. 무위도식할 바에야 차라리 바둑이나 장기를 두어라.

子曰: "飽食終日[1], 無所用心[2], 難矣哉[3]! 不有博奕者乎[4]? 爲之[5], 猶賢乎已[6]."

공자가 말했다. "하루 종일 배불리 먹기만 하고 아무 것에도 마음을 쓰지 않는다면, (참으로) 딱한 일이다. (정말로 할 일이 없다면) 장기나 바둑같은 것이 있지 않는가? (장기나 바둑이라도) 하는 것이 (아무 것도) 안하는 것보다 낫다."

역자 해설

1. 포식종일飽食終日 : 하루 종일 배부르게 먹다.
2. 무소용심無所用心 : 아무 것에도 마음을 쓰지 않다.
3. 난의재難矣哉 : 난처하다. 딱하다.
4. 불유박혁자호不有博奕者乎 : 장기나 바둑이라는 것도 있지 않는가? 즉 할 일이 없으면 장기나 바둑이라도 두어라. '박혁博奕'을 장기나 바둑이라고 하지만, '박博'을 도박으로 해석하기도 한다. '박'이라는 놀이는 처음에 장기와 바둑의 일종이었는데, 후에 도박으로 변질한 것 같다. 『맹자』에는 '박'이 도박으로 쓰이고 있다.
5. 위지爲之 : 그것이라도 하면.
6. 유현호이猶賢乎已 : '이已'는 '그만두다'이고, '현賢'은 '좋다'는 뜻이다. 즉 '안하는 것보다 낫다.'

••• 왜 공자가 할 일이 없으면 장기나 바둑이라도 두어라고 했는지에 대해서는 알기 어렵다. 단지 무위도식하는 것보다 낫다는 의미인가? 아니면 장기나 바둑에 일정한 가치를 부여한 것인지 알 수 없다. 역자의 견해로는 전자에 가까운 것 같다.

23. 용기는 의로움을 바탕으로 삼아야 한다.

子路曰: "君子尙[1]勇乎?" 子曰: "君子義以爲上[2]. 君子有勇而無義爲亂[3], 小人有勇而無義爲盜[4]."

자로가 말했다. "군자도 용기를 숭상합니까?" 공자가 말했다. "군자는 (정당성과 합리성을 내용으로 하는) 의로움을 최상으로 삼는다. 군자가 용기만 있고 의로움에 대한 의식이 없으면 함부로 행동하지만, 소인이 용기만 있고 의로움에 대한 의식이 없으면 도적질을 하게 된다."

역자 해설

1. 상尙 : 숭상하다.
2. 위상爲上 : 최상급으로 삼다.
3. 란亂 : 함부로 하다. 즉 정당성과 합리성이 결여된 행동을 하다.
4. 도盜 : 도둑질을 하다.

••• 합리성과 정당성이 결여된 군자의 용기는 타인들과 충돌할 수 있다. 반면 두려움이 없는 소인의 용기는 근본적으로 정당성과 합리성

에 대한 고민이 없는 행동이다. 이러한 용기는 남의 물건을 훔치는 무모함으로 발전하기 쉽다.

24. 군자가 미워하는 것.

子貢曰: "君子亦有惡[1]乎?" 子曰: "有惡. 惡稱[2]人之惡者, 惡居下流[3]而訕[4]上者, 惡勇而無禮者, 惡果敢而窒[5]者." 曰: "賜也. 亦有惡乎?" "惡徼[6]以爲知[7]者, 惡不孫[8]以爲勇者, 惡訐[9]以爲直[10]者."

자공이 물었다. "군자도 미워하는 것이 있습니까?" 공자가 말했다. "(당연히) 미워하는 것이 있지. 남의 단점을 들추어내는 것을 미워하고, 낮은 지위에 있으면서 윗사람을 비방하는 것을 미워하며, 용기는 있지만 무례한 것을 미워하고, 과감하지만 꽉 막힌 사람을 미워한다." (공자가 또) 말했다. "사[자공]야. 너도 미워하는 것이 있느냐?" (자공이 말했다.) "타인의 생각을 알아내어 그것을 마치 자기가 지혜로운 사람처럼 자랑하는 것을 미워하고, 불손함을 용감하다고 생각하는 것을 미워하며, 남의 비밀을 캐내어 공격하면서 그것을 정직으로 생각하는 것을 미워합니다."

역자 해설

1. 유오有惡 : 미워하는 것이 있다.
2. 칭稱 : 들추어내다.
3. 거하류居下流 : 낮은 자리에 있는 것. 즉 지위가 낮다.
4. 산訕 : 비방하다.
5. 질窒 : 꽉 막힌 사람.
6. 교徼 : 남의 생각을 알아내어 그것을 마치 자기의 생각처럼 자랑하는 것.
7. 이위지以爲知 : 자신의 지혜로움으로 삼는다.
8. 불손不孫 : '불손不遜'과 같다.
9. 갈訐 : 남의 비밀을 캐내어 공격하는 것.
10. 직直 : 정직.

••• 남의 단점을 들추어내는 것, 윗사람을 비방하는 것, 막힌 사람, 그리고 타인의 생각을 알아내어 그것을 마치 자기가 지혜로운 사람처럼 자랑하는 것, 불손과 용기를 혼동하는 것, 남의 비밀을 캐내어 공격하면서 그것을 정직으로 생각하는 것 등에 대한 공자와 자공의 미워함은 이성을 소유한 사람들이 모두 긍정할 것이다.

25. 여자와 소인은 상대하기 어렵다.

子曰: "唯女子與小人[1], 爲難養[2]也. 近之則不孫[3], 遠之則怨[4]."

공자가 말했다. "여자와 소인만이 상대하기 어렵다. 가깝게 대해주면 불손하기 쉽고, 멀리하면 원망하기 쉽다."

역자 해설

1. 소인小人 : 주희에 따르면, 이곳에서 소인은 일반사람들이 아니라 노예와 하인이라고 한다. 신분사회인 고대임을 감안하면 주희의 해석이 타당한 것 같다.
2. 양養 : '배양하다'는 것보다는 '상대하다'가 더욱 적절하다.
3. 근지즉불손近之則不孫 : 가깝게 대해주면 불손하다.
4. 원지즉원遠之則怨 : 멀리하면 원망하다.

••• 당시 신분제 사회임을 고려하면 공자의 말은 크게 문제될 것은 없지만, 현대 민주정체에서 공자의 이 말은 효력을 갖기 어렵다. 따라서 아무리 성인의 언설일지라도 시대정신에 부합하지 않으면 인용하지 않는 것이 좋다.

26. 나이 40에도 타인의 미움을 받는다면 희망이 없는 사람이다.

子曰: "年[1]四十而見惡[2]焉, 其終[3]也已."

공자가 말했다. "나이 40살이 되어서도 다른 사람에게 미움을 받는다면, 그는 희망이 없는 사람이다."

역자 해설

1. 년年 : 나이
2. 견오見惡 : 미움을 받다. '견見'은 피동사이다. 따라서 '미워하다'가 아니라 '미움을 받다'는 뜻이다.
3. 종終 : 마지막이다, 혹 희망이 없다.

••• 공자에 있어 40이면 불혹不惑의 나이이다. 40의 나이임에도 불구하고 타인들에게 미움을 받는다는 것은 그 사람의 생각과 행동이 타인의 동의를 얻지 못했음을 의미한다. 즉 보편적 가치에 대한 인식의 결여를 지적한 것이다.

18 편

「미자微子」

1. 은 왕조의 마지막 세 명의 인자仁者.

微子去之[1], 箕子爲之奴[2], 比干諫而死[3]. 孔子曰: "殷有三仁[4]焉."

(은왕조의 마지막 군주인 주왕이 포악무도하게 되자 그의 이복형인) 미자는 관직을 버리고 (은나라를) 떠났고, (숙부인) 기자는 종으로 전락되었으며, (또 숙부였던) 비간은 죽임을 당했다. 공자가 말했다. "은나라에는 (미자와 기자 그리고 비간이라는) 세 명의 인자가 있었다."

역자 해설

1. 미자거지微子去之 : 은나라 마지막 왕인 주왕紂王의 이복형이다. 이름은 계啓이고, 자子는 그의 작위이며, 미微는 그의 영지領地이다.
2. 기자위지노箕子爲之奴 : 비간과 더불어 은나라 주왕의 숙부이다. 이름은 서여胥餘이다.
3. 비간간이사比干諫而死 : 비간 역시 기자와 마찬가지로 주왕의 숙부이다. 비간이 주왕의 실정을 여러 차례 간하자, 주왕이 성인의 심장에는 7개의 구멍이 있다고 하는데, 실제로 그런가 보자고 하면서

비간을 죽였다고 한다.
4. 삼인三仁 : 세 명의 인자.

••• 미자계는 현명하고 정직한 사람이었지만, 후궁이었던 주왕의 생모가 정실이 되면서 권력에서 밀려 이복동생인 주紂에게 왕위를 양보했다. 주왕이 무도하게 변하자 여러 차례 잘못을 간諫했지만 끝내 듣지 않자 관직을 버리고 미나라로 돌아갔다. 기箕 역시 미微와 마찬가지로 영지이고, 자子는 작위이다. 여러 차례 주왕의 무도함을 간하자 주왕이 그의 신분을 내려 종으로 삼았다. 비간 역시 주왕의 숙부였지만 주왕의 포악함에 죽임을 당했다. 공자는 이 세 사람을 은 왕조의 마지막 현자로 추앙했다.

2. 정도로 군주를 섬기다 보면 여러 차례 파직당할 수도 있다.

柳下惠[1]爲士師[2]三黜[3]. 人曰: "子未可以去乎[4]?" 曰: "直道[5]而事人, 焉往[6]而不三黜? 枉道[7]而事人, 何必去父母之邦[8]?"

유하혜는 사사의 벼슬을 하다가 세 차례나 내침을 당했다. 어떤 사람이 (유하혜에게) 물었다. "당신은 아직 이 나라를 떠나

버릴 수가 없던가요?" (유하혜가) 말했다. "올바른 도리로써 군주를 섬기면 어느 나라로 간들 세 차례 내침을 당하지 않겠는가? 그러나 구부러진 도리로써 군주를 섬기면 어찌 부모의 나라를 떠나겠는가?"

역자 해설

1. 유하혜柳下惠 : 노나라의 대부인 전획展獲이다. 부록 참조.
2. 사사士師 : 형벌과 법을 주관하는 관리. 지금의 검찰과 법무부가 이에 해당한다.
3. 삼출三黜 : '출黜'은 축출당하다, 혹 군주에게 내침을 당하다의 뜻이다. 세 번 내침을 당하다.
4. 미가이거호未可以去乎 : 아직 떠날 때가 되지 않았습니까? 혹은 떠나 버릴 수가 없던가요? 즉 세 차례나 파직을 당했는데 무슨 미련이 남았습니까?
5. 직도直道 : 곧은 도리. 정도正道와 같은 의미이다.
6. 언왕焉往 : 어느 나라로 가더라도.
7. 왕도枉道 : 구부러진 도. 원칙이 없는 방법으로 군주를 섬기다.
8. 하필거부모지방何必去父母之邦 : '부모지방父母之邦'은 부모의 나라, 즉 고국을 의미한다. '어찌 부모의 나라를 떠나겠는가?' 이곳에서 자신의 조국을 떠나지 않는다는 말은 결코 긍정적 의미가 아니다. 군

주를 곧은 도리로 섬기지 않으니 그 군주에게 내침을 당하지 않는다는 것은 곧 군주는 혼군昏君이고, 신하는 무능한 신하임을 의미한다.

••• 질문자가 유하혜에게 '군주가 세 차례나 당신을 파직했는데, 그대는 이 나라에 무슨 미련이 남아 떠나지 않고 있는가요'라고 묻자 유하혜는 '원칙을 지키면서 올바른 도리로써 군주를 섬기면 어떤 나라에서도 파직당할 수 있을 것이다. 그러나 군주의 뜻에 영합하면서 잘못된 도리로써 군주를 섬기면 그 나라에서 오래 동안 관직에 있을 수는 있지만, 그 나라를 기울게 하며, 심하면 망하게 할 수도 있다'고 대답한다.

3. 공자는 대우보다는 등용해주기를 원했다.

齊景公待[1]孔子曰: "若季氏則吾不能[2], 以季孟之間待之[3]." 曰: "吾老矣, 不能用也." 孔子行[4].

제나라 경공이 공자의 대우에 관해 말했다. "(노나라의 상경인) 계손씨와 동일한 대우는 할 수 없고, (상경인) 계손씨와 (하경인) 맹손씨 중간 대우를 하겠소." (몇 일이 지난 후에 또) 말했다. "나는 늙어서 공자 당신을 등용하지 못하겠다." (이 말을 듣자) 공자는 곧 (제나라를) 떠났다.

역자 해설

1. 대待 : 이곳에서는 '대하다'의 동사가 아니라 명사인 '대우'로 사용된다.
2. 약계씨즉오불능若季氏則吾不能 : 계씨의 대우라면 나는 할 수 없다. 노나라의 삼경三卿인 계손씨와 맹손씨 그리고 숙손씨 중에서 계손씨가 상경上卿이었고, 숙손씨가 중경中卿이었으며, 맹손씨가 하경下卿이었다. 즉 '상경의 대우는 해줄 수 없다'는 것이다.
3. 이계맹지간대지以季孟之間待之 : 계손씨와 맹손씨 중간 대우를 하다. 즉 상경과 하경의 중간이니 숙손씨와 같은 대우를 하겠다는 뜻이다.
4. 행行 : '떠나다.'

••• 이 단락 대화는 약간 이상하다. 앞 구절에서는 계손씨와 맹손씨의 대우를 하겠다고 했고, 뒤 구절에서는 '나는 늙었기 때문에 공자 당신을 등용할 수 없다'고 한다. 같은 장소 그리고 거의 비슷한 시간에 이처럼 전혀 다른 대화가 있을 수 있을까? 『공자세가』에 의하면, 제 경공 시기 제나라의 재상이었던 안영이 공자를 등용하려던 경공의 뜻에 반대했다고 한다. 당시 경공은 암군暗君에 해당한 인물이지만 재상인 안영의 말을 잘 수용했다. 따라서 앞 구절은 제 경공이 안영에게 공자 등용에 관

해 상의하기 전이고, 뒤 구절은 안영이 반대한 이후라고 하면 연결이 자연스럽다.

4. 여색에 빠져 현자를 소홀히 대하는 계환자에 실망하다.

齊人歸[1]女樂[2]. 季桓子[3]受之[4], 三日不朝[5]. 孔子行.

제나라에서 (아름다운) 여악사를 (노나라 계환자에게) 보냈다. 계환자가 이 악사를 받고서 삼일 동안이나 조회를 열지 않았다. 그러자 공자가 노나라를 떠났다.

역자 해설

1. 귀歸 : '궤饋'와 같다. 즉 '보내다.' 주희에 따르면, 계환자가 노나라 정권을 장악하고 있을 때 공자가 사구司寇가 되어 정사를 관장하자 제나라 사람들이 그것을 두려워하여 아름다운 여악사를 계환자에게 보내 계환자의 정치를 흐리게 했다.
2. 여악女樂 : 여자 악인. 매우 미인이었다고 한다.
3. 계환자季桓子 : 노나라 선공宣公에서부터 성공成公, 양공襄公, 소공昭公,

정공定公 때까지 권력을 장악했던 계손씨 집안의 마지막 권력자이다. 계문자季文子에서 계무자季武子, 계평자季平子로 계승되어 정공 때 계환자에 이르지만 가신인 양호에게 권력을 빼앗겼다. 이름은 계손사季孫斯이다.

4. 수지受之 : 계환자가 제나라에서 보낸 아름다운 여악사를 받다.
5. 삼일부조三日不朝 : 삼일 동안이나 조회를 열지 않았다.

••• 계환자가 아름다운 여악사에 마음을 뺏겨 정사를 소홀히 했다. 그러자 공자가 사구의 벼슬을 버리고 노나라를 떠났다. 왜냐하면 현자보다는 미색을 중시하는 계환자에게 희망이 보이지 않았기 때문이다.

5. 초나라의 광인 접여가 공자를 조롱하다.

楚狂[1]接輿[2]歌而過[3]孔子曰: "鳳兮! 鳳兮! 何德之衰[4]? 往者不可諫[5], 來者猶可追[6]. 已而[7]! 已而! 今之從政者殆而[8]." 孔子下[9], 欲與之言[10]. 趨而辟之[11], 不得與之言[12].

(공자가 초나라에 도착하자) 초나라의 광사인 접여가 노래를 부르면서 공자 앞을 지나갔다. "봉황이라고 하던데! 봉황이라고 하던데! 그런데 어찌하여 이토록 덕이 쇠하였다는 말인가?

이미 지나가 버린 시간과 일은 만회할 수 없지만, 앞으로 다가오는 오는 것은 쫓아 갈 수 있다. 아서라, 그만두어라! 그만두어라! 오늘날 정치에 종사하는 자는 위태롭다!" 공자가 (이 소리를 듣고 수레에서) 내려 그와 더불어 대화를 나누고자 했으나 (접여가) 빨리 피해 숨었기 때문에 그와 함께 대화를 나누지 못했다.

역자 해설

1. 초광楚狂 : 초나라의 광사狂士. 즉 거짓으로 미친 체 하면서 세상을 등지고 사는 초나라의 은사이다. '초나라의 미치광이'라는 해석은 아름답지 않다.
2. 접여接輿 : '접여'는 사람의 정식 이름이 아니다. 그 사람은 도망갔기 때문에 이름을 알 수 없다. 공자 마차 뒤를 바짝 붙어서 따라 왔다고 해서 붙여진 이름이다.
3. 가이과歌而過 : 노래를 하면서 공자 앞을 지나가다. 노래하고 있다고 하지만, 실제로는 조롱하는 것이다.
4. 봉혜鳳兮! 봉혜鳳兮! 하덕지쇠何德之衰 : '봉鳳'은 고대 전설 속의 신령스러운 새[神鳥]다. 주희는 "봉황은 도가 있으면 나타나고, 도가 없으면 나타나지 않는다. 접여는 봉황으로써 공자를 비유하여, 공자가 은거할 수 없는 것은 덕이 쇠했기 때문이라고 비웃은 것이다"라고

해설한다. 이것 외에 다양한 해설이 있지만 주희의 해석이 가장 원만한 것 같다.

5. 왕자불가간往者不可諫 : 지나간 시간과 한 일들은 다시 만회할 수 없다.
6. 래자유가추來者猶可追 : 앞으로 다가오는 일은 쫓아갈 수 있다. 즉 얼마든지 너의 의지대로 할 수 있으니 우리처럼 세상을 등지고 유유자적하면서 살자.
7. 이이已而 : 아서라, 그만두어라.
8. 종정자태이從政者殆而 : 정치에 종사하는 것은 위험한 일이다. 혹은 정치하는 사람은 위태롭다.
9. 공자하孔子下 : 공자가 수레에서 내리다. 즉 접여의 조롱을 듣고 그와 더불어 말하고자 수레에서 내렸다.
10. 욕여지언欲與之言 : '지之'는 대명사로서 접여를 지칭한다. 즉 접여와 함께 말하고자 했다.
11. 추이피지趨而辟之 : '추趨'는 빠른 걸음을 의미하고, '피辟'는 피하다[避]의 뜻이다. 접여는 매우 빠른 걸음으로 공자를 피해 숨었다.
12. 부득여지언不得與之言 : 이곳에서의 '지之' 역시 대명사로서 접여를 지칭한다. 즉 접여와 더불어 대화할 수 없었다.

••• 이곳에 출현한 접여는 대표적인 은자隱者이다. 은자는 도가철학의 선구자라고 할 수 있다. 은자의 대표적 이념은 생명 중시 사상이다. 자신의 생명을 포함한 모든 사람의 생명을 중시한다. 그러나 내가 관여하고 간섭하면서 중시하는 것이 아니라 타인의 생명을 존중만할 뿐 자신

의 가치관으로써 그 생명의 활동을 제한하지 않는다. 그들의 마음에는 사회 혹은 국가라는 공동체보다는 '나'가 우선이다. 공자의 가치관은 이와 정 반대이다.

6. 천하에 도가 성행하고 있다면 나도 세상을 바꾸려고 하지 않았을 것이다.

長沮、桀溺[1], 耦而耕[2], 孔子過之, 使子路問津焉[3]. 長沮曰: "夫執輿者[4]爲誰?" 子路曰: "爲孔丘." 曰: "是魯孔丘與?" 曰: "是也." 曰: "是知津[5]矣!" 問於桀溺. 桀溺曰: "子爲誰?" 曰: "爲仲由." 曰: "是魯孔丘之徒與?" 對曰[6]: "然." 曰: "滔滔[7]者天下皆是也, 而誰以易之[8]? 且而[9]與其從辟人之士[10]也, 豈若從辟世之士[11]哉?" 耰而不輟[12]. 子路行以告[13]. 夫子憮然[14]曰: "鳥獸不可與同群[15], 吾非斯人之徒與而誰與[16]? 天下有道, 丘不與易[17]也."

장저와 걸익 두 사람이 함께 밭을 갈고 있었는데, 마침 공자가 (그 옆을) 지나가면서, (강을 건너는 나루터를 몰라) 자로로 하여금 나루터가 (어디에 있는지) 묻게 했다. (자로가 먼저 장저에게 나루터가 어디에 있는지) 묻자 장저가 말했다. "저기 수

례 고삐를 잡고 있는 사람이 누구인가?" 자로가 말했다. "공구[공자]이다." (장저가) 말했다. "노나라의 공구 말인가?" (자로가) 말했다. "그렇다." (장저가) 말했다. "(그럼 공자는) 나루터가 어디에 있는지 알 것이다." (자로가 하는 수 없이 옆에 있는) 걸익에게 물으니, 걸익이 말했다. "당신은 누구인가?" (자로가) 말했다. "중유라고 하는 사람입니다." (걸익이) 말했다. "노나라 공구를 따르는 무리 말인가?" (자로가) 대답했다. "그렇습니다." (걸익이) 말했다. "지금 천하의 흐름이 큰물이 흐르는 것과 같은데, 누가 이를 바꿀 수 있겠는가? 또한 그대는 사람을 피하는 사람을 따르는데, 세상을 피하는 사람을 따르는 것만 하겠는가?" (하면서) 파종한 씨앗을 덮는 일을 멈추지 않았다. 자로가 돌아와 이 일을 공자에게 아뢰니, 공자가 탄식하면서 말했다. "새나 짐승과 함께 살 수 없으니, 내가 이들과 함께 살지 않으면 누구와 함께 살겠는가? 천하에 도가 있다면 나도 (세상의 정치를) 바꾸려고 하지 않았을 것이다."

역자 해설

1. 장저長沮 · 걸익桀溺 : 초나라의 은사들이다. 장저와 걸익이라는 이름을 보면, 그들의 당시 상황과 신체의 모양을 알 수 있다. '저沮'는 저습한 곳이고, '익溺'은 다리가 수중에 빠진 상태를 말하며, '장長'과 '걸

桀'은 신장이 크다는 것을 뜻한다. 아마 두 사람의 신장이 크고 저습한 밭에서 함께 일을 하고 있었으며, 발이 물속에 빠진 상태였기 때문에 한 사람은 장저라고 하였고, 다른 사람은 걸익이라고 명명한 것 같다. 이들 역시 앞의 접여처럼 은자였기 때문에 정확한 이름은 알 수 없다.

2. 우이경耦而耕 : '우耦'는 '함께'의 뜻이다. '우경耦耕'은 고대에 밭을 가는 방식인데, 두 사람이 각각 하나의 쟁기를 갖고서 좌우에서 함께 밭을 가는 방식이다.
3. 진津 : 나루터.
4. 집여자執輿者 : 수레 고삐를 잡고 있는 사람.
5. 지진知津 : '나루터가 어디에 있는지 알다'. 공자는 나루터가 어디에 있는지 몰라 자로를 시켜 묻게 했는데, 그들은 '공자는 나루터를 알 것이다'라고 한다. 이는 천하를 주유하는 공자를 희롱한 말이다. 즉 '천하의 질서를 올바르게 잡겠다고 한 사람이기 때문에 천하를 다스리는 방법을 알 것이다'는 뜻이다. 후에 이 말은 잘못된 방향을 바로 잡아주는 말로 사용되었다.
6. 대왈對曰 : 장저에게는 '왈曰'이라고 하고, 걸익에게는 '대왈'이라고 한다. 일반적으로 '대왈'은 지위가 높거나 나이가 많은 사람에게 사용한다. 아마 걸익은 노인장이었던 것 같다. 자로와의 대화 내용도 장저처럼 힐난조가 아니다.
7. 도도滔滔 : 큰물이 흐르는 모습. 이곳에서는 시국의 혼란함을 비유하고 있다.

8. 수이역지誰以易之 : 천하의 대세가 이렇게 혼란스러운데 누가 감히 바꿀 수가 있겠는가?

9. 차이且而 : '차且'는 '또한'의 뜻이고, '이而'는 이인칭 대명사인 '이爾'와 동일하다. 즉 '또한 당신도'의 뜻이다.

10. 피인지사辟人之士 : 공자를 지칭한다. 공자는 열국을 주유하였지만 공자와 뜻을 같이하는 군주를 만나지 못했다. 이 나라 군주와 뜻이 맞지 않으면 다른 나라로 가는 공자의 모습을 마치 사람 피하는 것으로 비유한 것이다. '피辟'는 '피하다[避]'와 같은 의미이다.

11. 피세지사辟世之士 : 걸익이 스스로 자기와 장저를 가리켜 한 말이다. 농사나 지으면서 세상일에 관여하지 않는 자신들의 모습을 묘사한 것이다.

12. 우이불철耰而不輟 : '우耰'는 씨앗을 파종한 후에 다시 흙을 덮어 누르는 일이다. 즉 새들이 씨앗을 먹지 못하게 하기 위함이다. '철輟'은 '멈추다'의 뜻이다. 흙을 덮는 일을 멈추지 않았다.

13. 자로행이고子路行以告 : '자로행子路行, 이지고공자以之告孔子'의 준말이다. 즉 자로가 돌아가 이 일을 공자에게 아뢰다.

14. 무연憮然 : 탄식.

15. 조수불가여동군鳥獸不可與同群 : '不可與鳥獸同群'의 도치 문장. 즉 '조수와는 함께 무리를 지어 어울려 살 수 없다.'

16. 오비사인지도여이수여吾非斯人之徒與而誰與 : '오비여사인지도이여수吾非與斯人之徒而與誰'의 도치 문장. 내가 이 사람의 무리와 함께 살지 않으면 누구와 함께 살겠는가?

17. 천하유도天下有道, 구불여역야丘不與易也 : 만일 천하에 올바른 질서가 유행하고 있다면 나 공자도 정치 개혁에 종사하지 않았을 것이다.

••• 자로와 걸익, 장저의 대화, 그리고 마지막 공자의 탄식을 보면, 은자와 유가철학자들의 세계관 그리고 가치관의 차이를 분명하게 알 수 있다. 은자들에 의하면, 무리를 기본으로 하는 공동체는 개인 생명의 특수성보다는 전체성을 중시하기 때문에 개인 생명의 자유를 질식시킬 수 있다. 때문에 그들은 공동체주의보다는 개인의 삶 그리고 생명을 중시한 것이다. 반면 공자의 입장은 다르다. 개인의 생명도 공동체의 보호가 없다면 온전하게 유지될 수 없다. 국가라는 공동체의 보호 속에서 개인의 삶도 온전함을 유지할 수 있기 때문에 개인과 공동체의 관계를 반드시 대립적 시각에서 볼 필요는 없다. 공자는 기본적으로 외왕外王과 함께 내성內聖을 내세운다. 밖으로 왕자의 사업, 즉 외왕이 공동체에 관한 것이라면, 안으로의 성인 인격의 완성인 내성은 개인에 관한 것이다. 양자의 조화를 강조한 것이 바로 공자를 비롯한 유학의 세계관이며 가치관이다.

7. 도가 행하여지지 못할 것임을 이미 알고 있다.

子路從而後[1], 遇丈人[2]以杖荷蓧[3]. 子路問曰: "子見夫子[4]

乎?" 丈人曰: "四體不勤[5], 五穀不分[6], 孰爲夫子?" 植其杖而芸[7]. 子路拱而立[8], 止子路宿[9], 殺鷄爲黍而食之[10], 見其二子焉[11]. 明日, 子路行以告. 子曰: "隱者[12]也." 使子路反見之[13], 至則行[14]矣. 子路曰: "不仕無義[15]. 長幼之節, 不可廢也[16], 君臣之義, 如之何其廢之? 欲潔其身, 而亂大倫[17]. 君子之仕也, 行其義也[18]. 道之不行, 已知之矣[19]!"

자로가 공자를 수행하다가 뒤에 처졌는데, (가는 도중에) 지팡이로 대바구니를 멘 노인을 만났다. 자로가 (그 노인에게) 물었다. "(혹시) 노인장께서는 우리 선생님을 보셨습니까?" 노인이 말했다. "사지를 부지런히 놀리지도 않고, (콩과 기장 및 보리 등) 오곡을 분별할 줄도 모르는 사람에게 누가 선생이라고 부르는가?" (하면서) 지팡이를 땅에 꽂아두고 김을 매었다. (갈 곳이 없는) 자로가 (공손하게) 손을 마주잡고 서있으니, 자로를 (그의 집에) 머물게 하고서 닭을 잡고 기장밥을 지어 대접하고 (자신의) 두 아들을 (자로에게) 인사시켰다. 다음날 자로가 떠나와서 (이 일을 공자에게) 아뢰었다. 공자가 말했다. "그분은 은자이다." (하면서) 자로에게 되돌아가 만나보게 하였는데, (자로가 그곳에) 도착해 보니 문을 닫고 만나주지 않았다. 자로가 (큰 소리로) 말했다. "벼슬하지 않는 것은 올바른 일이 아닙니다. 장유의 예절도 없앨 수 없는 것인데, (하물며) 군신간의 의를 어떻게 없앨 수 있겠습니까? (이는) 자기 한 몸만을 깨끗이 하고자 하는 것으로, 군신간의 큰 윤리를 어지럽히는 것입니다. 군자가 관직에 나가는 것은 의로움을 실천하기 위함입니다. (우리도) 도가 행하여지지 못할 것을 이미 알고 있었습니다."

역자 해설

1. 종이후從而後 : (자로가 공자를) 따라가다가 뒤에 처지다.
2. 장인丈人 : 노인.
3. 하조荷蓧 : '하荷'는 '어깨에 메다'는 뜻이고, '조蓧'는 고대에 밭에서 풀을 매 담아 나르는 대바구니이다.
4. 부자夫子 : 이곳에서 부자는 공자를 지칭한다.
5. 사체불근四體不勤 : '사체四體'는 '사지四肢'와 같다. '사지를 수고스럽게 하지 않다'는 것은 생산 활동에 종사하지 않고 이 나라 저 나라 주유만하는 공자를 힐난한 것이다.
6. 오곡불분五穀不分 : 주희에 의하면, "분은 '분별하다'이다. 오곡을 분별하지 못한다는 것은 콩과 보리를 분별하지 못한다는 것으로, 농업에 종사하지 않고 스승을 따라서 먼 여행을 떠남을 꾸짖는 것이다." 이를 보면 오곡불분의 주체가 자로인 것 같지만, 마땅히 공자라고 해야 한다. 즉 사지를 수고스럽게 하지 않고, 오곡을 분별하지 못하는 사람을 어떻게 스승이라고 하는가?

7. 식기장이운植其杖而芸 : '식植'은 '세우다'의 뜻이고, '운芸'은 '김매다'의 뜻이다. 즉 막대기를 밭에 꽂아 놓고서 밭의 풀을 뽑다.
8. 공이립拱而立 : '손을 잡고 서있다'는 것으로, 존중을 표하는 것이다.
9. 지자로숙止子路宿 : 자로를 자기 집에 유숙하게 하였다.
10. 사지食之 : '사食'는 동사로서 '대접하다'의 뜻이다.
11. 견기이자언見其二子焉 : 노인의 두 아들을 자로에게 인사시키다.
12. 은자隱者 : 아마 중국철학사에서 '은자'라는 용어가 처음 출현한 시기가 이때일 것이다.
13. 사자로반견지使子路反見之 : 자로로 하여금 돌아가 다시 만나도록 했다.
14. 지즉행至則行 : '행行'을 '나가다'로 해석하지만, 앞뒤 내용을 보면 '실제로는 문을 열어주지 않아 만날 수 없다'로 해석해야 한다. 만일 '그 노인이 밖에 나갔다'면 왜 자로가 아무도 없는 집을 향하여 큰 소리로 '도가 행하여지지 못할 것을 이미 알고 있었다'고 말했겠는가?
15. 불사무의不仕無義 : 관직에 나가지 않는 것은 군신간의 대의大義를 잃어버린 것이다.
16. 장유지절長幼之節, 불가폐야不可廢也 : 장유의 예절은 없앨 수 없는 것이다. 즉 어제 저녁에 노인이 두 아들을 자로 자신에게 인사시킨 것은 장유의 예절을 몸소 보인 것이다. 즉 당신도 장유의 예절은 없앨 수 없다는 것을 인정했다는 의미이다.
17. 욕결기신欲潔其身, 이란대륜而亂大倫 : 자신을 몸만을 깨끗이 하고자 정치에 참여하지 않는 것은 군신간의 큰 윤리를 어지럽히는 것이다.
18. 군자지사야君子之仕也, 행기의야行其義也 : 군자가 출사하는 것은 의로

움을 실천하는 것이다.

19. 도지불행道之不行, 이지지의已知之矣 : 도가 행하여지지 못할 것을 우리도 이미 알고 있었다.

••• 이후에 이 단락의 내용은 공자가 '노자老子'에게 예를 물었다는 그 '노자'로 많이 등장되기도 한다. 만일『도덕경』이라는 서책이 참으로 노자의 작품이라면, 그 노자는 공자와 동시대 인물로 보기 어렵다. 왜냐하면 객관적으로 볼 때『도덕경』은 춘추시기의 작품으로 긍정하기 어려운 점이 너무 많이 발견되기 때문이다. 그렇다면 사마천이 언급한 '공자가 노자에게 예를 물었다'는 말은 역사적 사실이 아니다는 말인가? 이 때문에 아마 공자가 예를 물었다는 그 노자는『도덕경』의 저자가 아닌 이곳에 등장하는 '하조노인荷蓧老人'일 것이라고 추측하게 된 것이다. 왜냐하면 자로가 노인의 집에 도착한 후에 공자도 따라 왔을 것이고, 비록 이곳에는 둘의 만남이 서술되어 있지 않지만 하조노인과 공자가 만나 공자가 중시하는 예에 관한 논의가 있었을 수도 있다는 점을 충분히 가정할 수 있기 때문이다.

8. 은거했던 인물들에 대한 공자의 평가.

逸民[1], 伯夷叔齊[2], 虞仲[3]夷逸[4], 朱張[5]柳下惠[6]少連[7]. 子曰:

"不降其志[8], 不辱其身[9], 伯夷叔齊與. 謂柳下惠少連, 降志辱身[10]矣, 言中倫[11], 行中慮[12], 其斯而已[13]矣. 謂虞仲夷逸, 隱居放言[14], 身中清[15], 廢中權[16]. 我則異於是[17], 無可無不可[18]."

덕행과 학문을 갖추고 있으면서도 초야에 묻혀 살면서 관직에 나가지 않은 대표적 인물로 백이, 숙제, 우중, 이일, 주장, 유하혜, 소련 등이 있다. 공자가 말했다. "자신의 뜻을 굽히지 않고, 그 몸을 욕되게 하지 않은 사람이 바로 백이와 숙제이다. 유하혜와 소련에 대해서는 '뜻을 굽히고 몸도 욕되게 하였지만 말은 도리에 들어맞았고, 행동도 생각과 일치했으며, 그들은 그렇게 살았을 뿐이다'라고 평가했다. 우중과 이일에 대해서는 '숨어살면서 말을 거침없이 했지만, 몸가짐은 (부귀와 명예에) 물들지 않았고, (그들이 선택한) 세상을 등진 행위는 권도에 부합했다'고 평가했다. (그러면서) '나는 저들이 한 것과 다르다. (나는) 반드시 그래야 하는 것도 없고, 반드시 그렇게 해서는 안 된다는 것도 없다'고 하였다."

역자 해설

1. 일민逸民 : 덕행과 학문을 갖추고 있음에도 불구하고 초야에 묻혀 살

면서 관직에 나가지 않은 사람이다.

2. 백이숙제伯夷叔齊 : 고대의 현자이다. 부록 참조.
3. 우중虞仲 : 중옹仲雍이다. 태백泰伯과 우중은 주周 태왕太王 고공단보古公亶父의 첫째 아들과 둘째 아들이다. 막내 동생인 계력季歷에게 왕위를 물려주고자 강남江南으로 도망갔다. 혹자는 중옹의 증손자인 주장周章의 동생이 우중이라고 하기도 하지만, 역자는 전자의 견해를 취한다.
4. 이일夷逸 : 은자라고만 전해진다. 고증하기 어렵다.
5. 주장朱張 : 이일과 마찬가지로 은자라고 전해질 뿐이다.
6. 유하혜柳下惠 : 노나라의 대부이다. 부록 참조.
7. 소련少連 : 동이東夷 사람이라고 전해진다.
8. 불강기지不降其志 : '강降'은 '낮추다' 혹은 '굽히다'의 뜻이다. 자신의 뜻을 굽히지 않다.
9. 불욕기신不辱其身 : 몸을 욕되게 하지 않다.
10. 강지욕신降志辱身 : 뜻을 굽히고 몸도 욕되게 하다.
11. 언중륜言中倫 : '중中'은 '들어맞다'의 동사이다. 즉 말은 도리에 들어맞다.
12. 행중려行中慮 : '려慮'는 생각 혹은 사려의 뜻이다. 행동이 생각과 일치하다.
13. 기사이이其斯而已 : 그들은 그렇게 살았을 뿐이다. 이 표현을 근거로 일민들에 대한 공자의 평가를 미루어 짐작할 수 있을 것 같다. 즉 공자는 일민들이 취한 처세에 대해 부정적 견해를 취하지 않지만, 자신은 그들이 선택한 길에 동행할 수 없음을 '그들은 그렇게 살았

을 뿐이다'라는 말로 표현한 것이다.

14. 은거방언隱居放言 : '방언放言'은 말을 거침없이 하다는 뜻이다. 즉 숨어살면서 말을 거침없이 하다.
15. 신중청身中淸 : 몸가짐은 청결했다. 즉 외적인 부귀와 명예에 물들지 않았다.
16. 폐중권廢中權 : '폐廢'는 '세상을 등지다' 혹은 '세상을 버리다'. 즉 관직 등을 버리고 초야에 은거하다는 뜻이다. '권權'은 경권經權의 '권'이다. 권도權道, 즉 방편이다. 즉 초야에 은거한 것이 그가 선택한 적절한 방편이다.
17. 아즉이어시我則異於是 : 나는 저들이 한 것과 다르다.
18. 무가무불가無可無不可 : 반드시 그래야 하는 것도 없고, 반드시 그렇게 해서는 안 된다는 것도 없다. 즉 반드시 관직에 나가야 하는 것도 아니고 반드시 초야에 은거해야 하는 것도 아니다. 나갈 때가 되면 나가고, 그렇지 않으면 은거할 수 있는 것이다. 공자는 「이인」 편에서 "군자는 천하의 (일을) 처리하면서 반드시 해야 한다고 생각하는 것도 없고, 반드시 해서는 안 된다고 생각하는 것도 없다. 오로지 합리성과 정당성에 따라 처리할 뿐이다[君子之於天下也, 無適也, 無莫也, 義之與比]"라고 했다. 즉 정치에 참여하는 것이 정당하다고 판단되면 정계에 나가고, 정당하지 않다고 판단되면 은거하는 것이다.

••• 일민의 외적인 형태만을 보면 은자와 유사하지만, 그에 대한 공자

의 평을 보면 은자와 또 다른 면이 있다. 『논어』에 은자에 관한 고사가 상당히 많이 출현하지만, 그들에 대한 공자의 긍정적 표현은 찾아 볼 수 없다. 그러나 일민에 대해서는 백이숙제처럼 전면적으로 긍정한 경우도 있고, 부분적으로 긍정한 경우도 있다.

9. 노나라 정치가 혼란해지자 악사들이 노나라를 떠나 국외로 흩어지다.

大師摯[1]適[2]齊, 亞飯干[3]適楚, 三飯繚[4]適蔡, 四飯缺[5]適秦, 鼓方叔[6]入於河[7], 播鼗武[8]入於漢[9], 小師陽[10]擊磬襄[11]入於海[12].

(노나라 악관의 수장인) 태사 지는 제나라로 떠났고, 아반 간은 초나라고 갔으며, 삼반 료는 채나라로 떠났고, 사반 결은 진나라고 갔으며, 북을 치던 방숙은 황하로 떠났고, 작은 북을 흔들던 무는 한수로 떠났으며, (악관의 차장인) 소사 양과 경을 치던 양은 바닷가로 떠났다.

역자 해설

1. 태사지大師摯 : '大師'는 '태사'로 읽어야 한다. 태사는 관직으로서 악관의 수장이다. '지摯'는 그의 이름이다.
2. 적適 : 가다 혹은 떠나다.
3. 아반간亞飯干 : '아반亞飯'은 군주가 식사할 때 음악이 연주되기 때문에 붙여진 악사의 관직이다. '간干'은 악관의 이름이다.
4. 삼반료三飯繚 : '삼반三飯'도 악관이고, '료繚'는 그의 이름이다.
5. 사반결四飯缺 : '사반四飯' 역시 악관이고, '결缺'은 그의 이름이다.
6. 고방숙鼓方叔 : '고鼓'는 북을 치는 것이고, '방숙方叔'은 그의 이름이다. 즉 북을 치는 방숙.
7. 입어하入於河 : '하河'는 황하를 가리킨다. 즉 황하로 갔다.
8. 파도무播鼗武 : '파播'는 '흔들다'는 뜻이고, '도鼗'는 작은 북이며, '무武'는 작은 북을 흔드는 사람의 이름이다.
9. 입어한入於漢 : '한漢'은 한수를 말한다. 즉 한수로 갔다.
10. 소사양小師陽 : '소사小師'는 태사 다음의 악관 직위이다. '양陽'은 그의 이름이다.
11. 격경양擊磬襄 : '격경擊磬'은 경이라는 악기를 치는 사람이고, '양襄'은 그의 이름이다.
12. 입어해入於海 : 바닷가로 가다.

••• 이 사람들에 대해서는 정확하게 고증하기 어렵다. 또 이상의 말이 공자가 말한 것인지? 아니면 타인의 말을 기록한 것인지에 대해서도 고

증하기 어렵다. 단 악사들이 노나라를 떠나 국외로 흩어졌다는 것은 노나라의 정치와 예악이 문란해졌다는 것을 의미함은 분명하다.

10. 주공이 그의 아들에게 당부한 말.

周公[1]謂魯公[2]曰: "君子不施[3]其親, 不使大臣怨乎不以[4], 故舊[5]無大故[6]則不棄也, 無求備於一人[7]."

주공이 (그의 아들인) 노공에게 (훈계하면서) 말했다. "군자는 그의 친족을 소홀하게 대하지 않고, (국가에 공이 있는) 대신들로 하여금 등용해주지 않는다는 원망의 소리를 듣지 않아야 하며, 오랜 기간 함께 일한 사람은 큰 잘못을 범하지 않는다면 버리지 않아야 하고, 한 사람이 모든 역량을 갖추기를 바라지 않아야 한다."

역자 해설

1. 주공周公 : 주 문왕의 아들이며, 무왕의 동생이다. 부록 참조.
2. 노공魯公 : 주공의 아들인 백금伯禽이다. 주나라 성왕成王이 주공의 업

적을 높게 평가하여 주공의 아들인 백금을 노나라의 제후로 봉했기 때문에 노공魯公이라고 불렀다.

3. 불이不施 : '이施'는 '이弛'로 기록된 곳도 있다. 즉 '버리다'의 뜻이다. '불이'는 '버리지 않아야 한다'는 의미이다.
4. 불이不以 : '이以'는 '용用'과 같다. 써주지 않다 혹은 등용해주지 않다.
5. 고구故舊 : 오랜 기간 함께 일한 사람.
6. 무대고無大故 : 큰 잘못이 없다. 즉 큰 죄를 짓거나 반역 등의 과오가 없다.
7. 무구비어일인無求備於一人 : '구비求備'는 '모든 것을 갖출 것을 바라다'의 뜻이다. 즉 '한 사람이 모든 것을 다 잘할 것을 바라지 않다'는 뜻이다.

••• 이 장의 말이 공자가 주공의 말을 인용하여 말한 것인지는 알 수 없다. 그러나 주공이 그의 아들인 백금에게 훈계한 말이 공자 당시까지 전해졌기 때문에 『논어』에 기록된 것이다.

11. 주나라에 있었던 8명의 고상한 선비.

周有八士[1]. 伯達, 伯适, 仲突, 仲忽, 叔夜, 叔夏, 季隨, 季騧

주나라에는 여덟 명의 고상한 선비가 있었다. 백달, 백괄, 중돌, 중홀, 숙야, 숙하, 계수, 계와가 그 사람이다.

역자 해설

1. 팔사八士 : 8명의 고상한 선비.

••• 이 사람들에 대해서는 고증할 수 없다. 혹자는 주 성왕成王 시기 사람들이라고 하며, 혹자는 선왕宣王 때 사람들이라고 한다. 또 한 어머니가 네 번 생산하여 8명을 낳았다고도 하는데, 모두 고증할 수 없다.

19 편

「자장 子張」

1. 선비의 자세.

子張曰: "士見危致命[1], 見得思義[2], 祭思敬[3], 喪思哀[4], 其可已[5]矣."

자장이 말했다. "선비가 (나라와 가정에) 위급한 일이 닥치면 목숨을 바쳐 구하고, 이득을 보았으면 그것이 정당한 것인지를 생각하며, 제사를 지낼 때는 공경해야 함을 생각하고, 상을 당하면 슬픔을 다해야 함을 생각한다면 괜찮은 선비라고 할 수 있다."

역자 해설

1. 견위치명見危致命 : (나라와 가정에) 위급한 일이 닥치면 목숨을 바치다.
2. 견득사의見得思義 : 이득을 보면 그것이 정당한 것인지를 생각하다.
3. 제사경祭思敬 : 제사를 지낼 때는 공경해야 함을 생각하다.
4. 상사애喪思哀 : 상을 당하면 애통해야 함을 생각하다.
5. 기가이其可已 : 그래야만 괜찮다고 할 수 있다.

••• 당시 지식인이 가져야 할 기본적 소양과 자세를 네 방면에서 말한 것이다. 자장은 '괜찮은 선비[其可已]'라고만 했을 뿐 인자 혹은 군자 혹은 대인이라고 하지 않았다. 즉 이상의 네 가지 덕을 갖추었다고 할지라도 그것이 곧 이상적 인격의 경지에 이르렀음을 의미하는 것은 아니다.

2. 덕을 간직하고서 실천으로 넓혀야만 대단한 사람이라고 할 수 있다.

子張曰: "執德不弘[1], 信道不篤[2], 焉能爲有, 焉能爲亡[3]."

자장이 말했다. "덕을 지키고 있다고 하지만 (그것을 실천을 통하여) 크게 넓히지 못하고, 도를 믿기는 하지만 독실하지 못하다면, 그런 사람은 세상에 있어도 (별로) 대수롭지 않고, 없어도 아쉬울 것이 없다."

역자 해설

1. 집덕불홍執德不弘 : 덕을 간직하고 있다고 하지만 그것을 실천으로

확충하지 못하다. 덕에 대한 인식과 간직은 1차적인 것이고, 반드시 실천으로 넓혀야만 덕을 온전히 구현한다고 할 수 있다.

2. 신도부독信道不篤 : 도를 믿기는 하지만, 신뢰가 독실하지 못하다. 도는 실천을 통하여 구체적인 현실에서 증명해야만 비로소 독실하다고 할 수 있다.
3. 언능위유焉能爲有, 언능위망焉能爲亡 : 주희에 따르면, 이 정도의 사람에 대해서는 경중輕重을 논할 가치가 없다는 것이다. 황간皇侃에 따르면, 이 정도의 사람은 세상에 있어도 대수롭지 않고, 없어도 아쉬울 것이 없다. 즉 있어도 그만, 없어도 그만이라는 것이다. 역자는 황간의 해석을 취한다.

••• 공자를 시작으로 지행합일知行合一을 강조하지 않은 유가철학자는 없지만, 중점을 앎의 지知보다 실천의 행行에 둔다. 즉 앎의 완성은 곧 실천인 것이다. 따라서 덕을 간직하고 있고, 도를 신뢰한다고 하지만, 반드시 실천을 통하여 검증해야만 덕과 도의 의미가 구현된다.

3. 사람 사귀는 원칙과 방법.

子夏[1]之門人問交[2]於子張. 子張曰: "子夏云何?" 對曰: "子夏曰 '可者與之[3], 其不可者拒之[4].'" 子張曰: "異乎[5]

吾所聞. 君子尊賢而容衆[6], 嘉善而矜不能[7]. 我之大賢與, 於人何所不容[8]? 我之不賢與, 人將拒我, 如之何其拒人也[9]?"

자하의 문인이 자장에게 사람 교제하는 (방법과 원칙에 관해) 물었다. 자장이 말했다. "자하는 이에 대해 어떻게 말했는가?" (자하의 문인이) 대답했다. "자하께서는 '좋은 사람과는 교제하고, 좋지 못한 사람에 대해서는 거절하라'고 했습니다." 자장이 말했다. "(나의 생각과) 다르구나. 군자는 현명한 사람을 존중하지만, 일반 사람들도 (배척하지 않고) 포용하며, 훌륭한 능력을 소유한 사람을 칭찬하지만, 능력이 부족한 사람에 대해서는 동정하면서 (도와준다). 만일 내가 매우 현명한 사람이라면 사람들에게 어찌 받아들여지지 않겠는가? (그러나) 내가 현명하지 못한 사람이라면 사람들이 나를 거절할 텐데, 내가 어떻게 그들을 거절할 수 있겠는가?"

역자 해설

1. 자하子夏 : 공자의 제자. 부록 참조.
2. 문교問交 : 사람들과 교제하는 방법과 원칙에 관한 물음.
3. 가자여지可者與之 : '좋은 사람'이라고 번역하지만, 이 말에는 당연히

좋은 품덕의 의미가 포함되어 있다. '여지與之'는 '함께하다'는 뜻으로 교제해도 된다는 것이다.

4. 불가자거지不可者拒之 : 품덕이나 능력이 좋지 못한 사람은 거절하다.
5. 이호異乎 : 나는 그것과 다르다. 즉 자하의 생각과 다르다.
6. 존현이용중尊賢而容衆 : 당연히 현명한 사람을 존중하지만, 일반 사람들에 대해서도 배척하지 않고 포용하다.
7. 가선이긍불능嘉善而矜不能 : '가선嘉善'은 '훌륭한 능력을 소유한 사람을 칭찬하다'로 번역한다. 왜냐하면 '긍불능矜不能'이 나오기 때문이다. 즉 훌륭한 능력을 소유한 사람을 칭찬하지만 능력이 부족한 사람에 대해서도 동정하면서 도와주어야 한다.
8. 아지대현여我之大賢與, 어인하소불용於人何所不容 : 내가 매우 현명한 사람이라면 사람들에게 어찌 받아들여지지 않겠는가?
9. 아지불현여我之不賢與, 인장거아人將拒我, 여지하기거인야如之何其拒人也 : 내가 현명하지 못한 사람이라면 사람들이 나를 거절할 것이다. 그런데 내가 어떻게 그들을 거절할 수 있겠는가?

••• 자하의 태도와 자장의 태도에는 분명한 차이가 있다. 자하는 좋은 사람과는 교제하지만, 그렇지 못한 사람과는 거절한다고 했다. 이는 수용과 거절의 주체를 자신으로 삼는 것이다. 이에 대해 주희는 지나치게 박절하다고 했다. 반면 자장은 자신이 노력하여 타인에게 수용될 수 있도록 노력하면 될 뿐 먼저 자신이 수용과 거절을 결정하지 않는다고 한다. 이에 대해 주희는 큰 과오가 있는 사람과 손해가 되는

사람에 대해서는 먼저 거절해야 한다고 지적한다.

4. 군자가 작은 재주에 집착하지 않는 이유.

子夏曰: "雖小道[1]必有可觀[2]者焉. 致遠[3]恐泥[4], 是以君子不爲也."

자하가 말했다. "(비록 농사일과 원예 등과 같은) 작은 재능에도 반드시 일정한 의미가 있을 것이다. 그러나 그 일을 너무 오래하면 그것에 집착할까 두렵기 때문에 군자는 작은 기예를 하지 않는 것이다."

역자 해설

1. 소도小道 : 작은 재주와 재능, 혹은 기예技藝. 주희는 농업과 원예 그리고 의술 등이 이에 해당한다고 했다.
2. 가관可觀 : 볼만하다. '가관'이라는 말에는 '소도'에 대한 일정한 가치 긍정이 포함되어 있다.
3. 치원致遠 : '멀리 이르다'라는 의미이지만, 역자는 '오래 하다'로 번역

한다.

4. 공니恐泥 : '니泥'는 '집착하다'의 뜻이다. 즉 집착할까 두렵다.

••• 농업과 원예를 비롯한 일반 사람들이 하는 일이 결코 의미가 없는 것은 아니다. 그러나 공자와 문인들은 일반 소인과 군자가 해야 할 일을 엄격하게 구분한다. 따라서 군자의 삶에서 작은 재주가 불필요한 것은 아니지만, 그 일을 너무 오래하다 보면 군자 본연의 임무를 망각하고 작은 재주에 집착할 수 있으니 경계하라는 말이다. 예를 들어 학문연구에 정진해야 할 교수가 취미생활을 즐길 수 있지만, 취미에 너무 집착하면 자칫 학술연구라는 본업을 망각할 위험성이 있는 것과 유사하다.

5. 새로운 것을 알고, 할 줄 아는 것을 잊지 않는다면 배움을 좋아하는 사람이다.

子夏曰: "日知[1]其所亡[2], 月無忘其所能[3], 可謂好學[4]也已矣."

자하가 말했다. "날마다 이전에 모르던 것을 알고, 달마다 이전에 할 줄 알던 것을 잊지 않는다면 배움을 좋아하는 사람이라고 말할 수 있을 것이다."

역자 해설

1. 일지日知 : 매일 새롭게 알다.
2. 소무所亡 : '亡'은 '무'로 읽어야 한다. 자기가 이전에 알지 못했던 것.
3. 월무망기소능月無忘其所能 : 달마다 자신이 할 줄 알던 것을 잊지 않는다. 즉 복습을 통해서 완전히 자신의 것으로 소화하다.
4. 호학好學 : 배움을 좋아하는 사람.

••• 공자의 호학은 학이시습學而時習으로 표현할 수 있다. 매일매일 모르는 것을 배우고서 그것을 시간이 날 때마다 부단히 복습하고 익혀 자신의 진정한 지식으로 만드는 것이다. 이곳에서 매일 새롭게 배워 아는 것, 그리고 이미 할 줄 아는 것을 부단한 복습과 연습을 통하여 완전히 자신의 것으로 익히는 것이 바로 '학이시습'에서 '학學'과 '습習'일 것이다. 이러한 '학'과 '습'이야말로 진정한 호학자만이 가질 수 있는 즐거움이다.

6. 인을 깨닫고 실천하는 방법.

子夏曰: “博學[1]而篤志[2], 切問[3]而近思[4], 仁在其中矣.”

자하가 말했다. “널리 광범위하게 배우면서 (진리를 향한) 의지를 독실하게 하고, 간절한 태도로 묻고 가까운 것에서부터 생각하여 (미루어나가면) 인은 그 가운데 있을 것이다.”

역자 해설

1. 박학博學 : ‘널리 배우다.’ 이곳에서 말한 ‘널리 배우다’에는 배움의 대상뿐만 아니라 배움의 태도까지 포함되어 있다. 예를 들어 아랫사람에게 묻는 것을 부끄럽게 생각하지 말라는 ‘불치하문不恥下問’도 ‘널리 배우다’의 박학에 포함된다.
2. 독지篤志 : 진리에 대한 독실한 의지를 의미한다. ‘독篤’은 불변의 의지뿐만 아니라 올바른 태도까지 포함하고 있다. 즉 뜻은 강하고 굳건하지만 그것이 선에 대한 지향이 아니라면 ‘독실하다’고 말할 수 없다.
3. 절문切問 : ‘절실하게 묻다’로 해석하지만, ‘절실하다’를 ‘자기에게 간절히 요구되는 것’으로 해석하기보다는 ‘진리를 추구하는 간절한

태도'로 해석하는 것이 합리적이다.

4. 근사近思 : 가까운 것부터 생각하다. 본래 중용의 덕은 자기에게서 가까운 것, 그리고 일상적인 것에서 시작된다. 가정에서 효제孝悌의 윤리로부터 시작하여 사회와 국가로 확장되는 것이다. 따라서 '가까운 것부터 생각하다'를 '가능한 일을 먼저 생각하다' 혹은 '현실에 필요한 일을 먼저 생각하다'로 번역하기보다는 '일상에서 가장 절실하게 필요한 도리를 먼저 생각하다'로 해석하는 것이 적절하다.

••• 박학과 독지 그리고 절문과 근사는 박학, 심문審問, 신사愼思, 명변明辯의 다른 표현이다. 넓게 배우지 못하면 지식의 세계가 편협하게 되고, 의지가 독실하지 못하면 진리를 향한 의지가 오랫동안 유지될 수 없다. 또 진리를 추구하면서 미진함이 있으면 묻고 또 물어 완전하게 알 때까지 추구해야 하고, 일상에서의 필요한 도리를 먼저 깨달아 그것을 근거로 유추하여 적용해야 한다.

7. 군자는 학문을 통하여 도를 지극한 경지까지 실현해야 한다.

子夏曰: "百工居肆[1], 以成其事[2], 君子學以致[3]其道."

자하가 말했다. "수많은 공인들은 일터에 있어야만 (그들이 만들고자 하는 물건과 이루고자 하는 일을) 완성할 수 있고, 군자는 배움의 과정을 통해야만 (자신이 추구하는 도를) 지극한 경지까지 실현할 수 있다."

역자 해설

1. 거사居肆 : 주희에 의하면, '사肆'는 관청에서 물건을 만드는 곳이다. 즉 기술자들은 작업장에 있어야만 물건을 만들 수 있다.
2. 이성기사以成其事 : 그 물건을 완성할 수 있다. 즉 자신이 만들고자 하는 물건과 이루고자 하는 일을 완성할 수 있다.
3. 학이치學以致 : 배움으로써 (도를) 지극한 경지까지 실천해야 한다.

••• 기술자가 작업장에 있어야만 물건을 만들 수 있듯이, 군자는 반드시 배움의 과정에 한시도 멈춤 없이 종사해야만 군자의 도를 충분하게 실현할 수 있다. 즉 기술자들에 있어 작업장이 자신의 기능과 목적을 실현할 수 있는 장소라면, 군자에 있어 배움의 과정은 도를 실천하고 확장할 수 있는 유일한 길이다.

8. 과실을 범했을 때 소인의 태도.

子夏曰: "小人之過也必文[1]."

자장이 말했다. "소인은 잘못을 하면 반드시 이를 감추려고 한다."

역자 해설

1. 문文 : '꾸미다' 혹은 '감추어 숨기다', 혹은 '대충 얼버무리다'.

••• 긴 인생의 여정에서 과실은 없을 수 없다. 군자 역시 예외가 아니다. 그러나 군자는 자신에게서 과실이 발견되면 단백하게 승인하고서 동일한 실수가 반복되지 않도록 성찰하고 반성하지만[不貳過], 소인은 대충 얼버무리면서 그 순간만을 모면하려고 한다. 군자는 과실에 대해 변명이 없지만, 소인은 궤변으로 이를 감추려고 한다.

9. 군자에게 보이는 세 가지 모습.

子夏曰: "君子有三變[1]. 望之儼然[2], 卽之也溫[3], 聽其言也厲[4]."

자하가 말했다. "군자에게는 세 가지 모습이 있다. 멀리서 보면 엄숙하게 느껴지고, 가까이서 보면 따뜻하게 느껴지며, 그의 말은 엄정하게 들린다."

역자 해설

1. 삼변三變 : '변變'을 '변화'라고 번역하는 것이 타당한가? 서로 다른 세 가지 모습이 있기 때문에 '세 가지 변화'라는 것보다는 '세 가지 모습'으로 번역하는 것이 적절할 것 같다.
2. 망지엄연望之儼然 : '망望'은 바로 그곳에서 보는 것이 아니라 약간 먼 곳에서 보는 것이다. 즉 바라보니 엄숙하게 느껴지다.
3. 즉지야온卽之也溫 : '즉지卽之'는 '가까이서 보다'는 뜻이다. 가까이 해서 보니 온화하게 느껴지다.
4. 청기언야려聽其言也厲 : 그의 말에서 엄정함을 느끼다.

••• 엄연함은 군자의 기상이고, 온화함은 군자의 기풍이며, 말의 엄정함은 시비곡절에 대한 분명한 군자의 태도이다.

10. 군자는 먼저 사람들로 하여금 자신을 신뢰하게 한다.

子夏曰: "君子信而後, 勞其民[1]. 未信則以爲厲[2]己也. 信而後諫[3]. 未信則以爲謗[4]己也."

자하가 말했다. "군자는 (백성들에게 먼저) 신뢰를 얻은 후에야 비로소 백성들에게 일을 시킬 수 있다. (백성들의) 신뢰가 없으면서 (그들에게 힘든 일을 시키면) 그들은 자신들을 괴롭힌다고 생각한다. (윗사람의 신뢰를) 얻은 후에야 (그의 잘못을) 간할 수 있다. (윗사람의) 신뢰가 없으면서 (그의 잘못을 간하면 윗사람은) 자신의 일을 훼방한다고 생각한다."

역자 해설

1. 노기민勞其民 : 백성들에게 일을 시키다.
2. 이위려기以爲厲己 : '이위以爲'는 '…라고 생각하다'이다. 또 이곳의 '려

厲'는 '괴롭히다'의 뜻이다. 즉 백성들이 자신들을 괴롭힌다고 생각하다.

3. 간諫 : 윗사람의 잘못을 바로잡으려고 하는 것.

4. 이위방기以爲謗己 : 자신의 일을 훼방한다고 생각하다.

••• 신뢰는 곧 상호간의 행동 방식과 목적에 대한 긍정을 의미한다. 서로 신뢰가 있다면, 백성들에게 일을 시켜도 그것이 곧 서로의 이익에 도움을 주는 것이기 때문에 수고롭지만 즐겁게 응한다. 아랫사람이 자신의 잘못을 지적하더라도 서로 간에 믿음이 있으면 수용하고서 자신의 과오를 수정한다. 신뢰는 상하좌우를 평등하게 교류할 수 있는 소통의 신념이다.

11. 대원칙 안에서 약간의 융통성은 부릴 수 있다.

子夏曰: "大德[1]不踰閑[2], 小德[3]出入[4]可也."

자하가 말했다. "큰 덕의 범위 안에서 법도를 넘지 않았다면, (그것을 실천하는 과정과 방법인) 작은 덕에 있어서는 약간의 나가고 들어가는 것이 있어도 괜찮다."

역자 해설

1. 대덕大德 : 인의예지仁義禮智 그리고 충효忠孝와 신信 등이 대덕에 해당한다.
2. 불유한不踰閑 : '한閑'은 문지방의 '란闌'과 같다. 문지방은 경계로서 표준을 나타낸다. 즉 법도를 벗어나지 않다.
3. 소덕小德 : 인의예지 등과 같은 대덕을 실천함에 있어 필요한 소소한 예절.
4. 출입出入 : 나가고 들어가는 것. 넘고 부족한 것.

••• 큰 원칙 안에서 문제가 없다면 작은 예절 등은 상황에 따라서 약간 변화가 있을 수 있다. 공자는 시중時中을 강조했는데, 중中이 불변의 원칙인 대덕이라면, 시時는 상황에 따라 변할 수 있는 소덕이라고 할 수 있다. 일반적인 상황에서는 소덕도 항상성이 있지만 특별한 상황에서는 변통이 있을 수 있다. 공자가 말한 소덕에 출입을 긍정한 것은 대덕이라는 원칙 안에서의 허용이고, 대덕을 실현하기 위한 방편으로서의 출입일 뿐이다.

12. 교육은 배우는 사람의 근기와 경지에 따라 다를 수 있다.

子游曰: "子夏之門人小子[1], 當灑掃[2], 應對[3], 進退[4], 則可

矣, 抑末[5]也. 本之則無[6], 如之何?" 子夏聞之曰: "噫! 言游[7]過[8]矣. 君子之道, 孰先傳焉, 孰後倦焉[9]? 譬諸草木, 區以別矣[10]. 君子之道, 焉可誣[11]也? 有始有卒[12]者, 其惟聖人乎!"

자유가 말했다. "자하 문하의 제자들은 물 뿌리고 청소하며, (손님과 웃어른을 모시면서 물음에) 응대하고, (윗사람을 뵐 때) 나가고 물러날 때의 예절 등은 잘하는 편이지만, 그것은 말단에 해당되는 것이다. 근본적인 것에 대해 아는 것이 없으니 어디에 쓰겠는가?" 자하가 (자유의 이 말을) 듣고서 말했다. "아이고! 자유가 잘못 알고 있구나. 군자의 도를 (가르치고 전하면서) 어떤 것을 먼저 전해주고, 어떤 것을 뒤로 미루어 게으르게 할 수 있다는 말인가? 풀과 나무를 (키우는 것을) 예로 들어보면, (초목의) 종류에 따라 구별하여 키운다. 군자의 도를 (전하면서) 어떤 것을 무시할 수 있겠는가? 처음인 (근본도) 알고, 마지막인 (말단도 온전하게) 아는 사람은 오직 성인이어야만 될 것이다."

역자 해설

1. 문인소자門人小子 : 문하의 제자들.

2. 쇄소灑掃 : 물 뿌리고 쓸다.

3. 응대應對 : 손님과 웃어른을 모시면서 물음에 응대하는 것.

4. 진퇴進退 : 윗사람을 뵐 때 나가고 물러날 때의 예절.

5. 억말抑末 : '억抑'은 '그러나'이고, '말末'은 말단적인 예절이다.

6. 본지즉무本之則無 : '근본적인 것은 없다'이지만, '근본에 대해서는 아는 것이 없다'로 해석해야 한다.

7. 언유言游 : 자유의 성이 언言이다. 때문에 자유를 언유라고 부르기도 한다.

8. 과過 : 잘못.

9. 숙선전언孰先傳焉, 숙후권언孰後倦焉 : 어떤 것을 먼저 전해주고, 어떤 것을 뒤로 미루어 게으르게 할 것인가?

10. 구이별의區以別矣 : '구區'는 구역이지만, 이곳에서는 '종류'라고 해야 한다. 초목의 종류이다. 초목의 종류에 따라 구별하여 키우다.

11. 언가무焉可誣 : '무誣'는 '속이다'의 뜻이지만, 이곳에서는 '깔보다', 혹 '무시하다'의 의미이다. 어찌 무시할 수 있겠는가?

12. 유시유졸有始有卒 : 처음도 있고, 끝도 있다. 이는 곧 근본도 있고, 말단도 있다는 말이다.

••• 자하의 말이 옳다. 자유는 자하의 제자들이 물 뿌리고 청소하며, 웃어른과 손님에 응대하고, 나가고 물러가는 예절 등에 대해서는 잘하고 있지만, 그 일의 근본에 해당하는 지식은 없다고 조롱한다. 자유의 말을 소학小學과 대학大學으로 비유하여 말하면, 자하 문인들은 소

학에 관한 지식은 있지만, 대학에 관한 지식이 없다는 것이다. 이에 대해 자하는 성인의 교육은 먼저 근기의 청탁淸濁, 지식의 심천深淺 등에 따라 달라질 수 있음을 지적한다. 근기가 빼어나고 지식의 수준이 비교적 깊다면 소학의 예절을 넘어 대학의 원리를 가르칠 수 있다. 그러나 근기가 열악하고 낮은 수준의 사람에게는 먼저 말단의 예절부터 숙련하면서 근본으로 진입해야 한다. 근기가 열악한 사람에게 근본부터 가르치면 자칫 공허한 소리로 들릴 수 있어 소기의 성과를 달성하기 어려울 수도 있다. 때문에 반드시 먼저 가르칠 것도 없고, 반드시 뒤에 가르칠 것도 없는 것이다. 그러나 소학의 지식에만 멈추어서는 결코 소학의 진정한 의미를 발견할 수 없다, 반드시 그것의 소이연所以然을 장악해야 한다. 소학의 말단과 근본인 대학에서의 소이연을 겸비한 사람이어야만 성인이라고 할 수 있다.

13. 관직에 나가는 것과 학문에 종사하는 것의 본말 관계.

子夏曰: "仕[1]而優[2]則學, 學而優則仕."

자하가 말했다. "관직에 종사하다가 여력이 있으면 학문에 종사하여 (정치 현실에서 발생한 괴리의 원인을 탐구해야 하고), 학문에 종사하여 여력이 있으면 관직에 나아가 (정치 현장에서 검증하고 실현해야 한다.)

역자 해설

1. 사仕 : 관직에 나가다.
2. 우優 : 주희는 여력餘力으로 주석했지만 약간의 해설이 필요하다. 현실 정치에는 이상과 현실 사이에 괴리가 발생할 수밖에 없다. 이때는 학문을 통하여 그 원인을 밝혀야 한다. 또 학문을 정진하는 과정에서 정치에 관한 지식을 얻고 그 지식이 현실 정치에 적용 가능하다고 판단되면 정치에 참여할 수 있다. 주희가 말한 '여력'은 아마 이러한 의미일 것이다.

••• 공자의 정치관과 교육관에 의거하면, 학문의 원리와 정치의 원리는 서로 다른 이질적인 것이 아니지만, 학문은 근본원리를 탐구하면서 그것을 현상세계에 적용하는 것이기 때문에 학문에서는 필연성을 담보할 수 있다. 그렇지만 정치는 현실이기 때문에 수많은 가변적 요소가 항상 표출될 수 있는 여지가 있다. 즉 원리는 같다고 할 수 있지만 일이 서로 다르다. 따라서 학문을 통하여 정치에 관한 지식을 얻고, 다시 관직에 나아가 현실에 적용해보아야 한다. 또 정치에서 원칙과 현실 사이에 괴리가 발견되면 다시 학문을 통하여 그 까닭을 규명해야만 현실에서 오류가 적어질 것이다.

14. 상례의 본질은 슬퍼함에 있다.

子游曰: "喪[1], 致[2]乎哀而止[3]."

자유가 말했다. "상례는 슬픔을 극진하게 하면 됐다."

역자 해설

1. 상喪 : 상례.
2. 치致 : 다하다[盡].
3. 지止 : 그치다. 즉 죽은 망자亡者에 대한 슬픔을 극진하게 표현할 뿐 그 밖의 불필요한 것에 신경 쓰지 마라.

••• 「팔일」 편에 다음과 같은 말이 있다. 임방이라는 사람이 공자에게 예의 근본에 관해서 묻자 공자는 "참으로 좋은 질문이구나! 예라는 것은 사치스럽게 하는 것보다는 차라리 검소하게 해야 하며, 상례는 형식을 잘 갖추어 치루는 것보다 차라리 (부모의 죽음을) 슬퍼해야 한다[林放問禮之本. 子曰 : 大哉問. 禮, 與其奢也, 寧儉. 喪, 與其易也, 寧戚]"고 답했다. 공자가 상례의 예식과 절차를 무시한 것이 아니라 본질에 더욱 집중할 것을 주문한 것이다. 따라서 이곳에서 "슬픔을 극

진하게 하면 됐다"는 표현을 오로지 슬픔만을 강조하고 의례는 불필요한 것으로 이해하면 안 된다.

15. 자장은 능력은 출중했으나 인자로서는 부족했다.

子游曰: "吾友[1]張[2]也, 爲難能[3]也, 然而未仁[4]."

자유가 말했다. "내 친구 자장은 어려운 일은 잘 처리했으나 아직 인의 경지에 이르지는 못했다."

역자 해설

1. 오우吾友 : 내 친구.
2. 장張 : 자장.
3. 난능難能 : 어려운 일을 잘 처리하다.
4. 미인未仁 : 혹자는 '인하지는 못하다'라고 번역하는데, 주의가 필요하다. 왜냐하면 자칫 '불인不仁'으로 이해할 위험성이 있기 때문이다. '미인'은 아직 인자의 경지에 이르지는 못했다라고 번역해야 한다.

••• 공자의 제자 중에서 자공이 투자에 능해 돈을 많이 벌었고, 자장은 행동은 지나치게 높았지만, 성실하고 측은한 마음이 약간 부족했다. 아마 자유는 자장의 이러한 점을 근거로 아직 인자의 경지에는 이르지 못했다고 한 것 같다.

16. 자장과는 함께 인을 실천하기 어렵다.

曾子曰: "堂堂乎[1]張也! 難與並[2]爲仁矣."

증자가 말했다. "(외모는) 당당하구나! 자장이여. 그러나 그는 다른 사람과 함께 인을 도모하기는 힘들겠구나."

역자 해설

1. 당당호堂堂乎 : 당당하구나!
2. 난여병難與並 : 다른 사람과 함께 인을 도모하기는 어렵다.

••• 주희에 의하면, 자장은 외적인 모습에만 힘을 써 스스로 잘난 체할 뿐 다른 사람과 서로 도와 인을 실천하기 어려운 사람이다. 앞장

에서 자유가 자장에 대해 '아직 인의 경지에 이르지 못했다'고 한 것은 그의 성실성 부족을 지적한 것이지만, 이곳의 자장에 대한 평가는 자장의 독선적 성격에 대한 지적이다.

17. 부모의 상을 당했을 때는 정성을 다해야 한다.

曾子曰: "吾聞諸夫子, 人未有自致[1]者也, 必也親喪[2]乎."

증자가 말했다. "내가 (그 전에) 선생님께 들었는데, 사람들은 자신에 대해서는 정성을 다하지 않을 수 있지만, 부모의 상을 당하면 반드시 정성을 다해야 한다."

역자 해설

1. 자치自致 : 자신에 대해 정성을 다하다.
2. 친상親喪 : 부모의 상에 정성을 다해야 한다.

••• 부모의 상은 자신의 진정한 마음에서 우러나오는 것이기 때문에 스스로 정성을 다하지 않을 수가 없다. 또 부모의 상에 정성을 다하지

않는다면 어디에 정성을 바치겠는가?

18. 부모의 유업을 계승하는 것이 효이다.

曾子曰: "吾聞諸夫子, 孟莊子[1]之孝也, 其他[2]可能也, 其不改父之臣與父之政[3], 是難能[4]也."

증자가 말했다. "내가 선생님께 들으니, '맹장자의 효에서 다른 것은 할 수 있지만, 아버지의 신하와 정치의 도를 바꾸지 않은 일은 하기 어렵다'고 했다."

역자 해설

1. 맹장자孟莊子 : 춘추시대 노나라의 대부이다. 이름은 중손仲孫이고, 이름은 속速이다. 부친은 맹헌자孟獻子이다. 아버지 때의 가신을 그대로 중용하였고, 아버지가 행했던 정사를 그대로 계승하여 시행하는 효孝를 행했다.
2. 기타其他 : '아버지 때의 가신을 그대로 중용하였고, 아버지가 행했던 정사를 그대로 계승하여 시행하는 효孝를 행한' 이외의 것.

3. 불개부지신여부지정不改父之臣與父之政 : 아버지와 함께 했던 가신을 내치지 않고, 아버지의 정책을 계승하여 실행하다.
4. 난능難能 : 실행하기 어려운 일이다.

••• 일반적으로 부모를 계승하여 정치와 사업을 한 경우에 대부분 부친을 도와 함께 정치와 사업을 도모했던 구신舊臣을 내치고 자신의 사람을 등용하기 좋아하고, 부친의 정책이나 사업 방향을 구시대적인 것으로 치부하고 자신의 신념으로 그것을 대체하기 좋아한다. 그러나 부친의 정치와 사업이 성공한 것은 부친과 함께 했던 사람 그리고 부친이 취한 정책이 유효했기 때문이다. 따라서 최소한 3-4년 동안은 옛 신하와 정책을 고수하면서 자신의 새로운 정책을 준비해야 한다. 이것 역시 효의 일종이다.

19. 법을 집행하는 사람이 가져야 할 자세.

孟氏[1]使陽膚[2]爲士師[3], 問於曾子. 曾子曰: "上失其道[4], 民散久矣. 如得其情[5], 則哀矜而勿喜[6]."

맹손씨가 (증자의 제자인) 양부를 (법을 집행하는) 사사로 삼으려고 하자, 양부가 증자에게 가르침을 청했다. 증자가 말했다. "위정자들이 정치의 올바른 도를 상실하여 백성들이 (마을을 버리고) 흩어진지 오래 되었다. 설령 백성들이 저지른 죄의 실상을 알았다고 하더라도 죄지은 백성들을 불쌍히 여기고 동정해야지 (사건을 해결했다고) 기뻐해서는 안 된다."

역자 해설

1. 맹씨孟氏 : 맹손씨일 것이다. 노장공의 서장자인 경보慶父의 후손이다. 원래는 중손씨仲孫氏라고 칭했는데 후에 맹손씨孟孫氏로 불렀다. 식읍食邑은 성읍成邑이었다.
2. 양부陽膚 : 증자의 제자이다.
3. 사사士師 : 법을 집행하는 관리.
4. 상실기도上失其道 : 위정자들이 올바른 도를 잃다.
5. 득기정得其情 : 백성들이 저지른 범죄의 실상을 파악하다.
6. 애긍이물희哀矜而勿喜 : 백성들이 저지른 범죄에 대해 불쌍히 여기고 동정을 해야지 '범인을 잡았다' 혹은 '사건을 해결했다'고 기뻐해서는 안 된다.

••• 범죄를 저지른 백성을 처벌하기 전에 먼저 백성들이 마을을 떠나 도적질 등의 범죄를 저지른 원인이 어디에 있는지를 파악해야 한다. 정치의 혼란으로 말미암아 그들이 죄를 지었다면 이는 위정자들이 그

들을 핍박해서 그런 것이기 때문에 그들을 불쌍히 여기고 동정을 해야지 범죄자를 체포했다고 기뻐해서는 안 된다. 이것이 법을 집행하는 사람의 마음 자세이다.

20. 군자가 하류에 거처하는 것을 싫어하는 이유.

子貢曰: "紂[1]之不善, 不如是之甚也[2]. 是以君子惡居下流[3]. 天下之惡, 皆歸[4]焉."

자공이 말했다. "(은나라의 마지막 군주인) 주왕이 저지른 악행은 (우리가 알고 있는 것처럼) 그렇게 심한 것은 아니었다. (그러나 이후에 많은 사람들이 포악한 군주의 대표자로 주왕을 삼기 때문에) 군자는 (주왕처럼) 하류의 인생에 처하는 것을 싫어한다. (왜냐하면 이후에 출현하는) 천하의 모든 악행은 주왕을 (비유 대상으로) 삼기 때문이다."

역자 해설

1. 주紂 : 은왕조 마지막 군주. 하왕조의 걸왕桀王과 더불어 폭군의 대

명사로 알려졌다.

2. 불여시지심야不如是之甚也 : (비록 주왕이 폭군이지만 그의 포악함은) 우리가 알고 있는 것처럼 심한 것은 아니었다. 즉 약간은 과장되었다는 의미도 있다. 왜냐하면 주왕이 악인의 대명사로 사용되었기 때문에 주왕이 하지 않은 악행도 주를 비유의 대상을 삼을 수 있다.
3. 하류下流 : 지위의 아래가 아니라 도덕적으로 하급의 삶을 산 사람의 인생. 하류는 곧 주왕의 인생이다.
4. 개귀皆歸 : 모두 그곳으로 돌아가다. 즉 모든 잘못의 비유 대상으로 그 사람[紂]의 인생을 든다.

••• 비록 주왕이 폭군이지만 그의 포악함은 우리가 알고 있는 것처럼 심한 것은 아니었다는 자공의 말을 보면, 자공이 주왕의 폭정 사실을 부정한 것 같지만, 그렇지 않다. 자공 역시 주왕이 폭군인 것은 분명한 사실이지만, 주왕이 폭군이었기 때문에 이후에 포악한 정치가가 출현하면 곧 주왕을 비유로 삼아 그를 비난한다. 때문에 당시 주왕에 대한 일반사람들의 인식은 실제보다 부풀려졌을 가능성이 크다. 자공은 이러한 주왕의 삶을 예시로 삼아 하류의 인생을 군자가 싫어하는 이유를 제시한다. 만일 내가 주왕처럼 하류의 인생을 살면 이후에 등장하는 모든 악행의 대표자로 나를 언급할 것이다. 우리가 포악한 사람을 보면 '걸주같은 놈이다'라고 비평하는 것이 대표적인 사례이다.

21. 군자는 자신의 잘못을 숨기지 않고 교정한다.

子貢曰: "君子之過[1]也, 如日月之食[2]焉. 過也, 人皆見之. 更[3]也, 人皆仰[4]之."

자공이 말했다. "군자의 허물은 마치 일식이나 월식과 같아서 허물이 있으면, 모든 사람들이 다 보고 안다. (자신의 허물을 올바르게 인식하고서) 그 허물을 바로 잡으니 모든 사람들이 그를 우러러 본다."

역자 해설

1. 과過 : 과실.
2. 식食 : 일식 혹은 월식의 '식蝕'과 같다.
3. 경更 : '고치다' 혹은 '바로 잡다'.
4. 앙仰 : 우러러보다.

••• 소인은 잘못이 있으면 그것을 숨기려고 한다[文]. 그러나 군자의 행위는 숨기는 것이 없이 광명정대光明正大하기 때문에 잘잘못이 모두 환하게 드러난다. 일을 추진하는 과정에서 실수나 과오가 발생하면

단백하게 승인하고 바로 교정한다. 이것이 군자가 군자다울 수 있는 점이다.

22. 공자에게는 일정한 스승이 없었다.

衛公孫朝[1]問於子貢曰: "仲尼[2]焉學[3]?" 子貢曰: "文武之道, 未墜於地, 在人[4]. 賢者識[5]其大者, 不賢者識其小者, 莫不有文武之道[6]焉. 夫子焉不學[7]? 而亦何常師之有[8]?"

위나라의 공손조가 자공에게 물었다. "중니[공자]는 어디에서 누구에게 배웠는가?" 자공이 말했다. "문왕과 무왕의 도가 아직 완전하게 없어지지 않고 사람들의 기억 속에 남아 있었다. 그 중 현명한 사람은 (문왕과 무왕의 도에서) 크고 중요한 것을 기억하고 있었고, 현명하지 않은 사람일지라도 (문왕과 무왕의 도에서) 작고 세세한 것을 기억하고 있었으니, 문왕과 무왕의 도를 알고 있는 사람이 없지 않았다. 그러니 선생님께서 어디에서 누구에게 배우지 않았겠는가? 또 어찌 (한 분의) 고정된 스승이 있었겠는가?"

역자 해설

1. 공손조公孫朝 : 위나라의 대부이다.
2. 중니仲尼 : 공자의 이름이다. 공손조의 신분이 대부이니 '부자夫子'라고 칭하지 않고 공자의 이름인 '중니'라고 칭했다.
3. 언학焉學 : 어디에서 배웠는가? 즉 어느 곳에서 누구에게 배웠는가? 공자의 스승은 누구인가?
4. 미추어지未墜於地, 재인在人 : 문왕과 무왕의 도가 아직 완전히 없어지지 않고 사람들의 기억 속에 남아 있다.
5. 지識 : '지'로 읽어야 한다. 즉 '기억하다'의 뜻이다.
6. 막불유문무지도莫不有文武之道 : 문왕과 무왕의 도를 알고 있는 사람이 없지 않았다.
7. 언불학焉不學 : 누구에게 배우지 않았겠는가?
8. 하상사지유何常師之有 : 어찌 한 사람의 고정된 스승이 있었겠는가?

••• 공자는 일정한 스승이 없었다. 그렇다고 요·순·탕·우·문·무·주공으로 전승되는 성현의 도가 없는 상태에서 스스로 터득했다는 말인가? 공자는 스스로 '자신은 전술만할 뿐 창작하지 않는다[述而不作]'고 했다. '전술한다'는 것은 성현의 학문에 관한 어떤 단서가 남아 있었음을 의미한다. 자공이 말한 "문왕과 무왕의 도가 아직 완전하게 없어지지 않고 사람들의 기억 속에 남아 있었다. 그중 현명한 사람은 문왕과 무왕의 도에서 크고 중요한 것을 기억하고 있었고, 현명하지 않은 사람일지라도 문왕과 무왕의 도에서 작고 세세한 것을 기억하고

있었다"가 바로 그것이다. 때문에 공자는 성현의 도를 간직하고 있는 어느 누구에게도 배웠지만 어떤 고정적인 특별한 스승은 없었다.

23. 담장이 높은 집은 문을 열고 들어가지 않으면 그 세계를 알 수가 없다.

叔孫武叔[1]語大夫於朝[2]曰: "子貢賢於仲尼[3]." 子服景伯[4]以告子貢. 子貢曰: "譬[5]之宮牆[6], 賜[7]之牆也及肩[8], 窺見[9]室家之好[10]. 夫子之牆數仞[11], 不得其門而入, 不見宗廟之美, 百官之富[12]. 得其門者, 或寡矣. 夫子之云, 不亦宜乎[13]?"

숙손무숙이 조정에서 대부들에게 말했다. "자공이 중니[공자]보다 더 빼어난 능력을 가진 것 같다." 자복경백이 이 말을 자공에게 알려주자, 자공이 말했다. "(나의 능력과 공자의 능력을) 궁실의 담에 비유하여 설명하면, 나의 담은 어깨 정도의 높이이므로 (밖에서도) 집안의 좋은 것들이 보이지만, 선생님 담의 높이는 몇 길이나 되므로 그 문을 열고 들어가지 못하면 (그 안에 있는) 종묘의 아름다움과 많은 관리들이 보이지 않는다. 그 문을 열고 들어간 사람은 아마 적을 것이다. 그러니 숙손무숙이 (자공이 중니보다 더 빼어난 능력을 가진 것 같다)고 말한 것도 어찌 보면 당연한 것이 아니겠는가?"

역자 해설

1. 숙손무숙叔孫武叔 : 노나라의 대부인 숙손씨이다. 계손씨, 맹손씨와 더불어 노나라의 정국을 장악한 삼환三桓 중의 하나이다. 이름은 주구州仇이고, 자는 숙叔이며, 무武는 그의 시호이다.
2. 조朝 : 조정
3. 자공현어중니子貢賢於仲尼 : 자공이 공자보다 능력이 빼어나다. 자공이 투자에 능했고, 시무처리를 잘했기 때문에 숙손무숙의 눈에는 자공이 공자보다 훌륭한 능력을 소유했다고 생각한 것 같다.
4. 자복경백子服景伯 : 노나라의 대부이다. 부록 참조
5. 비譬 : 비유하다.
6. 궁장宮牆 : 궁궐의 담.
7. 사賜 : 자공의 이름.
8. 급견及肩 : 어깨 높이.
9. 규견窺見 : 들여다 보다.
10. 실가지호室家之好 : 집안 내부의 좋은 것들이 들여다 보인다.
11. 수인數仞 : '인仞'은 7-8 자 정도의 높이이다. '수인'은 매우 높아 밖에서 들여다 볼 수 없다는 뜻이다.
12. 부득기문이입不得其門而入, 불견종묘지미不見宗廟之美, 백관지부百官之

富 : 그 문을 열고 들어가지 않으면 그 안에 있는 종묘의 아름다움과 많은 백관들을 볼 수가 없다.

13. 부자지운夫子之云, 불역의호不亦宜乎 : 이곳에서 '부자夫子'는 공자가 아니라 숙손무숙이다. 즉 숙손무숙이 공자의 진면목을 본 적이 없으니 내가 공자보다 현명하다고 말한 것은 어찌 보면 당연한 것이 아니겠는가?

••• 자공의 비유가 참으로 좋다. 담장이 낮으니 집안에 있는 것들이 다 보이지만, 담장이 높으면 집안이 보이지 않기 때문에 집안의 것에 대해 말할 수가 없다. 자공의 말은 사실이지만, 그의 태도는 매우 겸손하며, 비유는 적절하다고 할 수 있다. 자공 자신의 재능 높이는 어깨 정도이기 때문에 사람들의 눈에 그 재주와 능력이 다 보인다. 그러나 공자 능력의 높이는 너무 높아 밖에서는 볼 수가 없다. 그러니 공자의 능력과 품덕의 깊이를 알 수 없는 것은 오히려 당연하다고 할 수 있다. 자공이 말한 종묘의 아름다움은 공자 덕성의 아름다움을 칭송한 것이고, 많은 백관은 공자의 재능이 매우 많음을 형용한 것이다.

24. 공자는 해, 달과 같아 넘어갈 수 없는 사람이다.

叔孫武叔毀[1]仲尼, 子貢曰: "無以爲[2]也. 仲尼不可毀也. 他

人之賢者, 丘陵[3]也, 猶可踰[4]也. 仲尼, 日月也, 無得而踰[5]焉. 人雖欲自絶[6], 其何傷於日月[7]乎? 多見[8]其不知量[9]也."

손숙무숙이 중니[공자]를 비난하자 자공이 말했다. "(그렇게 공자를 비난해봐야) 아무런 소용이 없다. 중니는 비난할 수 없는 사람이다. 일반 사람들의 현명함은 (그리 높지 않은) 언덕과 같아서 (그 비난이) 유효하게 적용될 수 있다. (그러나) 중니의 (현명함은) 해, 달과 같아서 비난을 해봐야 그 비난이 통하지 않는다. (비난한) 사람이 스스로 공자와의 관계를 단절하더라도 어찌 해, 달과 같은 공자에게 손상을 입힐 수 있겠는가? (그렇게 해봐야) 자신의 분수에 대한 무지만을 드러낼 뿐이다."

역자 해설

1. 훼毁 : 비난하다. 헐뜯다.
2. 무이위無以爲 : '이以'는 '용用'과 같다. 즉 '무용위無用爲'. 그렇게 해봐야 아무런 소용이 없다.
3. 구릉丘陵 : 언덕
4. 유踰 : 넘다. 구릉을 넘을 수 있다. '넘다'는 곧 비난이 유효할 수 있다는 뜻이다.
5. 무득이유無得而踰 : 넘어갈 방법이 없다. 즉 비난이 통하지 않는다.

6. 자절自絶 : 스스로 관계를 끊다. 즉 공자에 대한 비난이 유효하든 유효하지 않든 자신이 관계를 끊는다.
7. 하상어일월何傷於日月 : 스스로 공자와 관계를 끊는다고 해서 일월과 같은 공자에 어떤 손상을 입힐 수 있겠는가?
8. 다현多見 : '다多'는 '지只'와 뜻이 통한다. 즉 오로지 '…을' 드러낼 뿐이다.
9. 부지량不知量 : '량量'은 분수이다. 자신의 분수를 모르다. 이는 자신이 얼마나 무지한 사람임을 스스로 알지 못한다는 의미이다.

••• 소동파蘇東坡의 「수조가두水調歌頭」라는 사詞에 '고처불승한高處不勝寒'이라는 말이 나온다. 높은 곳에 있는 사람은 시샘과 비난이 많아 견디기 어렵다는 말이다. 「자장」 편의 내용을 보니 공자와 제자를 비교하는 것 자체가 공자에 대한 비난인데, 오히려 제자가 공자보다 낫다고 칭송까지 한다. 이에 대한 자공의 대답이 참으로 좋다. '그렇게 공자를 비난해봐야 아무런 소용이 없다. 공자의 인품과 학문의 경지는 마치 하늘에 떠있는 해, 달과 같아서 비난을 해봐야 그 비난이 전혀 유효하게 적용되지 않는다. 비난이 통용되지 않으니 스스로 공자와 관계를 단절하더라도 어찌 해, 달과 같은 공자에게 손상을 입힐 수 있겠는가? 단지 비난한 사람들의 협량한 분수만을 드러낼 뿐이다.'

25. 공자의 경지에 이를 수 없음은 마치 계단을 밟고 하늘에 오르지 못하는 것과 같다.

陳子禽[1]謂子貢曰: "子爲恭[2]也, 仲尼豈賢於子乎[3]?" 子貢曰: "君子一言以爲知, 一言以爲不知[4], 言不可不愼也. 夫子之不可及也, 猶天之不可階而升也[5]. 夫子之得邦家者[6], 所謂立之斯立[7], 道之斯行[8], 綏之斯來[9], 動之斯和[10], 其生也榮[11], 其死也哀[12], 如之何其可及也[13]."

진자금이 자공에게 말했다. "당신이 겸손한 사람이라서 그렇지 중니[공자]가 어찌 당신보다 현명하겠는가?" (이에) 자공이 말했다. "군자는 한마디 말로서도 그 사람이 지혜롭다고 평가받기도 하고, 한마디 말로서도 그 사람이 지혜롭지 못하다고 평가받기도 하니 말은 신중하게 하지 않으면 안 된다. 스승인 (공자의) 경지에 이를 수 없음은 마치 계단을 밟고 하늘에 오르지 못하는 것과 같다. 만일 공자에게 나라를 다스릴 수 있는 기회가 주어진다면, (스승님이) 백성들을 올바로 서게 하려고 하면 백성들이 올바르게 서게 될 것이고, 백성들을 올바르게 인도하려고 하면 그들이 인도에 따라 행하게 될 것이며, 백성들을 편안하게 해주면 따르게 될 것이고, 백성들을 고무시키면 이에 화답할 것이다. 살아있을 때는 (백성들이) 그를 높이고 사랑하며, 돌아가실 때는 (마치 부모를 잃은 것)처럼 슬퍼할 것이니, 어떻게 그 경지에 이를 수가 있겠는가?"

역자 해설

1. 진자금陳子禽 : 진자금이라는 이름은「학이」편에도 보인다.「학이」에 출현하는 진자금은 공자의 제자라고 하기도 하고, 일설에는 자공의 제자라고도 한다. 그러나 이곳에서의 진자금은 이름은 동일하지만「학이」의 진자금과 동명이인인 것 같다. 왜냐하면 공자의 제자이거나, 자공의 제자라면 공자를 중니라고 지칭할 수 없기 때문이다.
2. 공恭 : 겸손하다.
3. 중니기현어자호仲尼豈賢於子乎 : '자子'는 당신이지만, 자공을 지칭한다. 중니가 어찌 당신보다 현명하겠는가?
4. 일언이위지一言以爲知, 일언이위부지一言以爲不知 : 한마디 말로서도 그 사람이 지혜롭다고 평가받기도 하고, 한마디 말로서도 그 사람이 지혜롭지 못하다고 평가받기도 한다.
5. 부자지불가급야夫子之不可及也, 유천지불가계이승야猶天之不可階而升也 : 공자의 경지에 이를 수 없음은 마치 계단을 밟고 하늘에 오르지 못하는 것과 같다. 즉 공자의 경지는 노력으로 이를 수 없음을 비유적으로 말한 것이다.

6. 부자지득방가자夫子之得邦家者 : 만일 공자가 나라를 다스릴 수 있다면.
7. 입지사립立之斯立 : 공자가 백성들을 올바르게 서게 하려고 하면 백성들이 올바르게 서게 되다.
8. 도지사행道之斯行 : '도道'는 '인도하다'의 '도導'와 같다. 백성들을 인도하려고 하면 그들이 공자의 인도에 따라 행하다.
9. 수지사래綏之斯來 : '수綏'는 '편안하다'의 뜻이다. 백성들을 편안하게 해주면 따르다.
10. 동지사화動之斯和 : 주희에 따르면, '동動'은 '고무하다'의 뜻이다. 백성들을 고무시키면 이에 화답하다.
11. 기생야영其生也榮 : 살아있을 때는 그를 높이고 사랑하다.
12. 기사야애其死也哀 : 죽을 때는 마치 부모를 잃은 것처럼 슬퍼하다.
13. 여지하기가급야如之何其可及也 : 어떻게 그 경지에 이를 수가 있겠는가?

••• 연이어 나오는 공자에 대한 자공의 형용, 즉 '선생님 담의 높이는 몇 길이나 되므로 그 문을 열고 들어가지 못하면 그 안에 있는 종묘의 아름다움과 많은 관리들이 보이지가 않는다', '중니의 현명함은 해, 달과 같아서 비난을 해봐야 그 비난이 통하지 않는다', '공자의 경지에 이를 수 없음은 마치 계단을 밟고 하늘에 오르지 못하는 것과 같다' 등은 약간 지나치다는 느낌이 들기도 한다. 그러나 이는 스승에 대한 존중일 뿐만 아니라 공자에 대한 제자들의 실질적인 느낌[實感]이다. 뿐

만 아니라 자신의 스승을 비방하는 언설에 대한 적절한 대응이라고도 할 수 있다.

20 편

「요왈堯日」

1. 요와 순 그리고 탕과 무왕의 민본정치.

堯曰[1]: "咨爾舜[2], 天之曆數[3], 在爾躬[4], 允執其[厥]中[5]. 四海困窮[6], 天祿永終[7]." 舜亦以命禹[8]. 曰[9]: "予小子履[10], 敢用玄牡[11], 敢昭告于[12]皇皇后帝[13]. 有罪不敢赦, 帝臣不蔽[14], 簡在帝心[15]. 朕躬有罪, 無以萬方, 萬方有罪, 罪在朕躬[16]." 周有大賚[17], 善人是富. 雖有周親[18], 不如仁人. 百姓有過, 在予一人[19]. 謹權量[20], 審法度[21], 修廢官[22], 四方之政行焉. 興滅國[23], 繼絶世[24], 擧逸民[25], 天下之民歸心[26]焉. 所重民食喪祭[27]. 寬則得衆[28], 信則民任[29]焉. 敏則有功[30], 公則說[31].

요임금이 말했다. "아! 그대 순이여. 하늘이 결정한 천자의 순서가 그대 차례가 되었으니, 진실로 중용의 도리를 잘 잡아 지켜야 한다. 만일 사해의 백성들이 곤궁하게 되면 하늘은 그대에게 내린 천자라는 복록을 영원히 끊을 것이다." (요임금의 훈계를 받은) 순임금도 (요임금이 순임금에게 한) 것으로써 우임금을 훈계했다. (탕왕이) 말했다. "소자 리는 감히 검은 황소를 제물로 올리며, 외람되게도 거룩하신 천제님께 아룁니다. (하왕조의 걸왕이) 죄를 지었으니 이를 (제가) 함부로 용서하지 않을 것이고, (저를 비롯한) 하늘의 신하인 우리들은 걸왕의 죄상을 숨길 수 없으며, (저는) 하늘의 마음을 잘 살피어 따를 것입니다. 저에게 죄가 있다면, 이는 만방의 백성과 아무런 관계가 없는 (오로지 자신의 잘못일 뿐이고), 만방의 사람들에게 죄가 있다면 이는 제 자신의 (부덕하고 불민한) 탓입니다." 주나라에 큰 은혜를 베풀어주니 선한 백성들이 부유하게 되었다. 비록 (하왕조 마지막 군주인 주왕에게) 매우 가까운 일가친척이 많이 있었지만, (주나라의) 인한 사람들만 못하다. (주무왕은) "백성들에게 잘못이 있다면, 이는 곧 자신 한 사람에게 책임이 있다"고 했다. (하나로 통일되지 못한) 도량형을 바로 잡고, 예악과 제도를 잘 살펴 (불합리한 것이 있으면 수정하며), (당연히 있어야 하고 중시되어야 할 관직인데) 폐지되었다면 그 관직을 부활하니, 천하 사방의 정치가 제대로 행해지게 되었다. (훌륭한 제후가 다스렸던 나라를) 다시 부흥시켜 주고, (훌륭한 대부 집안의) 세계를 잇게 해주며, (초야에 은거한) 인재를 찾아 등용하니 천하의 민심이 모두 제자리를 찾게 되었다. (주나라 천자가) 중시했던 것은 백성과 백성의 양식 그리고 상례와 제사였다. 천자의 마음이 관대하면 백성의 마음을 얻고, 천자가 신의가 있으면 백성들이 신임하며, 천자의 판단이 민첩하면 공적을 이루게 되고, 천자가 정치를 공평하게 하면 모든 사람들이 기뻐한다.

역자 해설

1. 요왈堯曰 : 요임금이 순임금에게 천자의 지위를 선양하면서 한 훈계의 말이다.
2. 자이순咨爾舜 : '자咨'는 감탄사이고, '이爾'는 '너'이며, '순舜'은 순임금이다. '아! 너 순아.'
3. 천지역수天之曆數 : '천자天子'라는 용어에 이미 '역수曆數' 의미가 포함되어 있다. 고대에는 천자를 하늘이 결정했다고 생각하였기 때문에 '천자'라는 호칭이 있게 된 것이다. '역수'는 '하늘이 결정하는 천자의 차례'의 의미이다.
4. 이궁爾躬 : 너의 몸, 즉 너 자신.
5. 윤집기중允執其中 : '윤允'은 '진실함'이고, '집執'은 '잡다'이며, '기중其中'은 중용의 도리를 의미한다. 즉 진실로 중용의 원리를 잡고서 정치를 하라.
6. 사해곤궁四海困窮 : 사해의 백성들이 곤궁하게 되다.
7. 천록영종天祿永終 : '천록天祿'은 하늘이 정해 준 천자의 지위를 뜻한다. '영종永終'은 영원히 끊어질 것이다.
8. 순역이명우舜亦以命禹 : '우禹'는 하왕조를 세운 천자이다. 순임금도 (요임금이 순임금에게 한) 것으로써 우임금을 훈계했다. 이상의 내용은 『서경』「우서虞書·대우모大禹謨」에 있다.
9. 왈曰 : 주희에 의하면, 앞에 '탕湯' 자가 생략되어 있다. 왜냐하면 이 말은 상[商-殷]왕조를 세운 탕왕이 하왕조의 마지막 천자인 걸桀을 추방하고서 하늘에 제사를 올리면서 한 말이기 때문이다. 『서경』

「상서商書 · 탕고湯誥」에서 인용한 것이다.

10. 소자리小子履 : '소자小子'는 천자가 하늘에게 자신을 낮추어 한 말이고, '리履'는 탕왕의 이름이다.

11. 감용현무敢用玄牡 : '현무玄牡'는 검은 황소이다. 검은 색은 하왕조를 대표하는 색이다. 아마 탕왕 당시에는 상왕조를 대표하는 색을 아직 결정하지 않았기 때문에 하왕조에서 숭상한 검은색을 그대로 사용한 것 같다.

12. 감소고우敢昭告于 : 감히 (거룩한 하늘에게) 아룁니다.

13. 황황후제皇皇后帝 : '황황皇皇'은 거룩하다, 혹은 위대하다. '후제后帝'는 하늘의 천제天帝를 뜻한다.

14. 제신불폐帝臣不蔽 : '제신帝臣'은 하늘이 내려준 신하라는 것으로, 자신을 비롯한 신하들을 가리키는 말이다. '불폐不蔽'는 '가릴 수 없다', 혹은 '덮을 수 없다'의 뜻이다. 즉 앞 구절의 '죄 있는 사람을 함부로 용서하지 않다[有罪不敢赦]'에서 죄 있는 사람은 하왕조의 걸왕이다. 따라서 이곳에서 '제신불폐'는 곧 '하늘의 신하인 우리들은 걸왕의 죄상을 가릴 수 없다'로 해석해야 한다.

15. 간재제심簡在帝心 : '간簡'은 '살피다' 혹은 '받아들이다'의 뜻이고, '제심帝心'은 하늘의 마음이다. 즉 하늘의 마음을 잘 살피어 따르다.

16. 짐궁유죄朕躬有罪, 무이만방無以萬方, 만방유죄萬方有罪, 죄재짐궁罪在朕躬 : '짐朕'은 탕왕 자신이다. 즉 자신에게 죄가 있는 것은 만방의 백성과는 아무런 관계가 없는 오로지 자신의 잘못일 뿐이고, 만방의 사람들에게 죄가 있는 것은 자신이 부덕하고 불민한 탓이라는

뜻이다.

17. 주유대뢰周有大賚 : '뢰賚'는 '주다'는 뜻이다. 즉 주나라에게 큰 은혜를 주다. 이곳부터는 주 무왕에 관한 말이다. '대뢰大賚'는 『서경』「주서周書 · 태서泰誓」에 있는 말이다.

18. 주친周親 : 이곳에서 '주周'는 주나라가 아니라 '지극히' 혹은 '매우'의 뜻이다. 주친은 매우 가까운 친척이다. 은[商]왕조 마지막에 주왕을 도왔던 가까운 일가친척을 뜻하다.

19. 백성유과百姓有過, 재여일인在予一人 : 백성들에게 잘못이 있다면, 이는 곧 자신 한 사람에게 책임이 있다는 뜻이다. 『서경』「주서 · 태서」에 있는 무왕의 말이다.

20. 근권량謹權量 : '권량權量'은 저울과 되 그리고 말 등의 도량형을 의미한다. 즉 '통일되어 있지 않은 도량형을 신중하게 사용하다'는 뜻이다.

21. 심법도審法度 : '법도法度'는 예악과 제도를 말한다. 즉 예악과 제도를 잘 살펴 불합리한 것이 있으면 수정하다.

22. 수폐관修廢官 : '수修'는 '다시 복원하다'는 뜻이고, '폐관廢官'은 폐지된 관직이다. 당연히 있어야 하고 중시되어야 할 관직인데, 폐지되었거나 등한시했던 관직을 부활하다.

23. 흥멸국興滅國 : '국國'은 제후국을 말한다. 훌륭한 제후가 다스렸던 나라가 멸망했다면 그 나라를 부흥시켜준다.

24. 계절세繼絶世 : 이곳에서의 '세世'는 대부를 말한다. 즉 훌륭한 대부 집안의 후대가 끊어졌다면 그 세계世系를 다시 잇게 해준다.

25. 거일민擧逸民 : '일민逸民'은 은거하고 있는 훌륭한 인재를 말한다. 즉 초야에 은거하고 있는 인재를 찾아 등용하다.

26. 귀심歸心 : 이 구절은 '천하의 민심이 천자에게 돌아오다'고 해석하는 것보다는 '천하의 민심이 모두 제자리를 찾다'로 해석하는 것이 적절하다.

27. 민식상제民食喪祭 : '민民'은 백성, '식食'은 양식, '상喪'은 상례, '제祭'는 제례를 의미한다. 천자가 중시했던 것은 백성과 백성의 양식 그리고 상례와 제사였다.

28. 관즉득중寬則得衆 : 천자의 마음이 관대하면 백성의 마음을 얻는다.

29. 신즉민심信則民任 : 천자가 신의가 있으면 백성들이 신임한다.

30. 민즉유공敏則有功 : 판단이 민첩하면 공적을 이루게 된다.

31. 공즉열公則說 : '說'의 독음은 '열'이다. 천자가 정치를 공평하게 하면 모든 사람들이 기뻐한다.

••• 이곳에서는 요와 순 그리고 탕과 무왕 등의 옛 성왕의 정치 도리를 열거하면서 민본정치와 인정 그리고 후에 맹자에 의해 크게 홍양된 왕도정치의 근본 원리를 소개하고 있다.

2. 정치인이 가져야 할 자세.

子張問於孔子曰: “何如斯可以從政矣[1]?” 子曰: “尊五美[2], 屛四惡[3], 斯可以從政矣.” 子張曰: “何謂五美?” 子曰: “君子惠而不費[4], 勞而不怨[5], 欲而不貪[6], 泰而不驕[7], 威而不猛[8].” 子張曰: “何謂惠而不費?” 子曰: “因民之所利而利之, 斯不亦惠而不費乎[9]? 擇可勞而勞之, 又誰怨[10]? 欲仁而得仁, 又焉貪[11]? 君子無衆寡, 無小大, 無敢慢, 斯不亦泰而不驕乎[12]? 君子正其衣冠, 尊其瞻視, 儼然人望而畏之, 斯不亦威而不猛乎[13]?” 子張曰: “何謂四惡?” 子曰: “不教而殺謂之虐[14], 不戒視成謂之暴[15], 慢令致期謂之賊[16], 猶之與人也, 出納之吝, 謂之有司[17].”

자장이 공자에게 물었다. “어떻게 하면 정치를 잘할 수 있습니까?” 공자가 말했다. “다섯 가지 좋은 미덕을 존중하고, 네 가지 악덕을 없애면 좋은 정치를 할 수 있다.” 자장이 말했다. “무엇을 다섯 가지 미덕이라고 합니까?” 공자가 말했다. “군자는 백성들에게 은혜를 베풀되 낭비하지 않고, 백성들을 수고스럽게 하지만 그들의 원망을 사지 않으며, 무엇을 하고자 하지만 탐욕하지 않고, (자신에 대한) 자부심은 크지만 교만하지 않으며, 위엄은 있지만 (남들에게) 사납게 대하지 않는다.” 자장이 말했다. "어떻게 해야만 백성들에게 은혜를 베풀되 낭비하지 않는다고 합니까?" 공자가 말했다. "백성들이 이롭게 여기는 것에 따라 그들을 이롭게 해준다면 이것이 백성들에게 은혜를 베풀되 낭비하지 않는다는 것이 아니겠는가? 백성들을 수고롭게 해도 될 만한 일을 선택하여 그들을 부린다면 또 누가 원망을 하겠는가? 인한 사람이 되고자 해서 인을 얻었는데, 어찌 그것을 탐욕이라고 하겠는가? 군자는 많은 사람을 대하건, 적은 사람을 대하건, 작은 일을 하거나, 큰일을 하거나, 감히 교만하지 않으니 이것이 자부심은 크지만 교만하지 않다는 것이 아니겠는가? 군자가 의관을 엄정하게 하고, (남들이 바라보는) 외모를 존엄하게 지니며, 위엄 있는 태도로 사람들을 바라보아 그들로 하여금 두렵게 한다면 이것이 위엄은 있지만 사납지는 않다는 것이 아니겠는가?" 자장이 말했다. "무엇을 네 가지 나쁜 악이라고 합니까?" 공자가 말했다. "(백성들이 잘못을 하면) 먼저 교화를 하지 않고 죽이는 것을 잔학이라고 한다. 미리 경고하여 알리지 않고 일의 성과만을 놓고서 책망하는 것을 포악이라고 한다. (일이 급하면 명령을 급박하게 내려야 하는데도 불구하고) 명령을 느슨하게 내리고서 기일을 급박하게 재촉하는 것을 '적賊'이라고 한다. 남들과 똑같이 주어야 할 것인데도 출납을 인색하게 하는 사람은 야박한 창고지기라고 한다."

역자 해설

1. 하여사가이종정의何如斯可以從政矣 : 『논어』에는 '종정從政'이라는 표현이 많이 출현한다. '정치에 종사하다'로 해석하지만, 너무 문자 번역이다. '정치하다'로 번역하는 것이 간략하고 좋다. '어떻게 하면 정치를 잘할 수 있습니까?'
2. 존오미尊五美 : '다섯 가지 좋은 미덕을 존중하다.' 즉 다섯 가지 덕을 중시해야 한다.
3. 병사악屛四惡 : '병屛'은 물리치다, 혹은 없애다. '병사악'은 '네 가지 나쁜 악을 없애다'의 뜻이다.
4. 혜이불비惠而不費 : 백성들에게 은혜를 베풀되 낭비하지 않는다.
5. 노이불원勞而不怨 : 백성들을 수고스럽게 하지만 그들의 원망을 사지 않는다.
6. 욕이불탐欲而不貪 : 원하지만 탐하지 않는다.
7. 태이불교泰而不驕 : 자부심은 크지만 교만하지 않다.
8. 위이불맹威而不猛 : 위엄은 있지만 사납지는 않다.
9. 인민지소리이리지因民之所利而利之, 사불역혜이불비호斯不亦惠而不費乎 : 백성들이 이롭게 여기는 것에 따라 그들에게 이롭게 해준다면 그것이 곧 백성들에게 은혜를 베풀되 낭비하지 않는다는 것이 아니겠는가?
10. 택가로이로지擇可勞而勞之, 우수원又誰怨 : 백성들을 수고롭게 해도 될 만한 일을 선택하여 그들을 부린다면 또 누가 원망하겠는가? 예를 들어 홍수가 나면 농경지가 수몰되기 때문에 농한기를 이용

하여 백성들을 제방 쌓는 일에 동원한다면 어떤 백성이 그것이 수고스럽다고 정치가를 원망하겠는가?

11. 욕인이득인欲仁而得仁, 우언탐又焉貪 : 인한 사람이 되기를 원했기 때문에 인을 얻었는데, 어찌 그것을 탐욕이라고 하겠는가?

12. 군자무중과君子無衆寡, 무소대無小大, 무감만無敢慢, 사불역태이불교호斯不亦泰而不驕乎 : '무중과'는 '많은 사람을 대하건, 적은 사람을 대하건'의 뜻이고, '무소대'는 '작은 일을 하거나, 큰일을 하거나'의 뜻이며, '무감만'은 '감히 교만하지 않다'의 뜻이다. 즉 '군자는 많은 사람을 대하건, 적은 사람을 대하건, 작은 일을 하거나, 큰일을 하거나, 감히 교만하지 않으니 이것이 자부심은 크지만 교만하지 않다는 것이 아니겠는가?

13. 군자정기의관君子正其衣冠, 존기첨시尊其瞻視, 엄연인망이외지儼然人望而畏之, 사불역위이불맹호斯不亦威而不猛乎 : 군자가 의관을 엄정하게 하고, (남들이 바라보는) 외모를 존엄하게 지니며, 위엄 있는 태도로 사람들을 바라보아 그들로 하여금 두렵게 한다면 이것이 위엄은 있지만 사납지는 않다는 것이 아니겠는가?

14. 불교이살위지학不教而殺謂之虐 : 교화를 먼저 하지 않고 죽이는 것을 잔학이라고 한다.

15. 불계시성위지포不戒視成謂之暴 : '계戒'는 '계고하다', '알리다'의 뜻이고, '시성視成'은 '성과를 따지다'의 뜻이다. 미리 경고하여 알리지 않고 일의 성과만을 놓고서 책망하는 것을 '포暴'라고 한다.

16. 만령치기위지적慢令致期謂之賊 : '만령慢令'은 명령을 태만하게 하다,

즉 '명령을 느슨하게 내리다'의 뜻이다. '치기致期'는 완성 기일을 급박하게 하다. 명령을 느슨하게 내리고서 기일을 급박하게 재촉하는 것을 '적賊'이라고 한다.

17. 유지여인야猶之與人也, 출납지인出納之吝, 위지유사謂之有司 : '유지猶之'는 '고르다', 혹은 '똑같다'의 뜻이고, '여지與人'는 '주다'의 뜻이며, '인吝'은 '인색하다'이고, '유사有司'는 창고지기이지만, 이곳에서는 '야박한 창고지기' 뜻이다. 즉 남들과 똑같이 주어야 할 것인데도 출납을 인색하게 하는 사람을 야박한 창고지기라고 한다.

••• 이 장에서는 정치가들이 정치의 현장에서 마음에 새겨두어야 할 교훈적 내용들이 구체적으로 서술되어 있다. 먼저 '백성들이 자신들에게 이롭게 여기는 것에 따라 그들을 이롭게 해준다면 그것이 곧 백성들에게 은혜를 베풀되 낭비하지 않는다는 것이 아니겠는가?' 코로나 19 때문에 국민들의 경제가 악화되자 재난지원금을 정부에서 지출하고 있는데, 이에 대한 여러 안들이 제시된다. 지급해야 한다, 국고의 부담이 되니 지급해서는 안 된다. 지급한다면 하위 소득자에게만 지급해야 하는가? 아니면 모두 국민들에게 다 해야 하는가? 이때 첫 번째로 고려해야 하는 것이 바로 '백성들이 자신들에게 이롭게 여기는 것에 따라 그들을 이롭게 해주어야 한다'는 것이다. 그뿐인가? 교화할 여지가 있으면 흉악범이라도 한 번쯤은 기회를 주어야 하는데, 일벌백계一罰百戒의 엄벌만을 내세운다면 그것이 곧 잔학함이다. 일이 급하면 미리 계고를 해야 하는데, 명령은 느슨하게 하고서 결과만을

재촉하는 상급자가 바로 도적같은 사람이다. 긴급 재난지원금을 지급하기로 결정했으면 서류를 최소화해서 긴급하게 지급해야 하는데, 불요불급한 서류로 말미암아 지원금이 제때에 지급되지 못한다면 효과는 떨어질 수밖에 없다.

3. 천명을 알지 못하면 진정한 군자가 될 수 없다.

子曰: "不知命[1], 無以爲[2]君子也. 不知禮, 無以立[3]也. 不知言, 無以知人[4]也."

공자가 말했다. "천명의 진정한 의미를 알지 못한다면 군자가 될 수 없다. 예의를 알지 못한다면 (사회에서 제대로) 처세할 수 없다. 다른 사람의 말을 이해하지 못하면 그 사람의 마음을 알지 못한다."

역자 해설

1. 명命 : 천명, 사명, 운명 등을 종합한 의미이다.
2. 무이위無以爲 : …이 될 수 없다.

3. 무이립無以立 : 사회에서 올바르게 처세할 수 없다.

4. 무이지인無以知人 : 사람의 마음을 알 수 없다.

••• 천명은 무엇인가? 하늘이 내린 명령이라고 할 수 있지만 지극히 추상적이고 형식적인 해석이다. 당시 천명의 실질 의미는 바로 민본民本, 즉 백성의 삶을 온전하게 하라는 명령일 것이다. 예의는 합리성을 내용으로 하는 사람과 사람 사이의 교류 원칙이다. 마지막으로 공자는 '타인의 말을 올바르게 이해하지 못하면 그 사람의 마음을 알지 못한다'다고 했는데, 맹자가 말한 지언知言과 의미가 상통한다.

부록

– 인물과 출현한 편명 –

* 대표 표기는 '인명'과 '시호諡號' 및 '자字' 중에서 『논어』에 자주 인용되는 것으로 함.

가

간공簡公

제나라 군주이고, 이름은 임壬이다. 진성자[陳成子-田成子]에게 시해당했다.

「헌문22」

거백옥蘧伯玉

위나라의 대부로서, 성은 거蘧이고, 이름은 원瑗이다.

「헌문26」, 「위령공6」

걸익桀溺

장저長沮와 함께 초나라의 은사이다. '걸桀'은 '크다'는 의미이고, '익溺'은 다리가 수중에 빠진 상태를 말한다. 장저와 마찬가지로 신장이 큰 사람이 물 논에서 일하고 있는 모습을 형용하여 걸익이라고 명명한 것이다. 장저와 걸익 모두 은자였기 때문에 정확한 이름은 알 수 없다.

「미자6」

격경양擊磬襄

'격경擊磬'은 경이라는 악기를 치는 사람이고, '양襄'이 그의 이름이다. 악관이다.

「미자9」

계강자季康子

노나라의 대부인 계손씨季孫氏이다. 이름은 비肥이고, 강康은 그의 시호이다. 당시 노나라 삼대 세도가 중의 한 사람이다.

「위정20」, 「팔일 6」, 「옹야6」, 「향당11」, 「선진6」, 「안연17 · 18 · 19」, 「헌문20」, 「계씨1」

계문자季文子

노魯나라 대부인 계손씨季孫氏. 이름은 행보行父이고, 시호는 문文이다. 노나라 계손씨의 권력은 바로 이 계문자로부터 시작되었다.

「공야장19」

계수季隨

주나라의 고상한 선비라고 소개될 뿐 그 외 사항은 고증하기 어렵다.

「미자11」

계와季騧

계수와 마찬가지로 주나라의 고상한 선비라고만 소개될 뿐이다.

「미자11」

계씨季氏

노나라의 세도가 집안이다. 『논어』에는 '계씨'라고 표현하고 있지만 한 사람이 아니라 그 집안사람을 지칭한다. 계씨 집안이 노나라의 세도가 집안[三桓]으로 성장한 것은 계손행보季孫行父[季文子] 때이다. 계손행보의 손자가 계손숙[季孫宿-季武子]이고, 계손숙의 손자가 또 계손의여[季孫意如-季平子]이다.

「팔일1 · 6」, 「옹야7」, 「선진16」, 「자로2」, 「계씨1」

계손씨의 권력 순서

계문자季文子-계무자季武子-계평자季平子-(계도자季悼子)-계환자季桓子-계강자季康子.

계자연季子然

계손씨 집안 자제 중 한사람이다.

「선진23」

계환자季桓子

노나라 선공宣公에서부터 성공成公, 양공襄公, 소공昭公, 정공定公 때까지 권력을 장악했던 계손씨 집안의 마지막 권력자이다. 자신의 가신인 양호에게 권력을 빼앗겼다.

「미자4」

고방숙鼓方叔

'고鼓'는 북을 치는 것이고, '방숙方叔'은 그의 이름이다. 방숙은 북을 치는 사람이다.

「미자9」

고시高柴

공자의 제자이다. 자는 자고子羔이다.

「선진17 · 24」

고요皐陶

중국 고대에 전설로 내려오는 인물이다. 순임금의 신하였고, 구관九官의 사람이었다. 법리에 매우 밝았으며, 형벌을 제정했고, 옥獄을 만들었다고 전해진다. 『맹자』의 기록에 의하면, 법 집행을 매우 엄하고 공정하게 시행했다.

「안연22」

공명가公明賈

위나라의 대부이다. 공명公明이 성이고, 이름은 가賈이다.

「헌문14」

공문자公文子

위나라 대부인 공어孔圉이다. 중숙어仲叔圉라고도 불렸다.

「공야장14」, 「헌문20」

공백료公伯寮

공백公伯은 성이고, 료寮는 이름이다.

「헌문38」

공산불요公山弗擾

성은 공산公山이고, 이름이 불요弗擾이다. 혹자는 불뉴弗狃로 쓰기도 한다.

「양화5」

공서화公西華

공자의 제자인 공서적公西赤이다. 성은 공서公西이고, 이름은 적赤이며, 자화子華는 그의 자이다.

「공야장7」, 「옹야3」, 「술이30」, 「선진21 · 25」

공손조公孫朝

위나라의 대부이다

「자장22」

공숙문자公叔文子

주희의 고증에 의하면, 위나라의 대부인 공손지公孫枝이다. 그러나 『좌전』에는 공손발公孫拔로 되어 있다.

「헌문14 · 19」

공야장公冶長

공자의 제자이다. 성은 공야公冶이고, 이름은 장長이며, 자는 자장子長이다.

「공야장1」

관중管仲

춘추시대 제나라의 대부이다. 성은 관管이고, 이름은 이오夷吾이며, 자는 중仲이다. 관중에 대한 공자와 맹자의 평가는 동일하지 않다. 공자는 때로 관중을 인자仁者로 긍정하기도 했지만, 맹자는 관중을 패도의 대표자로 평가한다.

「팔일22」, 「헌문10 · 17 · 18」

규糾

제나라 희공의 아들이고, 양공의 동생이다. 동생인 제환공에 의해 죽임을 당함.

「헌문17 · 18」

극자성棘子成

위나라의 대부이다.

「안연8」

기자箕子

비간과 더불어 은나라 주왕의 숙부이고, 이름은 서여胥餘이다.

「미자1」

나

남용南容

공자의 제자이다. 성은 남궁南宮이고, 이름은 괄适이며, 자는 자용子容이다. 남용南容은 남궁자용의 간칭簡稱이다.

「공야장1」, 「선진5」, 「헌문6」

남자南子

위나라 영공靈公의 부인인데, 품행이 좋지 않았고, 위나라 정치에 자주

개입했다.

「옹야26」

노공魯公

주공의 아들인 백금伯禽이다. 주 성왕成王이 주공의 공을 인정하여 주공의 아들인 백금을 노나라의 제후로 봉했다.

「미자10」

노팽老彭

주희의 고증에 따르면, 노팽은 은 대의 현명한 대부이다. 그러나 노담老聃과 팽조彭祖라고 하기도 한다.

「술이1」

다

담대멸명澹臺滅明

공자의 제자이다. '담대澹臺'가 성이고, '멸명滅明'은 이름이며, 자는 자우子羽이다. 노나라 사람이다.

「옹야12」

마

맹경자孟敬子

노나라의 대부인 중손첩仲孫捷이다. 성을 맹손씨孟孫氏로 바꾸었고, 시호가 경敬이었기 때문에 맹경자라고 불렸다. 맹무백孟武伯의 아들이다.

「태백4」

맹공작孟公綽

노나라의 대부이다.

「헌문12 · 13」

맹무백孟武伯

맹의자孟懿子의 아들이다. 이름은 체彘이고, 무武는 그의 시호이다.

「위정 6」, 「공야장 7」

맹손씨孟孫氏

노장공의 서장자인 경보慶父의 후손이다. 원래는 중손씨仲孫氏라고 칭했는데 후에 맹손씨孟孫氏로 불렸다.

「자장19」

맹손씨 계보

경보慶父 - 맹목백孟穆伯 - 맹문백孟文伯 - 맹혜숙孟惠叔 - 맹헌자孟獻子 - 맹장자孟莊子 - 맹효백孟孝伯 - 맹희자孟僖子 - 맹의자孟懿子 - 맹무백孟武伯 -

맹경자孟敬子

맹의자孟懿子

노나라의 대부이고, 성은 중손仲孫이며, 이름은 하기何忌이다.

「위정5」

맹장자孟莊子

노나라의 대부이다. 이름은 중손仲孫이고, 이름은 속速이다. 부친은 맹헌자孟獻子이다.

「자장18」

맹지반孟之反

노나라의 대부이다. 성은 맹孟이고, 이름은 측側이며, 지반之反은 그의 자이다.

「옹야13」

무마기巫馬期

공자의 제자인 무마시巫馬施이다. 자는 자기子期이고, 노나라 사람이다

「술이30」

무왕武王

주 왕조 제1대 천자이다. 성은 희姬이고, 이름은 발發이며, 문왕의 아

들이다.

「태백20」

문왕文王

성은 희姬이고 이름은 창昌이다. 그의 아들인 무왕이 주 왕조를 세운 후 문왕으로 추존되었다.

「팔일14」, 「자한5」

미생고微生高

성은 '미생微生'이고, 이름은 '고高'이다.

「공야장23」

미생무微生畝

'미생微生'은 성이고, '무畝'가 이름이다.

「헌문34」

미자微子

은나라 마지막 왕인 주왕紂王의 이복형이다. 이름은 계啓이고, 자子는 그의 작위이며, 미微는 그의 영지領地이다.

「미자1」

민자건閔子騫

이름은 손損이고, 자건子騫은 그의 자이다. 공문십철孔門十哲 중의 한 사람이다.

「옹야7」, 「선진2 · 4 · 12 · 13」

바

백괄伯适

주나라의 고상한 선비라고 알려져있을 뿐 그 외 사항은 고증할 수 없다.

「미자11」

백달伯達

주나라의 고상한 선비라고 알려져있을 뿐 그 외 사항은 고증할 수 없다

「미자11」

백어伯魚

공자의 아들이고, 이름은 리鯉이며. 백어는 그의 자이다. 공자보다 먼저 죽었다.

「계씨13」, 「양화10」

백우伯牛

공자의 제자이다. 백우는 그의 자이고, 이름은 염경冉耕이며, 노나라

사람이다.

「옹야8」, 「선진2」

백이숙제伯夷叔齊

고죽군孤竹君의 두 아들이다.

「공야장22」, 「술이14」, 「미자8」

번지樊遲

공자의 제자이고, 제나라 사람으로 이름은 수須이며, 자는 자지子遲이다. 일설에는 노나라 사람이라고도 한다.

「위정5」, 「옹야20」, 「안연21」, 「자로4 · 19」

변장자卞莊子

노나라 변읍卞邑의 대부이다.

「헌문13」

비간比干

은 주왕의 숙부이다. 은 왕조의 마지막 충신이다. 주왕에게 죽임을 당했다.

「미자1」

비심裨諶

정鄭나라의 대부이면서 현자로서 외교문서 작성의 전문가였다고 한다.

「헌문9」

사

사마우司馬牛

공자의 제자이다. 성은 사마司馬, 이름은 리犁, 자는 자우子牛이다. 사마상퇴司馬向魋의 동생이다.

「안연3 · 4 · 5」

사면師冕

'사師'는 악사이고, '면冕'은 그의 이름이다.

「위령공41」

사반결四飯缺

아반간, 삼반료와 마찬가지로 '사반四飯'은 악관의 관직이고, '결缺'은 그의 이름이다.

「미자9」

사어史魚

위나라의 대부이다. 성은 사史이고, 이름은 추鰌이며, 자는 자어子魚

이다.
「위령공6」

사지師摯

노나라의 유명한 악사인 태사太師 지摯이다. 『논어』에는 '태사지大師摯' 라고도 나온다. 악관의 수장이다.
「태백15」, 「미자9」

삼반료三飯繚

'삼반三飯'은 악관의 관직이고, '료繚'는 그의 이름이다.
「미자9」

삼환三桓

맹손孟孫과 숙손叔孫 그리고 계손季孫을 삼환이라고 칭하는데, 이들은 모두 노환공魯桓公의 후손이었기 때문에 '삼환三桓'이라고 부른다.
「계씨3」

섭공葉公

섭은 지역 명칭으로서 초나라의 영토이다. 섭공은 섭 지방의 현윤縣尹이다. 성은 심沈이고, 이름은 저량諸梁이며, 자는 자고子高이다. 당시 초나라의 현자였다.
「술이18」, 「자로16」

세숙世叔

정나라의 대부이다. 『좌전左傳』에는 태숙太叔이라고 기록되어 있다. 이름은 유길游吉이다. 정나라 외교문서 작성의 전문가였다.

「헌문9」

소공昭公

노나라의 군주. 이름은 주稠이고, 양공襄公의 아들이다.

「술이30」

소련少連

동이東夷 사람이라고 전해진다.

「미자8」

소사양小師陽

소사小師는 태사 다음의 악관 직위이고, '양陽'은 그의 이름이다.

「미자9」

소홀召忽

제나라 양공의 동생인 규糾를 따른 제나라의 대부이다. 규가 환공에 의해 죽임을 당하자 규를 따라 자결했다.

「헌문17」

송조宋朝

송나라의 공자公子로서 미남이었으며, 음탕한 일을 잘한 것으로 유명하다.

「옹야14」

숙손무숙叔孫武叔

노나라의 대부인 숙손씨이다. 이름은 주구州仇이고, 자는 숙叔이며, 무武는 그의 시호이다.

「자장23 · 24」

숙손씨 계보

숙아叔牙 - 숙손대백叔孫戴伯 - 숙손장숙叔孫莊叔 - 숙손선백叔孫宣伯 - 숙손목자叔孫穆子 - 숙손소자叔孫昭子 - 숙손성자叔孫成子 - 숙손무숙叔孫武叔 - 숙손문자叔孫文子

숙야叔夜

주나라의 고상한 선비라고 전해질 뿐 그 외 사항은 고증할 수 없다.

「미자11」

숙하叔夏

숙야와 마찬가지로 주나라의 고상한 선비라고 전해질 뿐 그 외 사항은 고증할 수 없다.

「미자11」

순舜

중국 신화 속의 군주이다. 중국 삼황오제三皇五帝 신화에서 마지막 군주이다. 요堯와 함께 요순堯舜으로 불려지는 성군聖君과 효자의 대명사이다.

「옹야28」, 「태백18 · 20」, 「안연22」, 「위령공4」, 「요왈1」

신문晨門

의미는 '아침에 성문을 열어주는 사람', 즉 성문의 문지기이다. 그러나 이 사람의 이름을 알 수 없으니 아침에 문을 열어준 사람이라는 뜻으로 '신문'이라고 한 것이다. 은자隱者인 것 같다.

「헌문40」

신정申棖

이름은 주周이고, 자는 자주子周이며, 노나라 사람으로 공자의 제자이다.

「공야장10」

아

아반간亞飯干

'아반亞飯'은 군주가 식사할 때 음악을 연주하는 악사의 관직이고, '간

干'은 그 악관의 이름이다.

「미자9」

안로顏路

안연의 부친. 이름은 무유無繇이고, 자는 로路이다.

「선진7」

안평중晏平仲

제나라의 대부이다. 이름은 영嬰이고, 자는 중仲이며, 평平은 그의 시호이다. 제나라의 영공靈公과 장공莊公 및 경공景公을 섬겼다.

「공야장16」

안회顏回

성은 안顏이고, 자는 자연子淵이지만, 흔히 안연이라고 부른다. 21세에 죽었다는 설과 31세에 죽었다는 설이 있다.

「공야장8 · 25」, 「옹야2 · 5 · 9」, 「술이10」, 「자한10 · 19 · 20」, 「선진2 · 3 · 6 · 7 · 8 · 9 · 10 · 18 · 22」, 「안연1」, 「위령공10」

양화陽貨

양호陽虎라는 이름으로 불리기도 한다.

「양화1」

애공哀公

노나라의 군주이다. 성은 희姬이고 이름은 장蔣이다. 춘추 말기에 27년 동안 노나라를 다스렸다.

「위정19」, 「팔일21」, 「옹야2」, 「안연9」

염구冉求

공자의 제자이다. 염유冉有라고도 부르고, 자는 자유子有이다.

「팔일6」, 「공야장7」, 「옹야3 · 6」, 「술이14」, 「선진2 · 12 · 16 · 21 · 23 · 25」, 「자로9 · 14」, 「헌문13」, 「계씨1」

영무자甯武子

위나라의 대부이다. 이름은 유兪이고, 무武는 그의 시호이다.

「공야장20」

예羿

고대 활 잘 쏘기로 유명한 사람이다. 하왕조 시기 유궁有窮 나라의 군주였지만, 포악한 정치를 펼쳤기 때문에 신하인 한착寒浞에게 죽임을 당했다.

「헌문6」

오奡

유궁 나라 군주인 예를 죽인 한착의 아들이다. 오 역시 포악한 짓을 하다 군주인 소강小康에게 사형을 당했다.
「헌문6」

왕손가王孫賈
위衛나라 대부로서 당시 위나라 제후 영공靈公의 신하였다.
「팔일13」, 「헌문20」

요堯
중국 삼황오제三皇五帝 신화에 등장하는 군왕이다. 뒤의 순임금과 함께 요순堯舜으로 칭송되는 대표적 성군이다.
「옹야28」, 「태백19」, 「요왈1」

우禹
하왕조의 시조. 황하 치수의 전문가였기 때문에 양민養民의 대표적 인물로 추앙받고 있다.
「태백18 · 21」, 「헌문6」, 「요왈1」

우중虞仲
중옹仲雍이다. 고공단보古公亶父의 둘째아들인데, 막내인 계력季歷에게 왕위를 물려주기 위해 첫째 아들인 태백과 함께 강남江南으로 도망갔다.
「미자8」

원사原思

공자의 제자이다. 성은 원原이고, 이름은 헌憲이며, 자는 자사子思이다. 송나라 사람이라고 한다. 공자가 노나라에서 사구司寇라는 고위직에 있을 때 공자의 가재家宰로 일했다.

「옹야3」

원양原壤

노나라 사람으로 공자의 옛 친구이다. 자기의 어머니가 죽었을 때 노래를 불렀다고 하는 것을 보면, 도가류의 학술에 속한 사람 같다.

「헌문45」

위령공衛靈公

위나라 군주. 이름은 원元이고, 헌공獻公의 손자이다.

「위령공1」

유비孺悲

노나라 사람으로 공자에게 사상례士喪禮를 배웠다.

「양화20」

유약有若

공자의 제자로서 이름은 '약若'이다. 노나라 사람으로 외모가 공자와 유사했다고 한다.

「학이2 · 12 · 13」, 「안연9」

유하혜柳下惠

노나라 대부인 전획展獲이다. 자는 금禽이고, 유하柳下는 그의 식읍이며, 혜惠는 그의 시호이다.

「팔일2 · 12 · 13」, 「위령공13」, 「미자2 · 8」

이윤擧伊

탕왕을 도와 상왕조를 창업한 공신이다. '이伊'는 성이고, 이름은 지摯이며, 윤尹은 자이다.

「안연22」

이일夷逸

은자라고만 전해질 뿐 그 외 사항은 고증하기 어렵다.

「미자8」

임방林放

『사기』「중니제자열전仲尼弟子列傳」에 임방에 관한 기록은 없고, 노나라 사람이라는 것밖에는 고증할 수 없다. 아마 공자 제자가 아닌 것 같다.

「팔일4 · 6」

자

자개子開

공자의 제자이다. 성은 금琴이고, 이름은 노牢이며, 자는 자개子開라고도 하고, 또 다른 자는 자장子張이다.

자공子貢

공자의 제자이다. 성은 단목端木이고, 이름은 사賜이다.

「학이10 · 15」, 「위정13」, 「팔일17」, 「공야장3 · 8. · 11 · 12 · 14」, 「옹야6」, 「술이14」, 「자한6 · 12」, 「선진2 · 12 · 15 · 18」, 「안연7 · 8 · 23」, 「자로20 · 24」, 「헌문18 · 31 · 37」, 「위령공2 · 9 · 23」, 「양화19 · 24」, 「자장20 · 21 · 22 · 23 · 24 · 25」

자금子禽

공자의 제자이다. 성은 진陳이고, 이름은 항亢이다. 자금은 그의 자이고, 제나라 사람이다. 일설에는 공자의 제자가 아닌 자공의 제자라고도 한다.

「학이10」, 「계씨13」

자로子路

공자의 제자이다. 성은 중仲이고, 이름은 유由이다. 자로子路는 그의 자이다. 때로는 계로季路라고 칭하기도 한다.

「위정17」, 「공야장6 · 7 · 13 · 25」, 「옹야6 · 26」, 「술이10 · 18 · 34」,

「자한11 · 26」, 「향당18」, 「선진2 · 11 · 12 · 14 · 17 · 21 · 23 · 24 · 25」, 「안연12」, 「자로1 · 3 · 28」, 「헌문13 · 38 · 40 · 44」, 「위령공1 · 3」, 「계씨1」, 「양화7 · 8 · 23」, 「미자6 · 7」

자문子文

초나라 대부이다. 성은 투鬪였고, 이름은 구오도穀於菟였으며, 자문은 그의 자이다.

「공야장 18」

자복경백子服景伯

노나라의 대부로서 이름은 '하何'이다. 주희에 의하면, '자복子服'은 성이고, '경景'은 사후에 봉해진 호이며, '백伯'은 그의 자이다.

「헌문38」, 「자장23」

자상백자子桑伯子

주희에 의하면, 자상백자는 노나라 사람이다.

「옹야1」

자서子西

주희에 따르면, 초나라의 공자公子인 신申이다.

「헌문10」

자우子羽

『논어』에는 행인자우行人子羽로 나오는데, '행인行人'은 사신의 임무를 맡은 관직이다. '자우子羽'는 행인의 관직을 수행한 공손휘公孫揮이다.

「헌문9」

자유子游

공자의 제자이다. 성은 언言이고, 이름은 언偃이며, 자유는 그의 자이다. 오나라 사람 혹은 노나라 사람이라는 두 가지 설이 있다.

「위정7」, 「이인26」, 「옹야12」, 「선진2」, 「양화4」, 「자장12 · 14 · 15」

자장子張

공자의 제자이다. 성은 전손顓孫이고, 이름이 사師이며, 자장은 그의 자이다. 진陳나라 사람이다.

「위정18 · 23」, 「공야장18」, 「자한6」, 「선진15 · 17 · 19」, 「안연6 · 10 · 14 · 20」, 「헌문42」, 「위령공5」, 「양화6」, 「자장1 · 2 · 3 · 15 · 16」, 「요왈2」

자천子賤

공자의 제자이다. 성은 복宓이고, 이름은 부제不齊이며, 자천은 그의 자이다. 노나라 사람이다.

「공야장2」

자하子夏

공자의 제자로서 성은 복卜이고, 이름은 상商이며, 자하는 그의 자이다.

「학이7」, 「팔일8」, 「옹야11」, 「선진2 · 15」, 「안연5 · 22」, 「자로17 · 18」, 「자장3 · 4 · 5 · 6 · 7 · 8 · 9 · 10 · 11 · 12 · 13」

장무중臧武仲

노나라 대부인 장손흘臧孫紇이다

「헌문13 · 15」

장문중臧文仲

이름은 신辰이고 자는 중仲이며, 문文은 그의 시호이다.

「공야장17」, 「위령공13」

장저長沮

걸익과 함께 초나라의 은사이다. '장長'은 신장이 크다는 것이고, '저沮'는 저습한 곳을 의미한다. 그 사람의 이름을 알 수 없으니 당시의 처했던 상황과 모습을 근거로 장저라고 명명한 것이다.

「미자6」

재아宰我

공자의 제자이다. 성은 재宰이고, 이름은 여予이며, 자는 자아子我이고, 노나라 사람이다.

「팔일21」, 「공야장9」, 「옹야24」, 「선진2」

접여接輿

'접여'는 정식 사람의 이름이 아니라 공자 마차 뒤를 바짝 붙어서 따라왔다고 해서 '접여'로 명명된 것이다. 초나라의 광사狂士였다.

「미자5」

정공定公

노나라 군주이다. 이름은 송宋이고, 양공襄公의 아들이며, 소공昭公의 동생이다. 소공에 이어 노나라를 15년 동안 다스렸다.

「팔일19」, 「자로15」

정자산鄭子産

정鄭나라의 대부이다. 성은 공손公孫이고, 이름은 교僑이며, 자산은 그의 자이다.

「공야장15」, 「헌문9 · 10」

제경공齊景公

춘추시대 제나라의 제26대 제후이다. 성은 강姜이고, 휘는 저구杵臼이며, 전대 장공莊公의 이복동생이다. 장공이 최저崔杼에게 시해당한 뒤, 최저에 의해 제나라 군주로 옹립되었다.

「안연11」, 「계씨12」, 「미자3」

제환공齊桓公

제나라 희공僖公의 아들이고, 제 양공襄公의 동생이다. 이름은 소백小白이다.

「헌문16 · 17」

좌구명左丘明

'좌구'는 성이고, '명'은 이름이다.

「공야장24」

주紂

은왕조 마지막 군주이다. 하왕조의 걸왕桀王과 더불어 폭군의 대명사로 알려졌다.

「자장20」

주공周公

성은 희姬이고, 이름은 단旦이다. 문왕의 아들이고, 무왕의 동생이다. 무왕이 죽자 무왕의 아들인 성왕成王을 도와 주 왕조 기틀을 정초하였다.

「술이5」, 「선진16」, 「미자10」

주장朱張

은자라고 전해질 뿐이다.

「미자8」

중궁仲弓

이름은 염옹冉雍이다. 공자보다 29살 연하였다고 한다. 염경冉耕과 같은 집안사람이었다.

「공야장4」, 「옹야1 · 4」, 「선진2」, 「안연2」, 「자로2」

중돌仲突

주나라의 고상한 선비라고 전해질 뿐 그 외 사항은 고증하기 어렵다.

「미자11」

중홀仲忽

주나라의 고상한 선비라고 전해질 뿐 그 외 사항은 고증하기 어렵다.

「미자11」

증석曾皙

공자의 제자로서 이름은 '점點'이고, 자는 자석子皙이며, 증자의 부친이다.

「선진25」

증자曾子

공자의 제자이고, 노나라 사람으로 이름은 삼參이며, 자는 자여子輿이다.

「학이4 · 9」, 「이인15」, 「태백3 · 4 · 5 · 6 · 7」, 「선진17」, 「안연24」, 「자

장16 · 17 · 18」

진문공晉文公

진나라 헌공獻公의 둘째 아들이다. 이름은 중이重耳이고, 제환공을 이어 춘추시대 두 번째 패자로 군림했다.

「헌문16」

진문자陳文子

이름은 수무須無로서 제나라의 대부이다. 문文은 그의 시호이다.

「공야장 18」

진사패陳司敗

'진陳'은 나라 이름이고, 사패司敗는 인명人名이라는 설도 있으며, 관명官名이라는 설도 있다. 관직 명칭이 맞는 것 같다.

「술이30」

진성자陳成子

진성자는 제나라의 대부이고, 이름은 항恒이다. 후에 등장하는 전성자田成子가 바로 진성자이다.

「헌문22」

진자금陳子禽

진자금이라는 이름은 「학이」 편에도 출현하지만, 서로 다른 사람인 것 같다. 「학이10」의 진자금은 공자의 제자인 것 같고, 「자장25」의 진자금은 공자의 제자가 아닌 것 같다. 공자의 제자라면 중니라고 칭할 수 없다.

「자장25」

차

최자崔子

제나라의 대부이다. 이름은 저杼이다. 제나라 장공을 죽였다.

「공야장18」

출공첩出公輒

위나라 영공靈公의 손자였고, 진晉나라로 망명한 괴외蒯聵의 아들이다.

「술이14」, 「자로3」

칠조개漆雕開

공자의 제자. 성은 칠조漆雕이고, 이름은 개開이다. 자는 자개子開이고, 노나라 사람이다.

「공야장5」

타

타鮀

위나라의 대부이고, 자어子魚가 그의 자이다. 말재주가 좋은 사람으로 소문이 났다.

「옹야14」

탕湯

상[商-殷] 왕조를 창업한 성왕이다.

「안연22」

태백泰伯

주나라 조상인 고공단보古公亶父의 장자이다.

「태백1」

파

파도무播鼗武

'파播'는 '흔들다'는 뜻이고, '도鼗'는 작은 북이며, '무武'는 작은 북을 흔드는 사람의 이름이다. 악관이다.

「미자9」

필힐佛肹

진晉나라 대부인 조간자趙簡子의 중모中牟 읍재이다.

「양화7」

하

형荊

위나라 군주의 아들이면서 대부이다. '형荊'은 그의 이름이다.

「자로8」

환퇴桓魋

송나라의 사마상퇴司馬向魋를 가리킨다. 송환공宋桓公의 후손이기 때문에 환퇴라고 칭한 것이다.

「술이22」

후직后稷

'직稷'은 주왕조의 시조인 기棄이다. 백성들에게 농사짓는 방법을 가르쳐주었기 때문에 후직后稷이라고 불린다.

「헌문6」

공자(孔子, BC 551 ~ BC 479)

『논어』의 저자에 대한 정론은 없지만, 그 내용이 공자와 그 제자들의 언행록이기 때문에『논어』의 저자를 공자라고 해도 무방하다. 지금까지 공자와 그의 학술에 대한 기술은 대부분 공자를 인격 완성자인 성인의 지위에서 논하고 있지만, 필자는 공자를 성인보다는 전대前代 문화와 정치 및 학술에 대한 비판과 성찰을 통해 시대정신을 수립한 철학자로 규정한다. 동아시아 역사에서 공자 학술에 대한 평가는 도전과 비평의 연속이었다고 해도 과언이 아니다. 공자 당시에도 수많은 은자隱者들의 질시와 조롱이 있었고, 분서갱유라는 참극, 그리고 현대사에 있어 문화혁명 시기에 홍위병의 난동 등 수많은 시련이 있었지만, 현재에도『논어』는 여전히 문화, 정치, 학술의 지침서로 그 위상을 발휘하고 있다. 이는『논어』에 수록된 내용이 인류가 지향하는 보편적 가치이기 때문인데, 이것이 바로『논어』가 '논어'로 불리는 이유이다.

역주 황갑연

황갑연은 臺灣 東海大學 哲學研究所에서『陸象山 道德哲學之研究』로 석사학위를,『心學的 道德形上學研究』(지도교수 蔡仁厚)로 박사학위를 취득했다.

황갑연의 학술연구 진행은 다음 3단계로 설명할 수 있다. 1단계, 1996년 귀국 이후 약 5년 동안 심학에 관한 논문과 저술을 학계에 집중 발표하면서 주자 성리학 중심의 한국 학술계의 연구에 다양성을 제공했다. 牟宗三의 대표작인『心體與性體』번역이 이 시기의 대표적 연구 결과이다. 2단계, 육구연과 왕양명 중심의 心學과 정이천과 주자 중심의 理學을 학술발전사 관점에서 재조명했다. 그 연구 결과가『리학·심학 논쟁』이다. 3단계, 주요 연구 분야는 유가철학에서 도덕과 문학예술 그리고 과학지식의 관계를 어떻게 정립하는가에 관한 것이다. 도덕과 문학예술 그리고 과학지식의 유기적 관련성에 대해서는 전통적인 유가 철학의 입장을 수용하지만, 주종적 관계에 대해서는 비판적 태도를 취한다. 이에 대한 연구 결과가『문도론』이다.

저서로『리학·심학 논쟁』·『동양철학과 문자학』외 14권이 있고, 역서로『心體와 性體』외 6권이 있으며, 논문으로는「조선 성리학자의 양명학 비판 논거에 대한 비판적 성찰」(퇴계 학보) 외 70편이 있다.

현재 전북대학교 철학과 교수로 재직하고 있다.

달섬 세계고전 29

철학자 공자의 언행록 논어 2

지은이 공자
역　주 황갑연
펴낸이 양오봉
펴낸곳 달섬

초판 1쇄 인쇄 2023. 5. 15.
초판 1쇄 발행 2023. 5. 20.

달섬 전라북도 전주시 완산구 어진길 32 (풍남동2가)
전화 (063) 219-5319~22
FAX (063) 219-5323
출판등록 2012년 8월 20일 제465-2012-000021호

값 15,000원

ISBN 979-11-6372-195-6　04820
ISBN 979-11-6372-001-0(세트)　04080

'달섬'은 전북대학교출판문화원의 임프린트입니다.